口絵1 4年後に消えた弘前電鉄の真っ赤な“赤字”電車（大鰐駅、23頁）

口絵2 幻の三大車窓展望・狩勝峠の息を呑む雪の絶景（33頁）

主に動く車窓からの陽画で、撮影順に掲載。（　）内は本文参照頁（オリンパスペン、35ミリフィルムのサクラカラーリバーサルASA50をハーフサイズ・目測撮影）。

口絵3 寂しく釧路駅裏を出る雄別鉄道の朽ちた木造客車（37 頁）

口絵5 天北線の“奇跡”、晴れてレールバスに遭遇（浜頓別、59 頁）

口絵6 阪急と見紛うスカーレットの羽幌炭礦鉄道DC（築別駅、68頁）

口絵4 吹雪の湧網線で唯一撮れた流線型キハ07の着雪前面（44頁）

口絵7 雪まみれの留萌鉄道DCに乗り込む住民（恵比島駅、71頁）

口絵8 涙の生き別れ・新潟交通県庁前駅ビル観賞（86 頁）

口絵9 一畑百貨店直下の一畑電気鉄道特急（電鉄出雲市、97 頁）

口絵11 “巡礼” の日課、南端・西鹿児島駅での記念撮影（108 頁）

口絵10 旅で唯一の観光？　長崎バス・定期観光で大散財（104 頁）

口絵12 国鉄最南端から望む龍神伝説に彩られた開聞岳の麗姿（110 頁）

口絵13 終着・枕崎駅での国鉄・鹿児島交通の DC 揃い踏み（110 頁）

口絵14 “ヘンな駅” 鹿児島交通・枕崎駅の不思議なナゾ（112 頁）

口絵15 新婚旅行ブームに湧く日南線青島・鬼の洗濯板の奇岩（119 頁）

口絵16 阿蘇連峰を望みつつ黒川を渡る急行「第一火の山」（127 頁）

口絵17 高崎山のサルが出迎える別大線大分駅前電車のりば（128 頁）

口絵19 徳島バスと“私鉄帝国主義”の南海電車ビルの威容（148 頁）

口絵18 時代の先端を行く国鉄バス予土本線特急バス（137 頁）

昭和四十一年 日本一周 最果て鉄道旅

小川功

青年は最果てを目指す

笠間書院

はじめに

本書は今はなき国鉄支線や幻の私鉄も健在であった半世紀以上も前の昭和四一（一九六六）年三月、高度成長のまっただ中、二〇歳の若者二人が国鉄ローカル線で北から南まで、すなわち極北稚内から南国枕崎・海潟《かいがた》の終着駅まで、カバー裏の「稚内から枕崎ゆき二、七六二円」也の学割切符を手に、一七日間ひたすら列車に乗り続けて日本列島をほぼ一周した素朴な巡礼・青春彷徨のありのままの記録である。

主に車窓から見た風景は石炭や木材・農産物等を満載した蒸気機関車牽引の貨物列車や、華やかな駅前商店街に集う希望に満ち溢れた人々の表情……。旅行中に乏しい小遣いで撮った不鮮明な画像は決して人様にお見せできるような代物でなく、長らく御蔵入りとなっていた。しかし半世紀の熟成期間を経て〝蔵出し〟してみると、何気なく撮った日常的な風景ほど「こんな光景もあったのか！」と、当の本人も思わず見入ってしまうほどの世の中の急激な変わりよう。すなわち、石炭のヤマは悉《ことごと》く閉山、林業は完全に衰退、蒸気機関車が全く姿を消しただけでなく、国鉄ローカル線そのものの大半が衰退・消滅した。たとえ線路が存続していてさえも駅前商店街が元気に活き続けている地方都市はまれだからである。

本書の口絵、本文掲載の数十枚もの写真は三月二日から一八日まで、一七日間にわたって日本の四島の隅々・最果てまで足を伸ばして鉄路で巡礼を続けた証拠でもある。

第一部は今は失われてしまった鉄道沿線や街、ここに暮らす人々の当地ならではの生き様を当時の日記等に依拠して同行者・仲間の証言を加え、できる限り事実に即し、旅の感動とともに忠実に再現しようとした。

第二部は、第一部で二人の若者が見聞きした昭和の原風景が、その後の半世紀の時節・時流の激変の中でどのように変貌・消滅・喪失していったかの経過を、主に著者の専門領域の鉄道・交通・観光・地域振興等の現在の視点からできる限り正確に詳述した解題・解説編である。

第三部は当初最果て巡礼に参加するはずだった旅の仲間たちも加わり、約五〇年後に昭和レトロ旅の舞台裏の人間模様を楽しく回顧した漫談風座談会。学生運動が蔓延し始めた当時の、武骨で反抗的な今日とは異なる若者気質の一端も滲み出ているであろう。

旅行した当時、見識不足の若者自身が最初から意図していたわけではないが、今となっては貴重となった写真や体験等が旅好き・鉄道ファン等同好の士はもとより、失われた昭和レトロの原風景を懐かしむ全国の一般読者各位の共感を呼んで、古き良き時代を思い返す恰好の参考資料となるものと信ずる。ナマの昭和レトロの〝臭味〟〝モノ凄さ〟をご存じない平成世代の読者にはパソコンもスマホもない、どこか遠い異国の信じがたい不思議物語にでも映ることだろうが、確かに当時そこに存在した〝未知の昭和ニッポン〟を身近に理解するためのガイドブックになることを願う。

また一方で、昭和四一年三月の半月間だけを切り取った旅の学生という一庶民による日本列島縦断のナマの定点観測記録という得がたい側面も有する。本文各章に通過区間の地図を掲げ、難解な専門用語等には丁寧に脚注を施し、巻末には昭和四〇～四一年の関連年表も添えて、第二部解説ともども読者の理解を助けた。通過した各駅・沿線各地の市町村において幅広く地方史・郷土研究等のお役に立つ有益な書籍と見做されれば、望外の幸せである。

以下の三部で構成される本書の主な内容、固有の表記、注記等を具体的に述べる。

第一部　昭和最果て巡礼記（旅行記）

昭和四一年三月二日新大阪を出発、上野経由で北海道に渡り、第一の目的地・稚内で反転、日本海に沿って第二の目的地・九州・枕崎に到着、ここで再度反転し四国経由で三月一八日三ノ宮に到着して帰宅。旅人の一人である著者が当時書き置いた備忘録に依拠して、新たに書き下ろした一七日間の旅行記である。

我々が当時観光デザインに利用した資料は日本交通公社発行の俗称「大型時刻表」一冊のみ。路線図、時刻表部分はもちろん、後半の国鉄営業案内、運賃表、旅館一覧表、広告なども、ネットのない当時に唯一無二の旅行データ源として、文字通り隅から隅まで徹底的に活用し尽くした。

〝鉄分〟の濃い鉄道通の読者は別として、〝非鉄〟系の一般読者向けに特殊な専門用語には適宜参考文献や一般的な公開情報に基づく簡潔な説明を加えた。（引用・参照した先行研究としての『私鉄車両めぐり』等、主な文献は巻末に一括して記載し、旅行記で引用した場合はＲＰといった略号で表示）

本書固有の書式を説明すれば、昭和を回顧する性質上、昭和、平成の和暦で統一した。旅行記に登場する地名、社名、駅名、線名、列車名などは昭和四一年三月現在の名称のまま記載した。また時刻は時刻表上の慣例・二四時間制で表示した。愛称のない普通列車は列車番号（〇〇〇Ｄレ）で呼び、「列車」を示す「レ」の直前のローマ字記号のＤは気動車（ディーゼルカー）、Ｅは電車、一番当たり前の無印は「煙り」を覚悟せねばならぬ蒸気機関車（蒸機＝ＳＬ）の牽引を意味した。

第二部　巡礼から五〇年。最果ての鉄路は今……（解説）

列車の車窓から見た沿線風景のその後の半世紀間の主な変遷を著者なりの視線で捉えた「旅行記　その後」である。

まず前半で読者の多くが経験していないであろう半世紀前の日本一周鉄道旅行という〝異次元〟の世界を理解しやすくするため、旅行者本人が旅行の五三年後の今日の目で解説を加えた。すなわち、日本人の巡礼、西方浄土への憧れに始まり、当時の若者がなぜ最果てを目指したかを解析した。時代背景を知るための補足や学生たちの当時の心情、当該旅行固有の思想・信条を詳しく記した。

後半ではその後の半世紀間の観察対象の主な変遷等を主に著者の専門領域の鉄道・交通・観光・地域振興等の視点からできる限り正確に詳述したつもりである。本年初秋、鉄路のみで渡道・帰還して著者自身が直接確認し得た、とても涙なくして語れない北海道の凄まじい惨状や、著者の目の届かぬ領域では定評ある宮脇俊三編『鉄道廃線跡を歩く』（廃線と略記）全一〇冊のもたらす廃線情報等をはじめ、多くの文献・公開情報等により、客観的に記述することを心がけた。ただし、異常なほどの鉄道そのものへの著者自身の熱い視線の深部に潜在する〝信仰心〟の自己分析部分は著者の独断と偏見に依拠する極度に主観的内容であることをお断りしておきたい。

第三部　巡礼不参加仲間の懺悔記（座談会）

旅行の主宰者二名から当初この最果て巡礼に誘われた当時の旅行仲間たちが個別に、参加し得なかった真相を初めて告白、当時の心情を思い思いに語った思い出話を著者の文責において編集し、各人の個性を尊重した関西弁の語り口での座談会形式にとりまとめた。おそらく現代の若者とは思考形態や時代背景が大きく異なるであろう、大学紛争前夜という当時の時代の雰囲気を伝えており、旅行記では表現困難であった当時の能天気な学生気質の部分を補完する内容となっている。

なお本書に掲載した写真は、特記したもの以外すべて旅行者本人である著者が当時直接撮影ないし収集して現物を愛蔵しているものである。

目次

第二部　巡礼から五〇年。最果ての鉄路は今……

第一部　昭和最果て巡礼記

第一章　北への旅立ち（上野〜函館）

三月二日（上野→弘前）

上野発の夜行寝台「第二津軽」で北へ出発進行

「汽笛一声新橋をはや我が汽車は離れたり……」

この「鉄道唱歌」の金属音のチャイムで始まったと記憶する。それは今から半世紀以上前の昭和四一（一九六六）年三月二日の深夜であった。昭和四一年といえばザ・ビートルズが日本に来日した年。この年はまた「航空業界の厄年*」とも言われる。

こんな恐ろしい航空事故の起こる前々日である三月二日、裸電球に照らされた暗い上野駅の正面玄関からすぐの高架でない地平ホームである長距離列車専用ホームの一二番線*から連結器*のガタンという衝撃音とともに、ゆっくりゆっくり夜行列車「第二津軽」が北へ進行し始めた。

甲高い木琴の奏でる車内チャイム「鉄道唱歌*」に続いて東北なまりの幾分残る年配と思しき車掌のアナウンスが始まる。「お晩でス。この列車は二二時一〇分発の寝台急行列車『第二津軽』

【航空業界の厄年】 二月四日羽田沖で全日空機が墜落し一三三人全員が犠牲に、三月四日・五日カナダ、英国機が連日死傷事故を起こし各々六四人と一二四人全員が死亡、さらに一一月一三日全日空機が松山沖に再度墜落し五〇人全員が死亡するなど重大事故が年に幾度も発生した。

【一二番線】 二年後の昭和四三年八月の改番で現在の一五番線（現四季島専用ホーム）になった。

【連結器】 鉄道車両の車両同士を結合し、牽引時の引張力・推進時の圧縮力を伝達する装置で、長編成の列車の衝撃による前後動等を吸収するもの。

号でス……」

続いて読み上げられる明朝通るであろう「……湯沢、横手、秋田、東能代、大館、弘前……」の奥羽の鄙《ひな》びた駅名。

鉄道が好きな者は「夜行列車」と聞くだけで特別感に心躍る。さらにレアな「寝台列車」となればなおさらである。好きな鉄道を一人占めできる専用スペースに我が身を任せ、レールの継ぎ目の通過音を子守歌にしながら安らかな眠りに就く一夜限りの至福の時。読み上げられた駅名のどこで目覚めるか分からぬが、日頃見慣れぬ一面の銀世界が待っている「寝台列車」の摩訶不思議さ。どこか東北の匂いが漂って来る上野駅のアノ一種独特のざわめきや、関西人の僕には耳慣れぬ「お晩でス」のあいさつが、上野発の夜行列車名の「津軽*」の悠久の古代の響きと微妙にブレンドされて、思わず北への旅心がジーンと高まる。

万葉仮名で東日流、都加留とも表記される先住民・蝦夷*の根拠地・古代「津軽」は中央集権国家ヤマトの支配が未だ及ばぬ辺境として、畿内からは最も遠く、実態が不明でナゾに包まれた「最果て」という強烈なイメージがある。当時「極北の地」と

【鉄道唱歌】作詞者・大和田建樹は『鉄道唱歌』刊行の明治三三年当時、跡見女学校で源氏物語等を講ずる国文担当教員で同校々歌も作詞。（奇しくもその百七年後、後身大学に勤務した著者が大先輩と気付いたのは式典に参加し校歌を聞いてから）

【津軽】当時地元で「出世列車」と呼ばれた看板寝台列車。石川さゆりが歌う「津軽海峡・冬景色」が流れ出したのは昭和五二年。

【蝦夷】（えみし）と呼ばれた「まつろわぬ民」は、大和朝廷の北方平定に抵抗を続け、自己の伝統的祭祀を頑なに守り容易に帰順しなかった。当地に関する古代史真贋論争の起こる一〇年も前。

急行「第二津軽」寝台車*に乗った旅の相棒・犬塚京一君（3月2日、上野）

いったフロンティアを意味する語彙に心情的に滅法弱く、北方指向の強かった我々の旅立ちには最も相応しい列車名と感じられた。中央権力に従うを潔しとせず、虐げられながらも最後まで闘い続けたであろう古代津軽のイメージは当時の反抗的な学生たちの心情に強く響いた。

同行二人の文系学生コンビ

僕は二〇歳の神戸の学費格安の大学生。写真の相棒・犬塚京一君は中学・高校の同級生で都の西北にある名門私大生。ともに高校の恩師から「出来の悪い……数学の分からん奴ら」と見放された典型的文系〝貧脳〟学生である。高度成長期「理工系にあらずんば……」といわれた理工系のみが幅を利かせる時流から〝脱線〟組の二人。世の片隅でうそぶく〝すね者〟同士が都を追われるように飛び出て〝脱藩〟したことになる。「こんな〝理系の世〟はおかしい……なんとかならんのか」と勝手に龍馬気取りで各地を当てもなくさまよう諸国遊行の武者修行*の旅に出た次第だ。今回も最初はさらに三人が参加予定であり、別に「試験がなかったら行きたい」という友もいた。が、長期にわたり、かつあまりにも馬鹿馬鹿しいプランでもあったため

【「第二津軽」寝台車】 当時の列車編成は郵便車を加えた一三両編成で、うち一等B寝台車は一号車、二等寝台車は一、五、六の三両のみ（道内、三一頁）。我々は六号車四番の中、下段に乗車。

【武者修行】 各地を回って武術の修行をすること。戦国末期から江戸初期および幕末に流行した。廻国修行ともいう。

か、直前まで迷っていた友も新幹線への列車電報で「スマンイケヌ」とドタキャン。結局言い出した二人だけの寂しい出発となった。

これに対して、先刻鬱蒼たる目白の森の梁山泊*を旅支度で出立した二人をわざわざ上野駅まで見送りに来てくれた義理堅い同級生・河口正隆君は犬塚君と同じ大学に進みながらも、今をときめく理工系の優秀なエンジニアの卵である。

端を巡る〝ヘンな旅〟のメニュー作成まで

この数学に滅法弱い二人が、弱い頭を精一杯酷使して味気無い数字ばかりが並ぶ日本交通公社発行の俗称・大型時刻表*一冊と終日にらめっこをした。数日の格闘の末に編み出した超アナログの〝ヘンな旅*〟が本格的にスタートしたのだ。

我々の名誉のために一言断って置きたいのは、一連の墜落事故に恐れをなし急遽、空路から陸路に鞍替えした〝腰抜け侍〟では断じてないということだけだ。

たとえばこの旅にはまず第一に目的地がない。でもあてもなくさまようわけではない。ちゃんと目的意識を持ってドンツキの稚内まで行き、そこからクルッと踵《きびす》を返して今度は真逆の鹿児島・枕崎へと向かう。……なんて説明し始めると、大抵の人は「そんな馬鹿な」（東日本）、「そんなアホな」（西日本）というだろう。その通り、神戸近郊の小さな某駅でそういうヘンな切符を買いたいと申し込むと、全く同じ反応をされ、乗車拒否ならぬ発券を拒否されたのである。

こんな国鉄当局からも忌避された〝ヘンな旅〟がどういう段取りで組み立てられていったのかの舞台裏は長旅の途中でおいおいお話するとしよう。

【梁山泊】 豪傑や野心家の集まる秘密基地。当時の我々にとっての梁山泊・和敬塾は第三部、二二八頁参照。

【大型時刻表】 昭和六三年まで「JR時刻表」はなく、「国鉄監修・交通公社の時刻表」が最高の〝権威〟。時刻表の本体部分はもちろん、当時一般に入手可能な唯一の旅行データ源として冒頭の路線図や後半の国鉄営業案内、運賃表、旅館一覧表など隅から隅まで徹底的に活用した。

【ヘンな旅】 〝ヘンな〟の意味は人様から「懐古趣味」といわれようと、今はなき「古きよき時代」に価値を見出そうとする意味。

車中の「移動作戦会議」で弘前を追加

予定した東北本線経由が満員で突然奥羽本線経由に変更となった寝台の中での二人の奇妙な関西弁での会話に戻る。

犬塚「おい、この寝台は弘前は昼頃に通るんやろ？」
僕「（時刻表をめくり）……一三：一三*に着くな」
犬塚「ワイはお城がメッチャ好きやねん。雪の弘前城見に行こうや！」
僕「了解！　ついでに弘前電気鉄道の中央弘前駅も見よう」
犬塚「（意味を理解できず）なんじゃ……それは？」
僕「新潟交通の県庁前駅のように国鉄駅とは独立した私鉄独自のターミナルで、見所は……
（と長講釈開始）」
犬塚「（話をさえぎり）わ・わかった。好きなようにせい。それにしてもほんまケッタイな趣味やな！　ワイもお城以外にも調べたい奥深いテーマが今回の旅では色々とあるんや。まア相互不干渉で自由にやろう。お互い是非とも見たい、行きたい場所を挙げて、都合つく限り尊重しよう。時には自由時間に別行動もＯＫや」

こういった具合に当初の計画になかった下車駅・見物スポットのオプション追加が車中での作戦会議の場で即刻決定する。互いに鉄道や旅行には等しく興味を抱く仲間同士だが、細部では相手の固有趣味に対しては「？」と理解不能な部分を残しつつも、相互不干渉で協働してい

【一三：一三】 午後一時一三分の意味。

くことになる。

我々が事前に立てた今回の旅行の諸原則の一つは、中心駅ではなるべく下車して、お城や灯台、ランドマークである当地のシンボル建築など主要な観光地、市内電車、私鉄等を努めて観賞するというものであった。

当初購入した切符のルートは東北本線経由である。しかし実際に日本交通公社*の窓口でなんとか買えたのが、奥羽本線経由の「第二津軽」の三等寝台。こうした場合二人の間で「作戦会議」と呼ぶ簡単な打合せだけで、経路は随時変更可能であった。旅行会社に丸投げしたお仕着せの出来合いのツアーではない。時々刻々の状勢変化を織り込んで、中身を次々に充実できるのが強味であった。

歴史好きの彼はたとえば城が大好きで、今回は松山城や高知城への登城を楽しみにしている。また下級武士や博徒*ら逸脱者の反体制的な言動に注目している。はっきりとは言わぬが、出身地域への郷土愛からか海の民に特有の龍神信仰*や沿岸地の伝説・伝承の類にも並々ならぬ関心があるようだ。

一方鉄道好きの僕はとりわけ〝ヘンな駅〟が好きで、新潟交通の県庁前駅や伊予鉄道の松山市駅などの見学を楽しみにしている。こうした好みに起因する希望を互いに出し合いながら、仲良く、時にすりあわせ、毎回こんな風に活発な「作戦会議」を続けて行くのである。

「津軽氏」の居城を見聞し古代津軽との深い因縁を探索したい犬塚君。「お上」の鉄道への従属を拒み、独自のターミナル駅を都心部に別途構築した津軽人の心意気に触れたい僕。こうして最初の下車駅として南部地方からの分離独立意識が根強く、〝津軽県都〟の称もある魅力的な弘前を選べたのは幸いであった。

【日本交通公社】現ＪＴＢ。当時は三公社五現業の筆頭の日本国有鉄道の外郭団体ゆえ、役所の如く日本交通公社と名乗り、阪急等の関西私鉄も傘下の旅行会社を阪急「交通社」などと模倣。ＪＲ編集ではなく国鉄直系・交通公社の時刻表が最高の〝権威〟。

【博徒】ばくちを打つことを常習とする人。ばくち打ち。侠客とは、強きを挫き、弱きを助ける事を旨とした「任侠を建前とした渡世人」の総称。

【龍神信仰】竜神・竜宮祭など、広く沿岸漁民に海神と信仰される竜神は古来の水神信仰に中国の竜信仰が習合して構成された。竜神の住む竜宮は豊かな宝の国で竜神の意にかなった者が富を得て幸福に暮らす内容の竜宮童子・山彦・浦島等の諸伝説が各地に派生した。

三月三日（弘前→函館）

この旅へ参加しなかった同志の〝裏切り〟？

昨日上野発の夜行寝台に乗り、今日は青函連絡船でいよいよ北海道へ渡る日だ。いつも寝起きの良くない犬塚君が目を真っ赤に充血させている。

彼の語り出した不眠の原因は以下のようなものであった。昨晩周辺の寝台から漏れて来るスキー客カップルの色っぽい嬌声に安眠を妨げられ、ふと「家の行事だか法事だかがある」云々の尤《もっと》もらしい理由で不参加を伝えて来た小倉正敏君ら仲間の〝裏切り〟のことが妙に気になり出したという。数人もの仲間に「行かないか」と声を掛けた挙げ句、辛うじてヒマとカネの双方をクリアできたのは我々二人だけという結果に終わった。

結局最初に言い出した幹事・副幹事二人だけの寂しい出発となってしまった。イベントかセレモニーを大々的に仕切ろうと張り切っていた主宰者がドタキャン連発で頭を抱え込むように、リーディング・マネジャーのメンツを潰された彼としては、乾坤一擲《けんこんいってき》の大決起が半ば不発に終わって納得し難いモヤモヤが相当に残っていたようだ。

こんな風に河口君らの裏切りを出発前に僕から詳しく聞かされた犬塚君は怒りで寝付けなくなっていた。そこに周囲のスキー・カップル同士の甘いイチャイチャ話が聞こえてきたため一層激怒、スーパー「青楓チェーン」で買ったウィスキー・トリス角瓶*を一気にあおり、「くそッ！

【トリス角瓶】トリスはサントリーが昭和二一年発売した低価格ウィスキーの代名詞。「トリスを飲んでハワイに行こう」の有名CMがハワイが憧れの旅行先となる一因ともなった。

我々の神聖な行事たる巡礼をスッポかしただけでなく、アノ汚らわしいスキーなんぞに走りよって、イチャイチャやろうなんて考える裏切り者はアノ〝産学協同路線〟の河口だけやないで！どいつもこいつもブルジョア遊戯なんかにウツツを抜かす〝プチブル〟*に堕落しよってからに！」と息巻いた。彼が「極寒の地での非常用だ」と講釈していたトリスはなんと一夜で飲み干されてしまった。

見知らぬ〝異界〟奥羽路にいよいよ突入

結局二時過ぎまでなかなか寝付かれず睡眠不足状態の彼とは異なり、昨夜即刻熟睡した僕は六時半頃であろうか、山形県を過ぎ秋田県に入ったあたりで一度目があいた。雪で一面真っ白な中、Ｄ五一*一一五二が長い貨物列車を牽引して驀進《ばくしん》する横堀駅の次頁の風景が車窓に飛び込んで来た。

雪に馴染みの少ない暖国育ちの僕は「いよいよ期待していた〝東北〟らしい非日常世界に今から入って行くのだ」と異界への結界*突破を直感した。

事前に立てた今回の旅行の原則の一つが国鉄に接続する私鉄線は車窓からを含め可能な限り観察し、撮影するというものであった。しかし事前の学習で大石田までお目当ての私鉄の起点駅がないので、また寝ることにした。山形交通尾花沢線*の起点・大石田駅を窓から観察したが、まだ暗く、電車の姿が見当たらない。撮影を諦め、自然と再び寝入ってしまった。

七時半過ぎ、ベルを掛けていたわけではないが本当に目を覚まし、時刻表を確認。湯沢で羽後交通雄勝《おがち》線*を撮影するためにやおら起き上がった。湯沢近くになると、寝台車配属ボーイが

【プチブル】プチブルジョアの略。プロレタリア（労働者階級）でありながらブルジョア意識をもつ人々との批判的呼称。

【Ｄ五一】Ｄは動軸数が4、次の二ケタは形式数字で、五〇以上はテンダー式（炭水車）機関車で主に貨物輸送に用いられた。国鉄だけで千両を超え、日本の機関車一形式の両数で最大を記録したＳＬの代名詞的存在。

【結界】仏道修行の妨げになるものの出入りを禁ずる場所。寺院で内陣と外陣、または僧と俗の席の区別のため設けた木の柵が転じて商家で帳場の囲いとして立てる格子、茶室で客畳と道具畳など、広く非日常世界と日常世界とを隔てる境界の意。

【山形交通尾花沢線】大石田〜尾花沢二・六キロ（私鉄、二九頁）。

【羽後交通雄勝線】大正三年湯沢〜西馬音内八・九キロ開通（私鉄、二八頁）。

我々のコンパートメント*にやってきて、まだ完全に寝入っている彼を「お客さ〜ん！　起きて下さい」と強制的に叩き起こし始める。このご親切がいささか頭に来たのか、寝坊の彼は「この前なんか一〇時過ぎまで寝さしてくれたんですがね……」と、とても寝起きとは思えぬほど論旨明解なクレームを即座に言い放った。客扱いに慣れたボーイは「規則*ですから……」などとてんで取り合わない。

ポール電車が牽く「西馬音内」行古典客車

湯沢で遭遇した異様な長編成の電車のサボ*はなんと「湯沢—西馬音内」。難読地名「西馬音内」の見慣れぬ四文字に僕はま

D 51 1152 が牽く貨物列車（3月3日、横堀駅）

【コンパートメント】 二等寝台車「オハネ一七」の構造図では、たとえば三番上中下と四番上中下との六ベッドが向かい合わせとなって、一室を構成。

【規則】 「ナハネ二〇」など当時の二等寝台車の構造は夜は上中下の三段式ベッドで、「ベッドを使用できる時間は、二一時から翌朝七時まで…寝台は昼間は座席」（道内、三二頁）に転換する規則であり、犬塚君の抗弁は当然却下。

【サボ】 列車行先札「サインボード」の略号。

ず釘付けになった。「にしもない……と読むのか？（生保内《おぼない》、毛《け》馬内《まない》と同じく）アイヌ起源なのか」とあらぬ想像を巡らせる。

　次に着目したのは先頭の小型電動車は近代的なパンタグラフでなく当時でも珍しくなって来た旧式で路面電車風のポール*電車だったことだ。その後には大型の木造古典客車が続く。小さな電車が円形の集電装置・ポールを振りながら、自分の倍近くある木造客車を何両も健気に牽引する様子は、この世のものとは思えないほど不思議で可愛らしい。

　寝ぼけマナコの僕の目には、まるで「ニシモナイ」というナゾの蝦夷集落へ向けて出発する架空の〝銀河鉄道〟であるかの

ポール電車が牽く「西馬音内」行古典客車（3月3日、湯沢駅）

【ポール】 路面電車など低速の車両の屋根に取り付け、架線に鉄棒で接触させる旧式の集電装置で、離線しやすい等の欠点からビューゲル、パンタグラフ等に置換。

ように想像を掻き立てられた。古代北方文化の得も言われぬ神秘的な雰囲気を感じさせてくれたのだ。

この羽後交通雄勝線にとって一番多客時の通勤列車のため、一両のポール電車デハ六*がホハ二二*（荷物室附）、ホハフ二一などを牽引して、まさに湯沢駅を出発し西馬音内駅方面へ向かっていく瞬間を、ちょうどいい位置、いい高さの寝台車両の広い窓から、何らの障害物なく、最高のタイミングで数回も連続的に撮影できたのであった。当時の僕の安カメラには連続撮影機能などはなかったのだから……。

後日現像した写真を見ると、新幹線出発時の数枚を別にすれば、日本一周旅行の本格的な写真撮影は、この「幸先よし」と感じた秋田県の羽後交通雄勝線でのビギナーズ・ラックから始まっていたわけだ。

大いに手応えを感じ、次もこの調子とばかりやる気まんまんでカメラを持って身構え続けたものの、世の中そうは問屋が卸さなかった。次の横手駅には羽後交通横荘《おうしょう》線*のディーゼルカーは見当たらず、空しく無人のホームだけが撮れた。ほっと一息つくと空腹を覚え、河口君サシイレの和敬塾特製のオニギリを一食分浮いたとありがたく頂く。

秋田中央交通線*が八郎潟駅の東側から発着することを不覚にも失念していた。西側でカメラを構えていて急遽座席を変えたが、折悪しく国鉄貨車が視界をさえぎりうまくいかなかった。次の大館駅では小坂鉄道*が国鉄駅と相当離れているらしく全然ダメだった。失敗続きで、やはり先のはビギナーズ・ラックだったようだ。

【デハ六】「デ」は電動車（国鉄式のモーターのある車両「モ」相当）、「ハ」は座席車（普通車＝旧三等車）の意。

【ホハ二二】「ホ」は一定重量のボギー車、「ハ」は三等車、「二」は荷物室附の意。

【羽後交通横荘線】大正七〜八年横手〜舘合一八・九キロ開通（私鉄、二八頁）。

【秋田中央交通線】大正一一年八郎潟〜五城目三・八キロ開通（私鉄、一五四頁）。

【同和鉱業・小坂鉄道】明治四二〜大正五年大館〜花岡ほか二七・一キロ開通（私鉄、二八頁）。

雪と氷の弘前城で食ったタダメシ

大鰐駅を起点とする弘前電気鉄道*の存在をうっかり失念しかけていた。気を引き締め、時刻表を再点検。直前に気付いてイヤラシイほどに真っ赤っかに塗られたＨＤＫの赤電をうまく三枚ほど撮影できた（口絵1）。さらに国鉄線とほぼ並行して走るライバル・弘鉄が、コンクリート橋に「弘前電鉄　三〇分毎」と大書して奥羽本線をオーバークロスするところも一枚撮った。

城の大好きな犬塚君が「せっかく奥羽本線回りで来たんやから、是非雪の弘前城を見よう」と強く推した。当初経路になかった奥羽本線・弘前駅で急行を降りたのだが、例の〝特製〟切符の威力で駅員に特段誰何《すいか》されることもなく無事に途中下車した。まず駅の前で記念写真を撮り、駅に常置された観光客向けの記念スタンプ*を持参したスタンプ帖に最初に押した。

アリバイ証明を得るための一連の奇妙な行動を、この旅行でも弘前駅を皮切りに以後日課とするようになったのである。僕の場合だと切符の始発・三ノ宮以降、いくつもの駅で乗降してきたが、それらの駅は日頃の生活圏であったり、これまでに何度となく訪れた場所でもあるので、記念撮影するような価値ある〝異界〟とは見做さなかったのだ。

急な計画変更かつ事前のリサーチ不足のため、肝心の城への方向がよく分からないので取りあえずタクシーに乗った。雪どけ道を重いリックサックを担ぎながら歩くのはしんどいという理由もあった。

時間はあるのでゆっくりした気持ちで人気無い閑散とした城内を歩いて往時を偲ぶ。昼時なので城内の食堂を探すが、見付けた二軒とも休業中。僕は仕方なくベンチでまずハンゴーリ*（飯行李）のメシをやおら取り出す。これには犬塚君もビックリ「おまえ、いつのまにそんなもの

【弘前電気鉄道】ＨＤＫ、昭和二七年大鰐〜中央弘前一三・九キロ開通（私鉄、二一頁）。

【記念スタンプ】以下に頻出する我々の記念スタンプへの異常な執着の動機と背景は第二部、一八一頁参照。

【ハンゴーリ（飯行李）】正しくは「めしごり」と発音（我々は「飯盒」と混同して誤読）。飯行李は竹・柳等を編んだ、ご飯携帯用の小さな行李で、湿気を吸収し通気が良く冷めても美味しい。

を」と叫ぶ。彼もさすがの和敬塾内での世間体があるのか、「オレも河口も一応和敬塾の塾生の立場ちゅうモノがあるからな……」と思わず苦笑。ワセダのスーパーで彼が調達した缶詰で食うが足りず、同じく彼が仕入れたパンとソーセージでハラをふくらす。

名ばかりのセントラル・ステーション・中央弘前駅

お堀の水も全面凍結した雪の弘前城で、記念写真を代わる代わる十分に撮り、バスで弘前駅へ戻る。駅舎は堂々とした造りだが、雪国に不可欠な駅入口の雪覆いが粗末な木造で寒々とした感じだ。僕は荷物を置いてすぐ交番を訪ね、中央弘前駅への道順を聞いた。当時の学生の心情として国家権力の〝犬〟という、おっかないイメージが強かったのだが、津軽という土地柄のためなのか、とても親切に駅への道順を教えてくれた。日記には「ここのポリさんは学生とケンカせんらしい」と特記している。

教えられた弘南バス*の市内路線に乗り、運転手にちょっと聞くが一切返事なし。すると隣の男性がこれまた親切に下車すべき停留所を教えてくれた。察するにライバル関係からか、弘前電鉄と弘南バスとの連携が極めて悪く、国鉄の弘前駅と離れた独立型ターミナルへの案内が不親切であったようだ。「中央弘前駅前」といった分かりやすい停留所名でないので、ここは何度も聞かないと絶対に分からない。

僕がこんなに苦労してまで中央弘前駅を探し求めたのは、「お上の鉄道」への従属を拒んで、独自のターミナル駅を中心部に構築せんとした津軽人の心意気に触れたいためであった。しかし、ようやく探し当てた中央弘前駅は先行研究による「市街の中心部にあることは……大きな

【弘南バス】 弘前市、昭和一六年弘南鉄道より分離設立、乗合三五七両、代表阿部物左衛門（要覧、一九頁）。同根の弘南鉄道と関係が薄くなる一方、昭和三〇年津軽鉄道のバス部門買収を巡り弘前電鉄とも確執があった。

強味*」との事前理解とは程遠く、場末に近い辺鄙《へんぴ》な立地で、川岸ギリギリのヘリにやっとターミナル用地を確保した、堂々たる〝セントラル・ステーション〟とは名ばかりの、いかにもうらぶれた雰囲気の駅。

どう見ても河川敷としか思えぬ場所になんとか軌道敷を得ながら土淵《つちぶち》川に沿って無理矢理北上を続けたものの、恐らく資金難からか、繁華街である土手町商店街まであと一歩の感ある現在地で中心部乗入れを断念した雰囲気も感じ取れる。大手でも乗入れに苦労した東武浅草駅の例が有名だが、前橋市の上毛電気鉄道「中央前橋駅」ともども、極めて興味深い中小私鉄の単独終端駅の立地である。妙に遠慮

うらぶれた弘前電気鉄道中央弘前駅（3月3日、弘前）

*【強味】金沢二郎「弘前電気鉄道」RP一二八号。

がちに小さな「中央弘前駅」の字より兼業の「食堂中〈央が欠〉」と「三菱ミシン」*の文字の方が大きい有様。まるで食堂・ミシン店舗に駅が間借りするような本末転倒の光景。先ほど通った鉄橋に「弘前電鉄三〇分毎」と大書して客引きしたり、ミシン等の家電販売と食堂でなりふり構わず稼がねばならぬ必死の様相が感じられる。新参者とばかり冷たく連携を拒絶する弘南バスに取り囲まれた不利な陣立てを含め、真っ赤っかの塗色だけでない新興弱小私鉄の楽でない台所事情*がいささか気になった次第である。

　時間表を見れば一六：三五発、電車は五分前にしか到着しないとのこと。弘前からの国鉄列車が一六：三三発だから電車の撮影を一先ず諦めた。私鉄駅では保存用に一番安い区間等の乗車券（日付入）を購入するのが日課であったので、「中央弘前駅入場券」を一〇円で買って弘前駅へバスで戻る。駅で型通り記念撮影をして、一六：三三弘前発六三五レへ乗り込む。

　隣になった地元のご老人に話しかけてみた。最初のうち、ちょっと津軽弁が難解であった。色々な話題を取り上げていくにつれ、だんだん慣れたのか大よそ要旨は理解できて来た。ご老人の意見はなかなか尤もであった。

ブラキストン線を越え海路蝦夷地に

　一七：三四着の青森駅では、北海道への渡航を前にして名にし負う長丁場たる〝マラソン桟橋*〟を駆け抜ける英気を養うべく、大枚六〇円也の豪華天プラソバをペロリ平らげた。座席が限られた列車に乗る時に比べ、定員も多くだだっ広い船内に乗船する際にはさほど急ぐ必要などないはず。だが、「絶対に走るな」の警告を尻目に、西宮のえべっさんの恒例行事*よろしく

【三菱ミシン】 子会社・弘鉄商工が「三菱ミシン」等家電販売の手数料を稼いだのは三菱電機が昭和二四年創業時に電気工事受注とショールーム化を狙い、機材提供や大口出資で支援した因縁に基づく。昭和三五年時点で三菱電機は弘鉄の三五・八％を保有する筆頭株主で主要仕入先（『会社総鑑』、三六三頁）。

【台所事情】 昭和四五年一〇月一日経営難に陥った弘鉄の鉄道設備一切を、地域交通経営に強い意欲があった弘南鉄道樽澤武任六代社長（初代菊地武憲社長五男）の侠気で買収し現大鰐線としたといわれる。

【マラソン桟橋】 昭和三〇～四〇年代の盆や暮れの最盛期に乗客が座席をとるため我先に乗り場へ競って駆け出す光景は青函に限らず、宇高の宇野桟橋もマラソン桟橋と呼ばれた。著者も過去に寝起きの空腹状態で突如疾走を強いられた苦い経験あり。

元気な若者がまず飛び出し、皆がつられて一斉に駆け出してしまう。阿波踊りではないが見物は許されず、元来が運動の嫌いな僕らまで〝青函マラソン〟に渋々エントリーさせられる。

天プラソバの栄養価のお蔭で余裕をもって青森一八：三五発の青函連絡船一〇五便「松前丸」乗り場に向かって〝マラソン桟橋〟を早足で駆けた。しかし季節柄なのか、前回乗船した夏休みとは異なり、乗り込んだ船内はガラすき。いささか拍子抜けした。

青函連絡船上の津軽海峡で北緯四一度を越えた。ブラキストン線と呼ばれる動物相の分布境界線も同海峡を東西に横切っている。往時の連絡船をご存じない世代では歌謡曲でのセンチメンタルな情景や豪華客船でのクルーズの如き優雅なイメージが湧くかもしれない。実際のところ、鉄道連絡船での長い船旅は自ら選ぶ旅でなく、海峡の存在ゆえに強制される厄介な〝乗り換え〟そのものであった。青函連絡船には船ごとに異なるデザインの「乗船記念スタンプ」が用意されていた。

学生運動の闘士らと深夜まで激論

二二：二五函館着。ホームで二三：二〇発の準急*「たるまえ」（準急券一〇〇円）を待つ。僕は函館のホームでまず素そば（四〇円）を平らげた。さらに牛乳（三二円）とパンを買い込んで、エサの準備は完了。さすがは北海道、牛乳の味が心なしか内地と比べて濃厚に感じ、これ以降しばらく道内で牛乳を必ず愛飲する習慣が身に付いた。

準急「たるまえ」の車内では「三・一ビキニ・デー」*の集会に馳せ参じたという帯広近在（音《おと》

【西宮えびす福男選び】〝えべっさん〟と親しまれる兵庫県西宮神社には毎年一月一〇日「福男選び」なる神事があり、午前六時開門後、本殿までの長い参道を猛スピードでうまく走り参りした先着参拝者を福男と認定。

【準急】 準急行の意。比較的短区間に運転される優等列車であったが、我々の旅行時・昭和四一年ダイヤ改正で百キロ未満の列車に絞られて絶滅危惧種化、二年後の昭和四三年改正で全廃、急行に統合された。

【ビキニ・デー】 昭和二九年三月一日戦後初の米国核実験がビキニ環礁で強行され、マーシャル諸島住民や静岡県焼津の漁船「第五福龍丸」などが〝死の灰〟を浴び、無線長の久保山愛吉さんが死亡。この被災事件は国民に衝撃を与え、翌三〇年八月第一回原水爆禁止世界大会が開催、原水爆禁止日本協議会（原水協）が結成された。我々の聞いたビキニ・デーは別の原水禁（原水爆禁止日本国民会議）が昭和四一年三月一日焼津で主催した集会。

更《ふけ》）の農民解放運動の闘士と、函館学芸大学（後の函館教育大学）の学生運動家の二人と隣に座り合わせた。彼らによると昭和三九年一〇月の中国核実験に各党が抗議するなか共産党だけが「実験はやむをえない自衛手段」との見解を発表したため、あらゆる国の核実験に反対するとの立場の社会党・総評系が昭和四〇年二月原水協から分裂し、原水爆禁止日本国民会議（原水禁）を結成したいきさつを語り始めた。結成一年後で、マークを制定するなど意気盛んな創設期であったようだ。

彼らの容易ならざる魁偉《かいい》な風貌と独特の語り口に僕は一瞬ギクリとした。根が臆病な僕とは対照的に、昨年来長引く母校での大学騒動の数々の修羅場で鍛えられてきたであろう犬塚君の対応は異なっていた。戦場さながらの騒然たる雰囲気の中、最も危険なエリアと称された古臭い三号館の建物に命からがら辿り着いた犬塚君にはすでに相応の度胸が備わってきていたようだ。

二ヵ月前の一月一八日早大生は授業料値上げ反対などで全学ストに突入、連日デモ隊がワイワイ大騒ぎを続ける中、二月一〇日遂に過激派が正門に椅子や机を並べた堅固なバリケードを築き大学本部占拠、火を放つまでに学生運動が極限までエスカレートした。多数の一般学生は暴動化していく事態の急展開に次第に距離を置き始めるが、本部占拠は六月二二日の解決まで継続された。こうして大学全面封鎖となるまでの間「五流一三派」とも呼ばれた各セクト（新左翼*党派）の猛者が突然教室になだれ込み、授業を続けたいと哀願する文弱教員をつまみ出して学費問題の大衆討議を始めさせたり、日和る学生たちにインネンをつけるといった学内での小競り合いは日常茶飯事であった。かような新左翼の〝出入り〟には相当程度の免疫ができている任侠の徒・犬塚君は全く動じず、お蔭で彼らから輝かしい武勇伝を色々聞かされるお相手

【新左翼】 一九六〇年代以降の左翼運動で、既成の左翼政党を批判・否定し、それぞれの戦略・戦術あるいは運動論のもとに社会変革を目指す学生を中心とする多数の政治的集団の総称。全共闘との関連が深い。

を一手に勤めることとなった。負けてなるかとでも思ったのか、対抗上話題に出したワセダ紛争は正にタイムリーであった。新左翼に武力で詰め寄られ、オタオタ逃げ出す非力な教員たちの日頃の偉そうな口ぶりとは真逆の無様な姿に、二人は大層興味をもって、逆に犬塚君の方に色々と背景を聞き出してきた。

端的に言うと理工系重視への方向転換が学費値上げと重なったワセダでは割を食う文系学生に資本への警戒心が過度に煽られ、目の敵として産学協同路線反対を声高に叫ばせることになったようだ。

彼もやや自慢げに「ワセダのエライさんたちは何を勘違いしたか、国連ビルのような雲を貫く高層ビルを次々と建てた上、実務系招聘《しょうへい》教授陣と称して日本独占資本の〝イヌ〟を高給で飼い馴らすための巨額のエサ代を、何ら恩恵を被らぬ我々文系の貧乏学生にまで支払わせようと学費値上げを企んでいるのは絶対に許せん！」などと金に糸目をつけない理工系充実策を「産学協同路線」と決めつけてこっぴどく罵倒《ばとう》した。「産学協同」を否定すべきとの彼の熱弁は原水爆反対を叫ぶ彼らにも新鮮に映ったようであった。当時（昭和四一年）は二年後の昭和四三年以降に全国各地で吹き荒れる大学紛争*という〝大嵐〟の前夜に相当した。まさに風雲急を告げる時期になっていたわけだ。

【大学紛争】一九六〇年代末期、世界的な傾向のなかで日本の大学に続出した学園紛争。六九年一月、東京大学全学共闘会議学生が占拠した安田講堂を、加藤一郎総長代行が八、〇〇〇人の警視庁機動隊を導入して実力排除した安田講堂事件がそのピークであった。紛争は関東の東京大学、日本大学重点から関西の京都大学、立命館大学に飛び火し、全国に拡散。佐藤内閣は、文相に紛争校の閉廃権を与える大学臨時措置法の立法に踏切り、六九年八月施行した。これに反対する紛争大学は同年一〇月、七七校に達した。

第二章　氷雪の道東を巡る（札幌〜名寄）

三月四日（札幌→厚岸）

相棒は昨晩の激論にグッタリ

今日は北海道内の実質初日で、狩勝峠《かりかち》を越えて道東の厚岸《あっけし》まで行く日。この日、カナダ太平洋航空四〇二便が着陸に失敗。翌三月五日にも、英国海外航空機が空中分解して乗員乗客一二四名全員が犠牲となる航空機事故が連発したことは後日知った。先月二月四日にも、全日空機が東京湾羽田沖に墜落する事故が起こっており、航空機への信頼性が著しく失墜した。客離れに苦しむ日本航空と全日空両社はこの年の七月一日からスカイメイト制度と称する一種の学割を導入することになる。もとよりさもあらんかなどと考えてきた我々鉄道至上主義者にとって、鉄道への信頼はいささかも揺るぐことなく、安心して旅を続けたのである。

例の闘士二人は一晩中勇ましい闘争の武勇伝を語り尽くしていた。ノンポリ日和見主義者との非難も甘受する僕は早々に戦線離脱。白河夜船としゃれ込んだ結果、犬塚君はそれを一手に

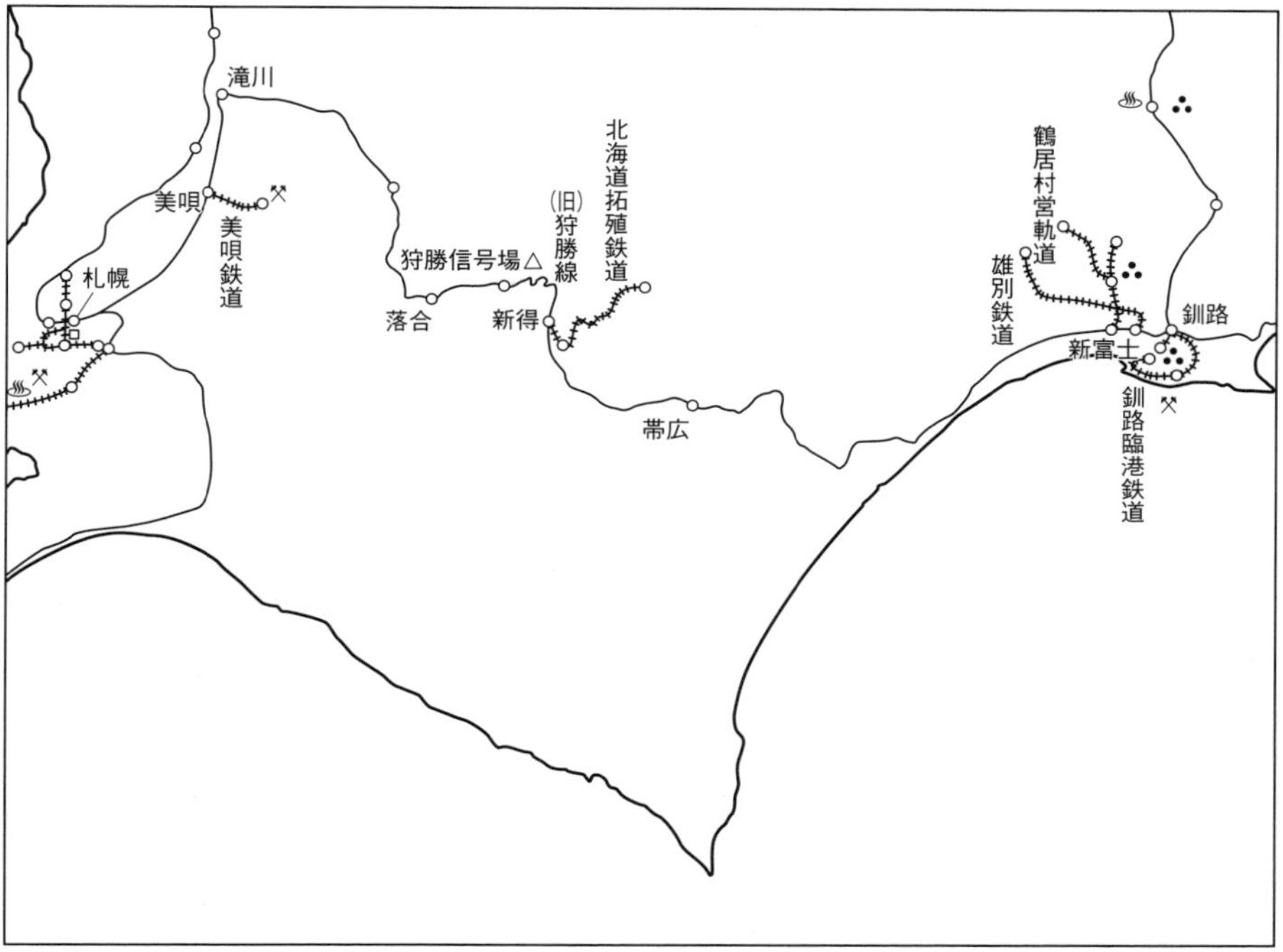

引き受けて終始聞かされる羽目となったので、とうとう一睡すらさせてもらえなかった。

息を呑む狩勝峠越えの絶景と鉄道員の姿

朝六：二一札幌着。札幌では乗り継ぎ時間が短いため、大急ぎで牛乳一七円とパン一五〇円を購入。すぐホームに並び、七：〇〇札幌始発の急行「狩勝」（急行券三〇〇円）に乗り込む。美唄《びばい》では「美唄鉄道」*と大書した木造駅舎、常盤台行の客車、蒸機、貨車等を撮影することができた。切符裏面では「千歳、苗穂《なえぼ》、函本、旭川、富良野、根室本、

【美唄鉄道】 大正三〜一三年美唄〜常盤台一〇・六キロ開通（私鉄、一一頁）。三菱鉱業は東京都、昭和二二年設立、乗合三〇両、代表天辰登吉郎（要覧、一一頁）。

厚床《あっとこ》」と旭川経由の大回りを予定したが、都合で急行「狩勝」の経由する滝川〜芦別〜富良野間をショート・カットすることとなった。

狩勝峠*は昭和二年大阪毎日、東京日日両新聞社が全国から募集した「日本新八景」に別府温泉などと入選した。また大畑《おこば》、姨捨とともに日本三大車窓展望*とも呼ばれる絶景ポイント。交通公社のガイドブックでも「汽車はこの大海の波のような平野を大カーブを描きながら下っていく……ハッと心のときめくような風景」と絶賛されていた。今回は一昨年の訪問時の撮影での成功を自慢した小田君を返り討ちにしてやろうと、我々二人が列車内から雪の峠越えをバッ

峠越えで窓を全開にしてカメラを構える犬塚君の車内恒例の動作（3月4日、狩勝峠）

【狩勝峠】厳冬期は狩勝峠を越える砂利道で幅員の狭い国道三八号線（昭和六年開通）も閉鎖されるため、冬の峠に挑む蒸気機関車を野外で撮影するなど命がけの行為であった。

【日本三大車窓展望】鉄道院・谷口梨花は大正九年の著書で「石狩、十勝の国境の狩勝を後に…茫漠たる十勝平野を見遥かしながら、九十九折の線路を旋転曲折して下り行く処は私のいはゆる日本に於ける車窓からの三大展望中、最雄大なる景観」（『名所とところどころ』三〇五頁）と絶賛し、肥薩線矢岳、篠ノ井線姨捨とともに日本三大車窓展望として定着させた。

チリ決めようと前々から狙っていた大事な撮影場所であった。

犬塚君は前頁写真のように、相当前の金山、鹿越、東鹿越、落合あたりから一眼レフに望遠レンズを装着して何度も試し撮りを重ねて来たるべき本番に備えた。早春とはいえ車内から雪の狩勝峠の絶景写真を〝討ち撮る〟のは全開の窓から寒風が吹き込み、なかなか一苦労であった。

僕も雪の狩勝峠を行く急行「狩勝」の風景（口絵2）や、入選を祝って狩勝トンネルと新《にい》内《ない》トンネルの間の線路沿いに立てた「日本新八景　狩勝峠」標柱などなんとか数枚を撮影できた。この写真は狩勝信号場*付近の孤立した高地集落に暮らす鉄

氷雪と闘う峠の鉄道員（3月4日、狩勝信号場）

【信号場】 駅間の長い単線区間で列車交換の必要から信号のみ扱う保安施設として設けられた。通常停車するが、旅客・貨物扱いしないのが原則。

道員たちの過酷とも思える環境での作業姿である。

我々の気楽な旅を支えているのが裏方の人々の地道な勤労姿だと感じてシャッターを切った。雪の山に埋もれた粗末な木造の保線小屋・官舎群と背後の防雪林、うずたかく積まれた木材が寒冷地の厳しさを示している。

十勝平野を一路釧路へ

新得《しんとく》駅始発のいかにも開拓地らしい北海道拓殖鉄道*の新得発の列車は、五：三〇、九：四〇、一五：二八、一八：一〇のたった四本のみ。「狩勝」が到着する一〇：四二の一時間前に発車済みで、新得駅の先端に「東瓜幕方面 拓鉄線のりば」の表示があるのみでホームに拓鉄の車両がなく、失望した。しかし諦めずカメラを構え続けていると、新得～南新得間一・四kmはほぼ国鉄と並行、次の南新得駅に併設された車庫・本社に赤色の塗色に白帯の客車、除雪車、転車台前に蒸機が止まっており、距離はあったがなんとか撮影できた。

帯広を過ぎると「狩勝」車内は急にガラ空きになる。出発前に東京で彼が調達した堅目のフランスパンと、塩加減がちょうどいいソーセージでのびのびと昼食を摂った。釧路駅の手前の通過駅・新富士駅を起点とする鶴居村営軌道*は駅前付近で二本の雄別鉄道*の線路と複雑に交差・錯綜しており、通過列車の車窓から配置状況*を正しく把握できず、残念ながら自製「線路配置図」には「?」と記しただけの空振りに終わった。

一四：〇二釧路駅で降り、すぐ「みどりの窓口」に走り込んだ。本日発売になる日本海に沿って走る最速の「まつかぜ」の特急券を申し込むためだ。切符裏面に「新潟、信越、北陸、敦賀、

【北海道拓殖鉄道】 昭和三～四年、新得～東瓜幕三五・四キロ開通（私鉄、一六頁）。

【鶴居村営軌道】 昭和四年道庁が国費開業、昭和一六年雪裡線運行組合長が個人営業で自走客車を有料運行、昭和二九年運行主体が組合から鶴居村に移管、昭和四三年全線廃止。

【雄別鉄道】 大正一二年釧路～雄別炭山四四・一キロ開業（私鉄、一二頁）。阿寒町、昭和三九年設立、乗合五両、代表宮坂要助（要覧、一二頁）。末期は第二部、一九二頁参照。

【配置状況】 昭和四〇年八月乗車された今井啓輔氏は軌道ホームの周囲にまるで隠すかのように建物群が取り囲む新富士の構内図（今井1、二五頁）を再現、雄鉄との交差の状況も記され、永年の「?」が解消。

小浜、宮津、陰本、鹿本、博多」とあるように、「まつかぜ」乗車によって東北日本から西南日本へのスムーズな転換を計画していた。「三月一一日福知山〇九：五九→博多二〇：五五」という日本一周計画の基軸となる「まつかぜ」の超人気特急券が驚くほどうまくとれ、本州内は脱兎の如く駆け抜ける我々の構想実現のメドがたったと一安心した。

北海道の釧路で遠く山陰線の福知山〜博多間の特急券を買うという奇妙な行動も、日本一周旅行なればこそか……と感慨深く感じた。同時に文系学生ながらも前年一〇月国鉄が新鋭電算化と共に設置した「みどりの窓口」の全国ネットの優れた効用も改めて実感できた。

春とは名のみの寒々した春採湖畔を散策

釧路駅の待合室に重い荷物を放置したまま恒例の駅前記念撮影後、釧路港方面へでも行って早春の海でも見ようと歩き出す。道銀前まで来た時、東釧路（別保《べっぽ》）から春採《はるとり》湖畔を走って終点の入舟町まで八・七㎞の旅客営業をしている釧路臨港鉄道*の不思議なΩ字状の線路*を思い出した。急に目的地の変更を提案、東邦交通バスで取りあえず最寄りと見当をつけたユースホステル前まで行くこととした。バスの暖房が暑過ぎるほどにまでよく効いていること、途中雪どけのため道がドロドロに泥濘《ぬかる》んでいることなど、内地*と異なる寒冷地特有の情景に驚いた。

四季を通じ多くの動植物が見られる春採湖は釧路市民の憩いの場として親しまれている。成因は海面下降の際に取り残された海跡湖で、春採川を通じて海水が入り込む汽水湖。凍ってはいたが、湖面を歩けるほどには固くない様子なので、湖畔を少し散歩することにした。対岸には石炭を満載した臨港鉄道の貨物列車がピーピーと音をたてて走っている。春、花見時なれば、

【釧路臨港鉄道】 大正一四〜昭和一二年城山〜入舟町一〇・七キロ開業、昭和三八年旅客営業廃止（私鉄、一一頁）。四一年一二月入舟町〜臨港間を廃止するなど急激に短縮・廃止に進んだ。

【Ω字状の形】 小熊米雄氏は昭和三五年「釧路市東南部…の丘陵地帯の裾を廻ってほぼ一周する…面白い鉄道」（「釧路臨港鉄道」ＲＰ、号外、一一頁）と評し、かねてよりガイドブックや五万分の一地形図でΩ状の形と、景勝地とされる観月園等の駅名に着目していた。

【内地】 北海道などの人が本州などを指す称。なお復帰前沖縄では北海道を含め本土（ヤマト）と呼び、方言で本土人を「ヤマトンチュー」という。

「観月園」付近でさぞいい写真が撮れたのに……と残念に思われたが、なにせ三月のこと、ドロドロの湖畔の小径を滑らぬように気をつけながら歩くのが精一杯であった。

途中、釧路市立青年科学館とかいう建物を目にしたとたん、犬塚君は親の敵にでも出会ったかの如く突然大声で「なんじゃコレは！　産学協同路線の最たるもんや」と吐き捨てるように言った。昨晩の徹夜の後遺症かと訳を聞いた。彼は母校が産学協同路線の理工系にばかり金を掛けて、伝統ある文系学部を一切無視しているのがよほど頭に来ていたのか、単に「科学」という字がついているだけで重度の理系アレルギーを発症したものとみえる。理不尽にも彼に罵《ば》倒《とう》された青年科学館のところから湖畔を離れ、崖を這い上がった。

僕はバスを降りたユースホステル前に戻ろうと安全策を主張したが、彼は「もうそこまで歩くのがしんどい」と称して、強引に逆の方へ歩き出してしまった。キッチリ正確な地図で測定したわけでなく、彼独特の勘での決断だったがために、結果的にもっと遠い停留所まで泥道を歩かされる結果となってしまった。停留所前にはいかにもガラの悪そうな男子高校生連中がたむろしていて、不審な我々をジロリと睨むので心安らかではない。その上に釧路駅方面の東邦交通バスがなかなかやって来ず、疲れと飢えと寒さと泥だらけの不快さが重なり、我慢できない状態に陥った。

「一期一会」雄別鉄道の木造客車に遭遇

やっと釧路駅へ着いても、じっくりと観察するのを楽しみにしていた雄別鉄道をゆっくり写す時間がなくなってしまった。日記には「彼が変なことをいった為にえらい目にあった」と密かな苦情が書き込まれている。バタバタと雄鉄のホームへ走っていって、ラッシュ時のためキハ一〇四に木造客車群（口絵3）を連結した長い編成の「釧路→雄別炭山」通勤列車をなんとか数枚撮影。雄鉄の釧路〜中園間二〇円の切符を買うのがやっと。これが今生の別れになろうとは知る由もなかったが、後ろ髪を引かれる思いで雄鉄を後にしたのであった。

そのうちに、一六：〇二釧路発の根室方面行二四一Dレが入ってきて、通勤客がどやどや乗り込み出した。彼は入口のところで撮影に夢中の僕を辛抱強く待っていてくれたが、二人とも乗り込むのがやっとで、座るどころの話ではなかった。かねて彼が時刻表を睨んで「コレ（二四一Dレ）は通勤列車やから混むゾ」と注意していた通りになった。恐らく彼の『茶人日記』には逆に「あれだけ注意したったのに、電車を見ると駆け出していって帰ってこんから、しんどいのに座れん羽目になるんじゃ」とでもさぞかし苦情が書かれていたことだろう。

厚岸での心尽くしの歓待

一七：〇六厚岸着。厚岸駅は東経一四四度五〇分と今回の旅では一番東となった。駅を降りて聞いてみると、厚岸では相当に有名なお宅なのか、すぐに和敬塾の塾生M氏宅の所在が判明。ここで大変な歓待を受け、先刻の釧路でのお互いの不満の応酬騒ぎなど一瞬に吹き飛んだ。

M氏は道産子らしい大陸的な風貌で、開口一番「狩勝峠以西は北海道ではない」とのたまった。本日越えてきた雪の狩勝峠の雄大な展望や、釧路の雪解け時の泥濘を思い出し、「なるほど道東方面こそ真の北海道」*と軽い相槌を打つ。

誇り高いM氏は「東京のアンコをヨメにもらうのに、なんでワシが出かけにゃならんのか」

【広い道内】 広大な道内は内地の一府県並に考えては大間違いで極めて多様性に富む。種村直樹氏も天北線車内で道東・釧路から道北・稚内に転勤した主婦が「北の果ては…凍てつきと雪と…本当に寂しい」（種村、一九頁）と嘆く声を聞いている。

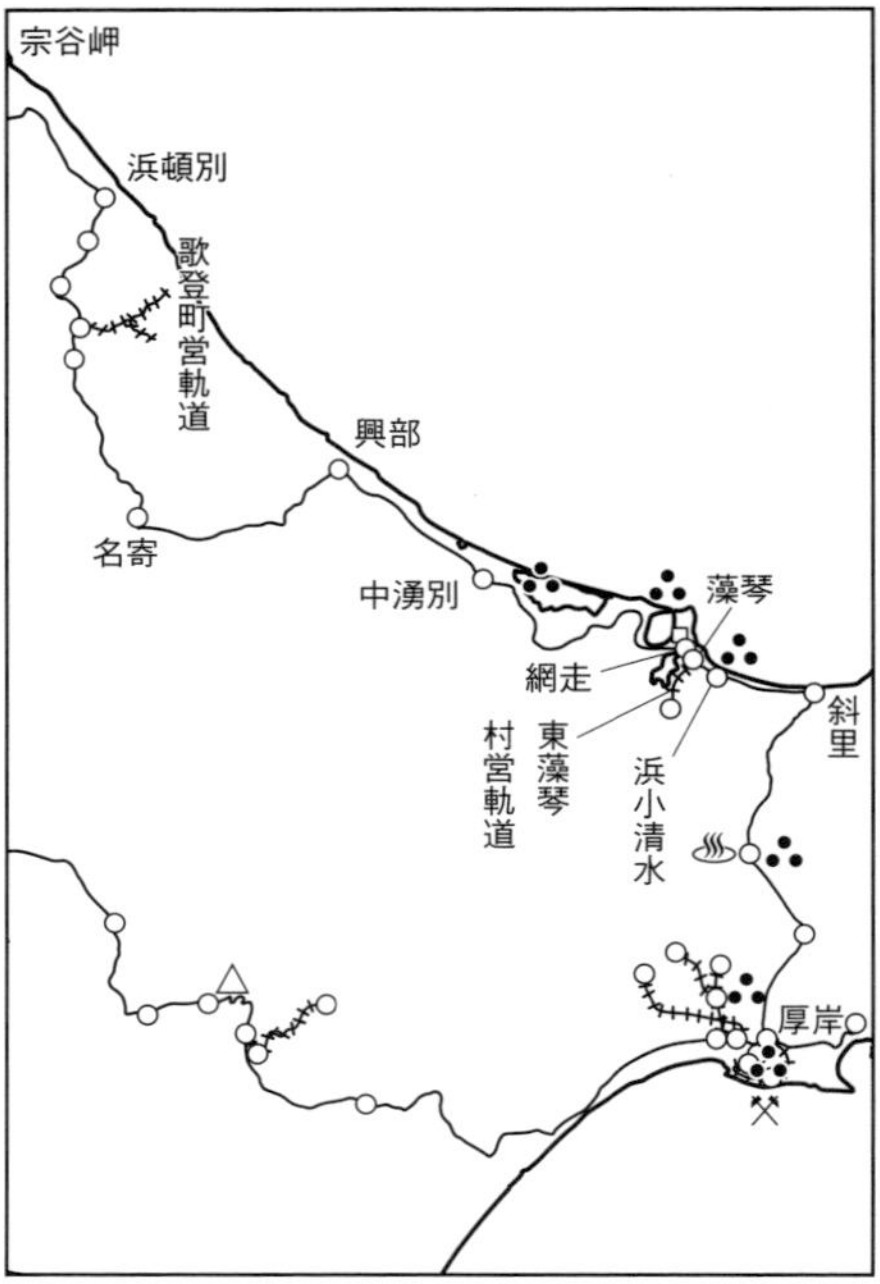

など、当時の僕の理解度を越えるような独自の道産子理論を次々と展開した。犬塚君から事前に聞かされた通り、熱心に法律を学ぶM氏は相当の理屈屋で頑固一徹なところも覗えた。理論家で地域愛の熱いM氏は石狩国と十勝国との国境・狩勝峠をどうやら〝白河関〟に見立てていた。東北人が「白河以北*」の語に敏感に反応してきたのと同様に、狩勝峠以東の道東こそを独自の文化を持ち、豊かな自然環境に恵まれた誇り高い、理想的な独立国と見做していた。そして、自らをあたかも北海道の覇王と錯覚し東京の植民地となることを甘受するが如き軽薄な札幌人士の堕落傾向に憤り、彼らの領域は聖なる北海道に非ずと断じたようなのだ。そういえば東京の最新流行は仙台を飛び越して真っ先に札幌に来るとのお国自慢も耳にしていた。こんなにも深い意味だったのか……と、単に気候の差しか感じ取れなかった僕は恥じ入るばかりであった。我々が北海道談義に花を咲かせていた二〇時一五分に羽田空港へ着陸中のカナダ太平洋航空四〇二便が大事故を起こしつつあったのだが、当然まだ知らない。

【白河以北】 明治三〇年東北の有力紙・河北新報は「白河以北一山百文」なる東北人を蔑視した中央に反発し、東北の振興を念願として創刊された。

三月五日（厚岸→名寄）

極北の地・オホーツク海を往く

昨日は雪の狩勝峠を越え、奥地・道東に入ったが、この日は待ちに待った厳寒期のオホーツク海に沿って、名寄までひたすら北上の日である。朝八：〇九厚岸発の二三二Dレに乗って西に向かい九：〇九釧路に戻った。M氏宅のテレビや新聞でカナダ機の大事故の詳細を知った我々は、「ヒコーキに乗らんかったワイらの選択はよかったんや」と乗る金もない貧乏学生*二人による見当違いの自画自賛を続けた。

すぐに接続している九：二一釧路発の急行「しれとこ」（急行券二〇〇円）に乗り継ぐため、残念ながら今回の旅では東端*の記録は狙わず、昨日の雄別鉄道の続きを楽しむ時間もなかった。当初は切符の裏面に「根室本、厚床、標津《しべつ》線、標茶《しべちゃ》、斜里」とあるように、欲張って一〇〇kmを超える長大ローカル路線の標津線（標茶－根室標津六九・四km、厚床－中標津四七・五km）に乗り、中標津を経由する大回りの構想であった。しかし時刻表をひねくり回したところ、標津線*の便数が極めて乏しく断念。断然早い急行「しれとこ」で釧路～標茶間を直行する現実案で妥協することとなった。

今回の旅では東端にもなる知床の玄関口・斜里駅には一応尤《もっと》もらしく「歓迎　知床半島」の大看板や、観光案内所の小屋がある。が、人影の皆無な待合室にまで雪が大量に吹き込み、と

【貧乏学生】学生相手のスカイメイトなる学割制度導入は一連の事故のあとの客離れ対策として登場した。新奇を好む犬塚君は以後こちらの学割にはまり、全日空から先覚者の一人として舶来の記念品をワイロとして受け取る悪の道を突き進んだ。

【最東端】昭和三九年七月一三日～八月四日初めての北海道旅行の際、日本最東端の鉄道駅である東根室駅（昭和三六年九月一日新設）を通って根室駅に到着、その先の根室拓殖鉄道（昭和三四年九月二一日廃止）の日本最東端の駅だった旧歯舞駅舎と根室交通のバス停「歯舞拓鉄前」を撮影していた。

【標津線】平成元年四月二九日標津～根室標津六九・四キロ、厚床～中標津四七・五キロ廃止（全駅、五六二頁）。

ても観光などとは無縁な雰囲気。昭和三五年三〜七月映画『地の涯に生きるもの』のロケが行われ、主演した森繁久彌自身が即興で「知床旅情」の歌を弾き語り、一大ブームになっていく。冬季は観光とはおよそ無縁の、地元ホテル名の通り「地の涯」だと感じた。

　斜里からがいよいよ旅の本番、車窓からの壮絶な雪景色が楽しみな流氷のオホーツク海だ。一昨年仲間で訪れた原生花園臨時駅*あたりと思しき大雪原では、あたりの風景を目を皿のようにして食い入るように観察し、少しでもましな写真を撮ろうと空しい努力を試みた。しかし浜小清水の駅名標と並ぶ「名所案内」の中に、辛うじて「小

浜小清水の駅名標（3月5日）

【原生花園臨時駅】昭和三九年六月一日仮乗降場として開業、夏季に旅客のみ取扱い。

清水原生花園」の文字を車窓から撮れた程度。
犬塚君も高級カメラを駆使して二枚ほど撮るには撮ったが、二人とも撮れたのは一面の銀世界とオホーツクの荒ぶる波濤のみで「一体どこ?」か分からぬ所在不明の作品ばかり。

さらに天候が悪化した荒涼たるオホーツク

急行「しれとこ」は網走駅に一二：二三到着した。早速駅舎での一連の儀式を済ませてから、網走観光みやげ・食事・喫茶の「モリヤビル」や白い網走交通*ビル等が立ち並ぶ駅前に出たまではよかった。一面の銀世界の中で僕が内地育ちのだらしなさで、目の前の数台もの除雪車群の活躍ぶりを撮るだけがやっとで、網走駅前の僕の顔は次頁写真のように暗く全く冴えない表情。

【網走交通】 昭和二五年七月設立、乗合一〇両、代表田中時次郎（要覧、八頁）。設立の経緯等は第二部、二〇五〜二〇七頁に詳しい。

根が寒がりの僕が厚着した上、雪目防止用のゴーグルにマスクをかけ、顔の露出を最低限にしても厳しい寒さにガタガタ震え出した。早々にしっぽを巻いて駅待合室に戻り、「ああ寒かった」とストーブの前で暖を取る始末。情けない僕を尻目に、前面に雪がこびり着いたキハ〇四系の前での記念写真（網走駅ホーム）のように、犬塚君はこの雪だらけの中で終始上機嫌であった。
彼は興奮した口調で「マスクなんかして、お前は根性がないなー。こんな程度の雪に怖じ気付いてどうすんや！　ワイは生まれつきこないな修羅場には強いんや。吹雪がビシビシ顔に当たって皮膚感覚がなくなるのが堪らんわ！　湧網線《ゆうもう》*はさらに期待が持てそうや」と笑顔で勇猛果敢な発言を連発した。

【湧網線】 昭和六二年三月一五日中湧別〜網走八九・九キロ廃止（全駅、五六二頁）。

地の果て・オホーツクの死の世界に絶句

この先の網走～浜佐呂間～中湧別間のオホーツク沿岸の海際をひた走る湧網線では一三：五〇網走発のキハ〇四系*の機械式の古典的ディーゼルカー・九二八Dレに乗車した。下校の中高生たちで超満員のすし詰め状態で撮影どころの騒ぎではない。天候はさらに悪化の一途を辿り、駅名標を撮った浜佐呂間あたりからはほとんど視界のない猛吹雪の中を老朽気動車は死力を尽くしてヨタヨタ進んだ。

住む人もまばらな僻陬《へきすう》の寒村を通り越して、人家の影さえ見えず、ただただ一面荒涼とした無人地帯や氷雪の海浜が延々と

網走駅前での除雪作業（3月5日）

*【キハ〇四系】日本車輌製造の私鉄向大型気動車の思想を基本に戦後に機械式ガソリンカーをディーゼル動車化したシリーズ。酷寒地向でない簡易構造にもかかわらず、多少の寒冷地対策を施され北海道へ転用、耐寒性不備や複数車両の遠隔操作（総括制御）不能等の制約を抱えつつ酷寒路線で苦闘した。

前面に雪がこびり着いたキハ04系の前で（3月5日、網走駅）

果てしなく続いて行く。南国育ちの身にはまるで〝極地〟同然にも見える茫漠寂寞たる最果てとしか表現できぬ非日常の世界。折からの吹雪で日照が一切ない陰鬱な暗黒世界を、雪が付着した動く車窓から低感度フィルムのハーフサイズ*で撮るという過酷な撮影条件下でやっと撮れたのが数葉の不鮮明極まる写真。いずれもどこかも識別でき兼ねる一面の広漠たる不毛の雪原が果てしなく広がるだけ。荒涼とした線路際まで迫り激しく砕け散る波濤、その奥に暗く茫洋たる錆びた色の死の海がどこまでも続く。総じてオホーツクは野生動物の生存すら拒絶するほど無慈悲で、とてもこの世の風景とは思われぬ極北の異国の

【低感度フィルムのハーフサイズ】当時のASA（現ISO）感度で一〇〇より低い低感度フィルムを使用し、フィルムが高価だった時代、画質が荒くなるのを承知で三五ミリフィルムをライカ判の半分のハーフ判で撮影するオリンパスペンを愛用、二倍の枚数が撮影できる強味を発揮した。

地の寒々しい寒冷地獄の連続であった。

ちょうど我々がこうして厳寒の地の果てオホーツクで吹雪に閉ざされ難儀していた一四時一五分頃、昨夜に続き今度は英国海外航空九一一便が富士山上空を飛行中、当日の強い冬型気圧配置による悪天候に起因する乱気流に遭遇して墜落したとあとで知った。

内憂外患のため思うように写真が撮れない中、芭露《ばろう》で交換する九二九Dレのキハ〇七系*丸型六枚窓のレトロな流線型*に雪が激しく吹き付けている様子を辛くもカラーで撮影できた（口絵4）。一六：二六ようやくのことで命からがら湧網線中湧別駅に到着した。

大に〝はばかられる〟簡易トイレの怪

猛烈な吹雪の中を網走〜中湧別間に乗車した際、寒さもあって急にやむを得ない所用のため中湧別の手前で〝変な便所〟を利用した時のことである。「簡易便所*につき大便の使用は御遠慮願います」との注意書きに驚愕の余り貴重なフイルムの一コマを費やした。

これで横に車掌が立って、使用時間をチェックされたら、とてもやってられないと思った。これぞ簡易な気動車である老兵キハ〇四形を無理矢理酷寒地にも転戦させた挙げ句の〝尻ぬぐい〟策として、音に聞く〝簡易便所〟なる世にも恐ろしい代物であることが判明した。

〝乗降場〟と称する簡易な小駅と同様な大陸的発想で、正式の便所ではないが、旅客の便宜を考え、特認として「臨時に小便のみ取扱をする」簡易な便所であると見た。もちろん当時〝垂れ流し〟の開放式トイレ*が主流のことゆえ、列車便所に「停車中は使用しないでください」と注意書きがあっても僕らは「ウン？」とは驚かなかった。また大都市の住宅密集区間を通過す

【キハ〇七系】 昭和初期に鉄道省が開発したガソリン動車を大都市近郊路線向に車体寸法を拡大し機関出力を強化した形式を戦後国鉄がディーゼル動車に再生改造した。昭和三〇年代前半以降一部は北海道に転用、長距離運用に備えてトイレが設置された車両も存在した。

【流線型】 キハ〇七系の前部は開発時期を反映して昭和初期に大流行した空気抵抗の低減のためと称する不必要にも思える低速車両に不釣り合いな流線型で、窓ガラス六枚窓が特徴。

【簡易便所】 キハ〇七形でも昭和三〇年代前半以降、一部は北海道（深名線や名寄本線のような酷寒地の路線を含む）に転用され、長距離運用に備えてトイレが設置された車両も存在した。

る時に「お手洗の使用をご遠慮ください」との〝自粛〟アナウンスが流れるのもウンウンと肯ける。しかし①停車中でなく、②住宅密集どころか人家も稀、③短距離でなくかなりの長距離、④温暖地でなく寒冷地、⑤現に猛吹雪に見舞われているといった諸条件下で列車を住居とするも同然な長期鉄道旅行者の僕らに大便の使用を遠慮せよとは……ウンと酷な要求である。「我々仲間内でこの試練にも耐えられるのはスキーの名手・小倉君だけだろう」と犬塚君と意見の一致を見た。（彼・小倉正ベン（敏）君は勤ベン実直、ベン事規則正しく、しかも目にも止まらぬ〝早撃ち〟の使い手として知られていた。仮に事の大小を識別すべく横に車掌さんがこわーい顔で睨んでいても、厳しい規制をすり抜けられるベン腕家だからである。）

簡易便所の禁止事項（３月５日、湧網線）

昭和二〇年代に道内各線を巡られた青木栄一氏によればキハ〇五形では客室内の片隅にベニヤ板で囲われただけの「簡易便所」が仮設されていた由であり、またキハ〇七形（旧キハ四二五〇〇形）でも北海道に転用された二〇〇番代車は、長距離運用に備え客室を一部潰しトイレを設置する北海道耐寒仕様になったともいう。

初期の内地国鉄閑散線区用気

【開放式トイレ】ＪＲ発足時の昭和六二年制定の規則で「便所は原則としてタンク式」と規定され姿を消していった開放式トイレ。その最後は平成一四年三月切替えられたＪＲ北海道のキハ四〇形の由（京都鉄道博物館〈五七〉列車トイレ）。なお同館には実物を展示するなどウンと力を入れている。

動車の多くは便所がなく長距離運転に不向きな欠陥を本省決裁ではなく現場サイドの応急措置として仮設されたかと推測される。さすがに大先輩の乗った時代の文字通りの仮設的「簡易便所」に比較すれば、個室・密閉式のキハ〇四形の「簡易便所」はやや規格が上で、幾分は進化したように思われる。同様に七年後の昭和四八年三月時点で網走一三：一五発の釧網線六三三レ（釧路一八：一一着）の列車便所にも「用水が凍りますのでお気の毒ですが利用できません（釧路区）」（WEB［銀河鉄道／五〇年前の日本一周旅行］）との札が掛かっていた由で、開拓地・道東の良き伝統（?）はなお健在であった。

極寒の名寄の雪の夜道で宿探し

一七：〇〇中湧別発六三二Dレで、名寄本線*の長大な一四三・〇kmもの全線を黙々とひた走りに走った。道東の三月の夕方は暮れかかっているうえに、相変わらずの雪模様。中湧別駅で恒例の記念撮影をしたあとは残念なことにたったの一枚すら撮っていない、いや暗くてとても撮れなかったというべきだろう。夕食も「車中で持参のラーメンを食う」だけの寂しいことこの上ない有様。宿泊地を終点の名寄に求めざるを得ない事情から考えても、スタンプを押せるほどの駅も途中に見当たらなかった。興部《おこっぺ》を経て、当時なお森林鉄道*網が残っていたはずの深い森林に覆われた山間部を越え、二〇：三一に終点の名寄にやっとのことで到着した。

この日はまことに一日中散々の出来であった。出発前から大変期待していたオホーツク沿岸の湧網線、名寄本線の両方ともが悪天候でろくな写真も撮れず残念でならなかった。当初失敗の要因は天候不順や設備の不備のせいだと不満に感じた。すなわち、単に吹雪で外が見えない

【名寄本線】 昭和五九年四月三〇日中湧別～湧別四・九キロ廃止、平成元年四月三〇日名寄～遠軽一三八・一キロ廃止（全駅、五六二頁）。

【森林鉄道】 森林で伐採された木材類を搬出するための産業鉄道。急峻な地形のため軌間が狭く、急カーブも多く、極めて危険なシロモノ。日本各地に広く敷設され山奥の住民の便乗を黙認した例も少なくないが、ほぼ絶滅した。

だけでなく、車両が老朽かつ狭隘《きょうあい》で通学生で超満員、写真を撮るどころの騒ぎではなかった。おまけに簡易便所では用も足せぬ……等々不満たらたら。

しかしよくよく考えてみると、両線とも観光路線でなくいわば開拓地のための拓殖路線。我々は産業目的の輸送の合間にいわば便乗*させて頂くも同然の肩身の狭い立場であってとても贅沢はいえぬ。しかも冬季のオホーツクは猛烈な気象条件こそが当地本来の姿であって、晴天下での安易な撮影などないものねだりだとようやく気付いた。ありのままのオホーツクの厳しい現実の一端を、安直な車窓から垣間見る機会を得たことにこそ感謝せねばならぬと。

これまで友人宅を頼ったり、『ユースホステル　ハンドブック』を片手に専ら手頃なホステル等を探して来た。交通の要衝ではあるが、中小都市で観光地でもない夜の名寄ではさすがに宿探しに困った。駅前には老舗・富士屋ホテル等もあるのだが、第一に格安であって、かつ今からでも泊めてもらえそうな「すみれ館」を駅で紹介してもらい、所在を聞いて略図をメモした。名寄駅からまっすぐ数分程度といわれたものの、見知らぬ夜の暗い街。しかも大雪が積もって慣れぬ内地人には大いに歩き難い。大通、中通を越え、西五条南四丁目の名寄劇場近くまで、一体どこだろうかとひたすら雪の中を訪ね歩く。寒さと不安で困憊《こんぱい》の末、西一条南六丁目の「すみれ館」をようやく見付けた。出迎えた若い娘さんになんとか一泊させてほしいと必死に頼み込み、快く格安の朝食付六〇〇〇円で泊めてもらうことができて、ホッと一安心した。

【便乗】 営業中の普通鉄道に運賃を支払って乗客として普通に乗車するのでなく、森林鉄道といった非営業の産業鉄道等に特に許可を得て便宜上乗せて頂く、やや脱法的な行為。スリリングではあるが趣味者にとっては至福の瞬間。

第三章　ひたすら極北の地を目指して（名寄～稚内）

三月六日（名寄→稚内）

道産子料理「バターごはん」に初遭遇ショック

昨日は釧路からオホーツク海沿いに北上、本日の予定は憧れの天北線*を踏破して、最初の目的地・稚内を目指す仕上げの日だ。そのための出陣の祝い飯「バターごはん」が登場する。別名バター醤油掛けご飯は炊き上げた白飯に一切れバターを載せ醤油をかけ、かき混ぜ熱いうちに食べる道産子料理。（トイレで余分なフィルムを浪費し、写真撮れず。）

三月六日朝「すみれ館」で朝食を摂った時のこと、食卓に用意された白いご飯に添えられたのは生玉子、焼海苔、納豆、漬物といった定番の品は一切見当たらず、なんとバター一切れと「醤油差し」のみ。二人ともありえない食材の組合せにビックリ。無理矢理泊まり込んだ貧乏学生への面当てか……なんて考える間もなく、腹を減らした二人は恐る恐る、「玉子掛け御飯」の要領で白いご飯に、バターの小さい一片を載せ、掻き回して醤油を少々掛けて食ってみたと

【天北線】音威子府～浜頓別～稚内間。昭和三六年一〇月一日北見線が改称。平成元年四月三〇日音威子府～南稚内一四八・九キロ廃止（全駅、五六二頁）。

ころ、「うまいバターや！」との感想。何よりバターが北海道らしく、日頃食べ慣れた臭みのきつい「人造バター」（今や死語でしょうか？）でなく、香り高い「純良バター」（これも死語？）であった。さらに我々は小学校給食で「バターみそ汁」という名の「人造バター」を「みそ汁」にほうりこまれた栄養価の高い〝高級食材〟をいやというほど食わされてきた〝進駐軍〟世代だからか。これがかの「バターごはん*」なる道産子料理だと知ったのは後のことであった。後年「ケンミンSHOW」を見て五〇年前の非道産子の我々のびっくり体験と同じような道産子の拒絶反応が出たことにむしろ驚愕した。五〇年という歳月の流れは道民の食生活をも大きく変化させ、現在の一部道民すら賞味したことのない〝珍味〟を五〇年前の我々は旅先でお手軽に、特注もせずにごく安く体験させて頂けたのだから、超格安の簡易旅館での宿泊なればこその醍醐味であろうか。

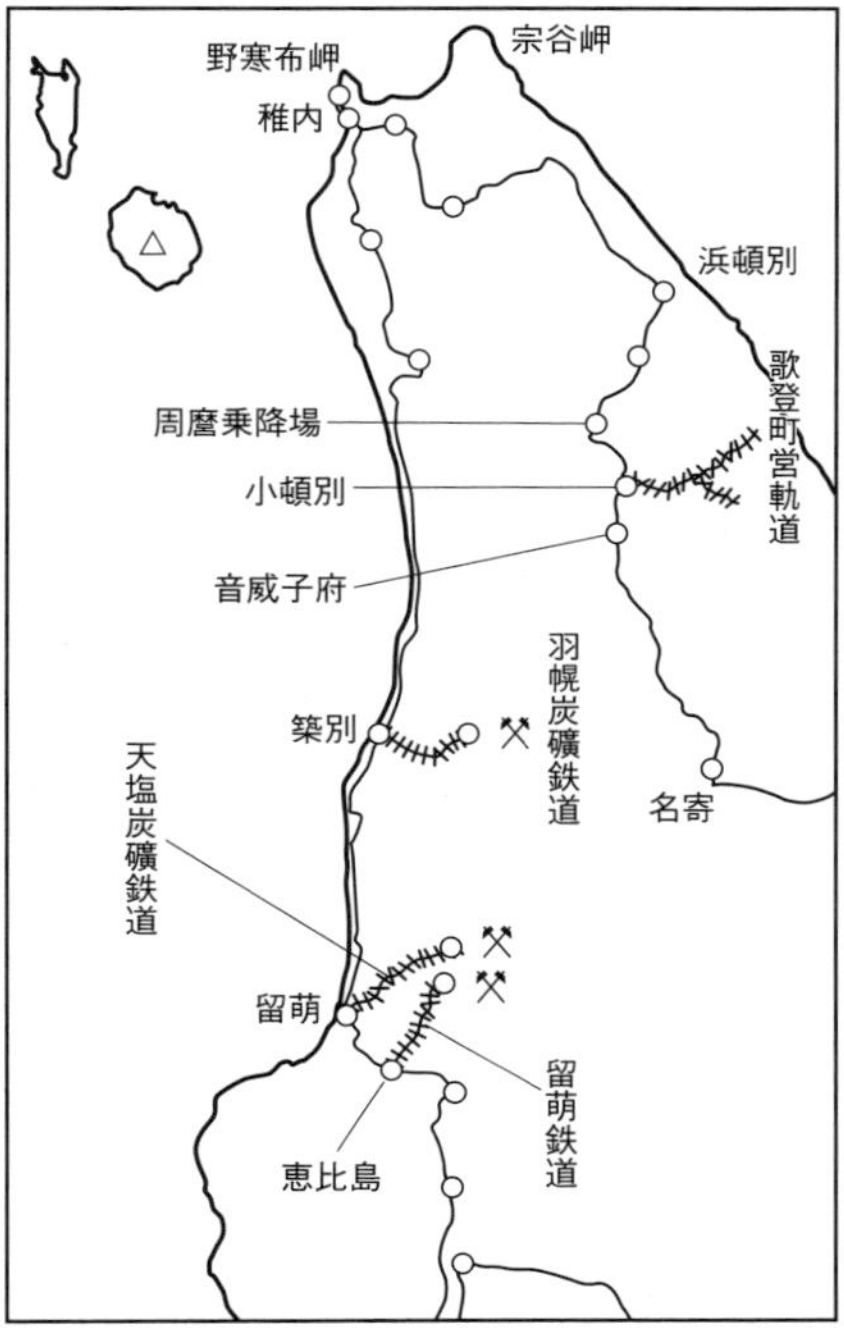

広漠として大陸的な名寄の雪景色

名寄「すみれ館」で珍味のバターごはんの朝食中、昨日の英国機の大事故を知り、唖然とした。チラッとニュースを見た時は例のカナダ機の続報かと思ったので、真相を知り「えぇッ！　またやりよっ

【バターごはん】平成二二年二月放映の読売テレビ「秘密のケンミンSHOW」で「北海道民は、バターご飯が大好き」という特集があった。しかし番組を視聴した道民から「北海道民ですが…食べたことはないです。…みそ汁とかにバター入れるとか論外ですよね。絶対吐きます」「当たり前のように食卓にバターが並ぶなんて聞いたこともありません！　ましてやみそ汁って」といった「食わず嫌い」的拒絶反応が多く出た。

たんか！　おおコワ～、ヒコーキは」といいながらも俄然食欲旺盛。残りのお櫃《ひつ》の飯は、多少の後ろめたさを感じつつも秘密兵器のハンゴーリに詰められるだけギューギュウー詰めた。その時思い浮かんだ言い訳は「おっかないヒコーキなんかと違って、ワイらの乗る鈍行列車はたとえ途中の猿払《さるふつ》原野あたりで何が起ころうと、これだけ非常用のメシ*さえしっかり持っとれば恐いモノなしや！」という時局に合わせたものだった。文系の弱い頭では乱気流とかいう「風が吹けば……ヒコーキ落ち……飯行李膨らむ」式の短絡方程式がやっとであった。

名寄駅では恒例の記念写真を撮影、スタンプ帖に天塩川の鉄橋とサイロ、名寄の特産・「鈴石」を描いた次頁の駅スタンプを押した。名寄は冬寒く雪も多いなど、道内でも特に厳しい気候と言われる。北海道の駅らしく駅前は一面の積雪に覆われていた。駅前通りの道幅もいかにも大陸的で無駄に広すぎるところが最も北海道らしい街並みと思われた。駅前の「公明選挙都市」の大看板は、昭和四〇年一月に宣言したばかり、駅前通りの右手に拓銀支店が覗いている。昨晩遅く、この大雪の中を大きな荷物を担いで、小さな旅館を訪ね歩き、雪に難渋して思わず泣きそうになったはずである。

天北線での〝雪中行軍〟を巡り二人で激論に

名寄駅は朝の通勤・通学時間のため、ホームには客が溢れ、この駅で増結するため前面に雪がこびりついたＤＣの連結器を凍える手で必死に操作する鉄道員の姿を撮った。名寄発八：一三の稚内行の鈍行三二三Ｄレに乗ると間もなく、「現在積雪のため天北線は不通で、開通の見込みはありません」との仰天の車内放送が流れた。早速に作戦会議というか、進路決定会議

【非常用のメシ】無人の荒野を往く宗谷本線の国鉄乗務員も「故障して長時間停車すると、食糧がなくてこまるんで…非常食を持って乗務した」由（司馬遼太郎『オホーツク街道』二三〇頁）。

を開催した。例によって強気で積極論者の犬塚君は音威子府《おといねっぷ》で乗り換え、稚内行切符裏面に「標茶、斜里、湧網線、名寄本、天北」とあるように、オホーツク海に沿って外回りの天北線走破をあくまで主張した。我々の旅行の大義名分である「最果て＝端の踏破」から考えて、海沿いのローカル線で、名称も〝天〟の〝北〟という正に〝最果て〟にピッタリの天北線回りに理があるのは当然であった。我々はひたすら北斗七星の方角を目標に緯度をグングン高めつつあった。概ね北緯三〇度台にのうのうと暮らして来た者にとって、北緯四〇度台の北海道は別世界。なかでも北緯四五度を越す道北の先端部は夜の星座にも見知らぬ星々が姿を出す異次元。世界地図で見れば北米西海岸のオレゴン州北部、東海岸では正に国境線となっていて北緯四五度越えは雪と氷の国カナダへの入国に相当。よって北緯四五度ラインは此岸と彼岸を区切る結界であり、あたかも〝聖なるゾーン〟への入口と感じていた。

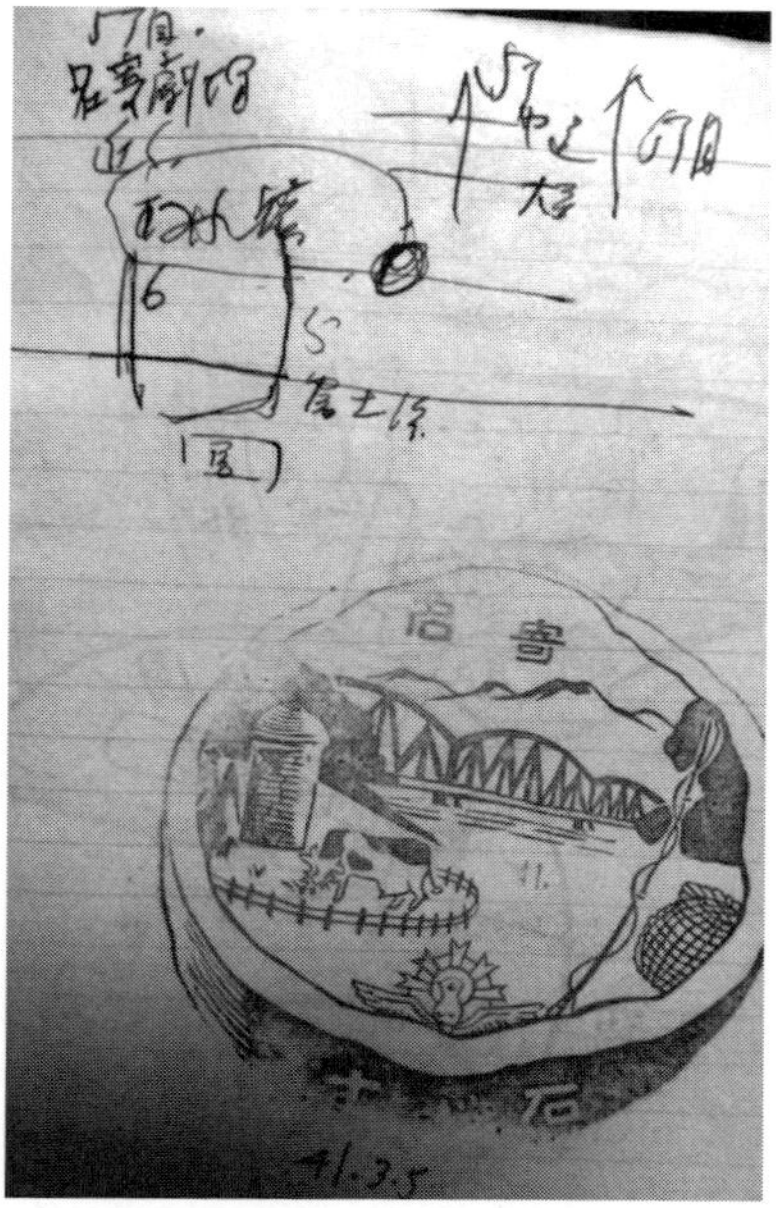

天塩川鉄橋と特産「鈴石」を描いたの名寄駅スタンプと旅館所在地メモ（3月6日）

我々がこれから乗る天北線の北半分は北緯四五度ライン*を突破し極北の海・オホーツクに沿って、最終目的地・稚内に達する〝聖なるルート〟そのものであった。

これに対して昨日の難行苦行に恐れをなし、根が臆病な僕は、天北線に行くべきとの正論そのものに反対したのでない。しか

【北緯四五度】現在の道道一〇六号稚内天塩線（日本海オロロンライン）の利尻富士が見える景勝地・幌延町字浜里に「N」を象った「北緯四五度モニュメント」が建っている。また道道二五六号豊富遠別線上にも「北緯四五度線通過点」の看板があり、黄色いラインで表示されている。

し開通の見込みのたたぬ天北線を選択した場合に予想される最悪のリスクを挙げ、無難な宗谷本線利用へのコース変更をやんわり提案したのである。当時の時刻表にも「天北線の各駅で途中下車しなければ、宗谷本線経由の乗車券でそのまま乗車でき」る旨の記載があるほど、両線相互は代替関係にあった。

犬塚君「ここは一番肝心なところや。大事な最果ての浜辺をすっ飛ばしたり、ショート・カットしたりはできん。ワイラは伊能忠敬やないが、日本全国の海岸線を実際にローカル線で〝亀〟みたいにノロノロ這い回って、列島のカタチを実物大のスケールで体感しようという趣旨の旅のはずや」

僕「その通り。だから普段から見慣れた東海道は脱兎の如く新幹線で駆け抜けたという、〝兎〟と〝亀〟の二刀流で来たわけやろ」

犬塚君「ワイラはタダの物見遊山やない。常人のよう行かんギリギリの瀬戸際へも突進せなアカンのや」

僕「でも途中で大雪に閉じ込められ、八甲田山の〝雪中行軍〟の全員凍死の悲劇*みたいに雪隠《せっちん》詰めに合うのはまっぴらご免。なにしろ国鉄の老朽欠陥気動車は寒冷地仕様とは名ばかりで必要な装備が欠落、トイレもアノ通りの簡易便所やから……万一雪に閉じ込められたら、大便禁止ではどないもこないも……」

犬塚君「お前はビビりや！　びびんちょや！　昨日の吹雪の中の湧網線・名寄本線、実にサイコーやったやないか。ワイは思わず愛唱歌・『人生劇場』*を大声で熱唱してしもたぐらいや。オホーツク海を吹き抜ける吹雪に苛《さいな》まれ、凍死するかと思わず観念する瞬間こそ……臨死体験

【八甲田雪中行軍事件】日露開戦が迫る明治三五年青森の連隊で指揮官が周囲の進言を聞かず暴風雪の八甲田を軽装備で行軍した挙げ句、極寒で迷走し一九九名が軍歌の斉唱空しく凍死しほぼ全滅した世界最大級の山岳遭難事故。猪突猛進型の陸軍の欠陥を露呈したものと思われるが、真相は軍が隠蔽し多くは闇の中。

【人生劇場】愛知県吉良町（現・西尾市）から上京し早大に入学した青成瓢吉の青春とその後を描いた尾崎士郎の自伝的大河小説。本作品を題材とした歌謡曲「人生劇場」は「第二校歌」として早大生に愛唱された。

というのか……ワイには快感そのものや」
僕「や〜ると思ったら、一体キミはどこまでやるつもりなんや？　ビビりの僕には、恐いものなしの任侠の仁吉親分*のようなマネは到底できん！」
犬塚君「なんのコレしきの雪で勝負もせずオホーツク海から逃げたとあっては、この犬塚京一、男が立たぬ。あの大学紛争の最中、ゲバ学生が占拠する〝戦場〟を突っ切って毎日授業のない学校へ唯一人通学するという大義のあるワイには恐いモノなどない。お前がビビって降りるのが得意な、〝河口式*〟にココで降りた！　降りた！　というなら、ワイはお前を見捨てて一人でも行ったろやないか！　何も見えん雪煙りの天北線へ単身斬り込んだるでぇ！」と、たとえ雪に埋もれて凍死しても本望……と突っ走りかねない八甲田の指揮官並の物凄い剣幕。

そこでしばらくあれこれと熱い議論を戦わせた末、まず分岐点である音威子府駅で斥候を立てて敵情をしっかり把握することとした。天北線開通の見込みが幾分でも立つようなら、ここは一番、八甲田の〝雪中行軍〟並の乾坤一擲の大勝負に出ようということで妥協した。幸いなことに音威子府近くになって、再び車内放送があり、「天北線はラッセル車が出て、間もなく開通の見込みである」旨伝えた。そこで我が文弱連隊は軍歌ならぬ「人生劇場」を進軍歌として勇躍宿願の天北線回りで行くことを最終決断したのである。

撮り損ねた神秘の「簡易軌道」

九：三三音威子府に到着。乗り換え時間に駅で念のためパン二〇円を追加購入し、当時乗務

【仁吉親分】　義理に篤く浪曲のヒーローとなった吉良の仁吉は清水次郎長と兄弟の盃を交わした幕末の有名な侠客。毎年六月「仁吉まつり」が行われる。

【河口式】　皆で訪れた飲食店や観光施設の入口で料金に驚き真っ先に「ワイは降りた！」を連発する節約家・河口君の得意のセリフ。

員も慣習としていた如く、万一吹雪で閉じ込められた際の飲食困難のリスクに備えた。音威子府発九：五八の天北線経由の七二五Dレ（キハ二二一一八）に乗車する。誤乗防止のためサボには「稚内行（浜頓別経由）」とある。ラッセル車*のあとを我々の乗ったDCが付いて走るという雪国ならではの壮絶な光景であった。

　目的地の稚内に向かう途中、当時大型『時刻表』に載る唯一の簡易軌道という珍品中の珍品で、一〇：二五発の小頓別駅で接続しているはずの正体のよく分からない「歌登《うたのぼり》町営軌道*」を是非とも一目なりともこの目で見たいものだと念じていた。

　なぜ珍品中の珍品なのかと一

天北線の除雪に大活躍のラッセル車（3月6日、小頓別）

【ラッセル車】開発した米社名に由来する除雪用車両の一種で、車両の前方に排雪板（ブレード）を装着し進行方向の片側・両側に雪を掻き分けるタイプ。

【歌登町営軌道】昭和七年枝幸殖民軌道小頓別～枝幸三五・二キロを協議を経て鉄道省が軌道と承認（私鉄、一五〇頁）。道庁直営で機関車運行、昭和二六年歌登村（三七年町制）に移管、昭和四五年全線運行停止。

口でいうと、堂々と有料で手広く旅客営業している天下御免の無免許鉄道の町営軌道だからである。しかも車両や駅舎、諸設備のお粗末さ加減も天下一品。他にも同類の〝違法鉄道〟が道内各地に多数潜伏しているらしいとの旅行者の不確実な言葉。*なぜ中央省庁が厳重にかような違法行為を取り締まらないのか？　など、すべてがナゾだらけで神秘のベールに隠されていた。

『時刻表』以外で僕が歌登町営軌道の存在を知った契機は、前年の昭和四〇年九月初の日曜日夕方の毎日放送の特集番組であった。実際に小頓別付近を走行するシーンを放映したのを、ＶＴＲを持たぬゆえ必死で写真に数枚収めていた。どんなに粗悪な貧弱鉄道なんだろうかとその時以来非常な興味を抱いていたからである。

大きな期待に反して実際には小頓別駅と町営軌道の発着点とは相当離れている上、間に盛んに作業中の除雪車を先頭とした貨物列車の停車もあって全くの空振り。小頓別一〇：二〇発の歌登経由志美宇丹《しびうたん》行の自走客車の姿を〝拝観〟したいとの念願は果たし得なかった。なにしろ一日三往復だけご開帳の〝秘仏〟ゆえ、斜めに進入*してくる町営軌道のか細い貧弱な線路と小頓別～吉田間の短い橋の橋桁を遠くから撮影して満足し、この感激を忘れぬよう自製の「線路図」に配置状況を書き込んだ。

時刻表にも載らぬナゾの駅で停車

敏音知《ぴんねしり》駅で伐採した木材を満載した何両もの貨車を蒸機が黒煙を上げながら牽くシーンを撮った。敏音知駅でＳＬを撮った後、次の松音知《まつねしり》駅との間の人煙稀なる深山で時刻表にも掲載されていない〝変な駅〟に停車したので、怪訝に思って反射的に木製の「しうまろＳＩＵＭＡ

【不確実な言葉】当時はネットはもちろん趣味書も乏しく、人煙稀なる開拓地を探検された勇猛果敢な大先輩は別格として、我々小心者風情は旅行者がもたらす断片的な情報程度が精々のところ。最近スマトラ奥地の元鉱山鉄道の番組で運転手数名が粗末な自製ＤＣを運行、各々営業する殖民軌道との類似例を視聴した。（令和元年七月六日ＮＨＫＢＳプレミアム「行くぞ！最果て！秘境×鉄道」）

【斜めに進入】昭和四〇年八月現地調査された今井啓輔氏は小頓別の構内図を再現、「五〇〇米程は天北線と並行して走る」（今井1、六～七頁）と記載。

「しうまろＳＩＵＭＡＲＯ」乗降場の木製標識（3月6日）

ＲＯ／まつねしり↑↓びんねし り」駅名標*が粗末で短小板張りホームのうえにちょこんと突っ立っただけの〝乗降場〟なる奇妙キテレツなシロモノを撮影した。

この耳慣れない「乗降場」とは一般の駅、臨時乗降場（「営業キロ」あり）とは別に各鉄道管理局限りの便宜的措置で文字通り〝仮〟に設置されたもの。我々が唯一絶対の存在だと信頼し切っていた交通公社の大型『時刻表』はもちろん、信号所まで記載した国鉄旅客局の事務用『鉄道線路図』にすら見当たらないが、弘済出版社『道内時刻表』には「（乗）」という記号で示される「旅客乗降場」である。ただし「キロ程」は「……」と記載がなく、運賃の計算はその先の国鉄本社が開設した正式の駅までのキロ程で計算する取扱いになっていた。国鉄末期全国に百数十ヵ所あったが、大半の一一〇余が北海道にあったと推測される。ほとんどがＳＬからＤＣへの切替期の昭和三〇年代に設置され、学生やお年寄りなど交通弱者救済目的で、国鉄本社の与《あずか》り知らぬまま管内限りの便宜扱いで設けられ、多くは片面の短いホームと数畳ほどの小さな待合所のみの粗末な設備のため「バス停の鉄道版*」とも言われる。

【駅名標】昭和六〇年七月撮影の写真では「しゅうまろ周磨ＳＨＵＭＡＲＯ」の金属製に変更。昭和六二年四月一日分割民営化時に駅に昇格、平成元年五月一日天北線廃線により廃止。なお地名、河川名、バス停は「周麿」なのに、磨になった経緯は不明で、この点でもナゾの駅だった。

【バス停の鉄道版】ＷＥＢ「不思議な小駅〝仮乗降場〟について - Doctor"TT"（doctortt.sakura.ne.jp/station/karijokojo.html）を参照。

周麿は昭和三一年五月一日周囲に人家が見当たらない天北線敏音知〜松音知間、敏音知から四・四km地点の枝幸《えさし》郡中頓別町周麿の開拓地に簡素な造りの乗降場として設けられ、『北海道各線時刻表』（交通公社北海道支社、昭和三九年六月号、四七頁）には天北線の敏音知と松音知との間には何故か地名の「周麿」とは異なる「周磨」と誤記され掲載されていた。

いよいよ待望の極北の〝聖域〟突入

中頓別と下頓別の中間あたりに前述の〝聖なるライン〟北緯四五度の緯線が通過している。ここからがいよいよ〝聖域〟に突入だ。我々を歓迎するかのように、おめでたい名前の乗降場「寿」*が中頓別から約四・二kmの北緯四五度〇分の「結界」として現れ、下頓別駅*でも長大な貨物列車を牽引する九六型蒸機が盛んに黒煙を振りまいてくれた。

列車交換でかなり停車するため、例の〝宗教行事〟たる駅名標の前と、乗車中のＤＣキハ二二一一八の「稚内行」サボの前とで念入りに〝聖域〟入りの記念写真を撮りあった。あとで見ると寒さに顔をゆがめる僕の渋面とは対照的に、天北線走破の強硬論者・犬塚君は「してやったり」と得意満面のドヤ顔。

ホームから木造の寒々した下頓別駅舎までたいした距離なく、小走りに往復して駅前でも撮影できるのでは……と思われるかもしれない。しかし豪雪地帯のためホームにはうずたかい積雪で、線路との区別もつかず。吹雪を避ける頭巾を被った厚着の地元民でさえ雪に足許を取られながら改札口から黙々と列をなしてホームを目指す難行の有様に正式の儀式の方はさすがに断念した。先の敏音知駅での貨物列車との行違交換といい、当地から搬出する原木の木材類の

【「寿」】 昭和天皇崩御かつ当駅廃止直前の昭和六四年一月一日、管理駅の中頓別駅で幻の慶祝入場券を販売した由。一般に流布するのは富士急行版。

【下頓別駅】 下頓別駅は木材搬出駅で駅裏に広い土場があり、大正一二年敷設の宇津内森林軌道一七・四キロ（昭和一九年撤去）が分岐する林業地。

量に驚く。

大家のご母堂からキビシ〜イ一喝

中頓別で一度降りて、浜頓別まで行くという、名寄在住の身なりのいいオバちゃんが隣に座った。見るからにヒマそうな我々不良学生の愚行ぶり（？）がよほど心配と見え、向うから話しかけて来た。三月の天北線にはさすがに後年〝カニ族*〟と呼ばれた大型リック姿の若者は見当たらず、我々が目立ったためであろう。聞けば彼女の息子さんは名寄でスーパーを経営してかなりの成功者らしい。当時はスーパー各社一斉にチェーン展開を開始し、スーパー業界が戦国時代*に突入しつつある時期であった。

片や聞き手の犬塚君も部活旅行の食糧係としてＳＳＤＤＳ「主婦の店ダイエー」が神戸市三ノ宮の一等地に旗艦店を進出させた二年後の昭和三五年頃、当時最先端の即席麺・チキンラーメンを自ら一括箱買いに出かけるなど流通問題には詳しい*と自負していた。そこで二人揃ってスーパーのいい実地勉強になると盛んに相槌を打つと、オバちゃんも待ってましたとばかり、教育費を奮発しムスコを東京の某私学へ行かせて勉強させた経済・商学方面の学業が、今まさに業界の激動の時代を乗り越えるための指針として非常に役立ったのだと盛んにしゃべり出した。ハハン、よくある息子自慢か……と軽く聞き流していると突然風向きが変わり、「アンタラもフラフラ遊んでばかりおらず、ちいとは勉強しいや」（関西弁に翻訳）との時限爆弾が炸裂、同じく文系のぐうたら学生二人は北海道弁での耳の痛いお説教に顔を見合わせ思わず苦笑した。

【カニ族】「バック・パッカー」スタイルを「カニ族」と名付け、以後この呼称が定着するのは翌昭和四二年八月七日付朝日新聞。

【スーパー戦国時代】昭和三一年に西武ストアー（西友の前身）が設立、昭和三二年ダイエーが創業、昭和三六年ヨーカ堂（イトーヨーカ堂の前身）がチェーン化に着手した。道内でも昭和三三年第一スーパーが一号店を出店、昭和三六年ダイマルスーパーが設立。

【流通問題には詳しい】あとでつらつら考えるに、本当に当地有力スーパーの創業者夫人ご本人だったようで、ご尊名など伺っておけば最上の策だったのに…と後の祭り。

天北線の〝珍品〟レールバス*の〝ハレ〟姿

天北線の中心駅・浜頓別に一一：三三着、対向列車との交換で発車が一一：四五と幸いにもここで一二分も停車する。我々の日頃の精進か、はたまた中頓別で下車した先刻の女性の強運力にあやかれたのか、頃合いもよく、先ほどまでの陰鬱な雪空から一転、日も差してきた。敏音知岳の山麓・林業地帯をようやく抜けて、オホーツク沿岸に到着したため、気象条件が一変したのであろう。昨日の湧網線といい、雪に苦しめられ続けた巡礼者にとって、この状況好転は正に〝天佑神助〟。敬虔な仏教徒なら御仏のお導き、地獄に仏、一神教徒なら浜頓別の奇蹟ともいうべき見せ場。我々迷える子羊二人も興浜《こうひん》北線の起点・浜頓別には機関庫もある本格的な構造の急行停車駅なので気合いを入れて撮影開始。

いつものホームでの記念撮影に加え、名寄機関区所属の蒸機三九六三一をも記念撮影。さらに幸運なことに「キハ〇三一四*」を珍しく青空の下で、当時貴重品のカラー写真一コマを奮発して撮影することができた（口絵5）。

キハ〇三系の気動車は超小型ディーゼルカーで、エンジンや主要機器が安価なバス仕様であるため通常「レールバス」と呼ばれる。昭和二九年「国鉄写真ニュース*」は「国鉄では地方線区のサービスを改善するために、小型のディーゼル動車を製作していたが、最近これが完成して千葉県の木原線で使用することになった」と全長一〇・九m、定員五二人、最大速度七〇kmのレールバス写真を掲げた。

レールバスとは閑散ローカル線の収支改善と増発のため、当時西ドイツで成果を上げていた

【レールバス】キハ〇三系の気動車は超小型ディーゼルカーで、エンジンや主要機器が安価なバス仕様であるため「レールバス」。

【キハ〇三　一四】の意味は構造別記号「キ」がディーゼル動車及びガスタービン動車、用途別記号「ハ」は普通車（三等）の座席車、型式数字「〇三」は旧型機械式の気動車の形式番号を示す。最後の二ケタは製造番号。すなわち「キハ〇三」シリーズの一四番目の意。

【国鉄写真ニュース】国鉄監修『時刻表』昭和二九年一〇月号口絵。

レールバスを模範として昭和二九年からバスの設計を鉄道車両に応用して製造された、バス並の小型・手抜きの低規格・粗悪品。全長一〇mの車体にバス用のディーゼルエンジンを搭載した二軸車で、昭和二九年に試作、使用開始以後昭和三一年までに計四九両が各地のローカル線に投入された。しかしレールバスは昭和四三年までに全車が廃車され、小樽の保存車以外はすべて解体処分され、私鉄*や海外にも譲渡されなかった。

　このうちのキハ〇三形［旧形式はキハ一〇二〇〇形］は暖地向けのキハ〇一、〇二形に比して二重窓、スノープラウ、ホイッスルカバー、機関覆いなど耐寒耐雪構造を強化した北海道用の酷寒地仕様として昭和三一年度に製造され、二〇両全車が新製配置から廃車まで北海道内で使用された。今回の旅で浜小清水駅（キハ〇三二〇）、名寄駅（キハ〇三三）、浜頓別駅（キハ〇三一四）の合計で三両のレールバスに遭遇した。いわば珍しいレールバスの中でもさらに北海道のみに生息した〝固有種〟ともいうべき〝珍品中の珍品〟であって、僕が「これぞ道産子レールバス！」と感激したはずである。

　この思わざる功徳・法悦に僕は思わず欣喜雀躍した。多分、犬塚君は「こらッ！　誰のお蔭やと思とるんや」とつぶやいたであろう。カラーフィルムなどという高価な贅沢品は、当時の一般家庭にまだ縁が薄く、我々の撮影も通常はモノクロであった。正月の晴れ着の撮影のように「ここぞ！」という文字通り「ハレ」の〝非日常〟の瞬間だけ、妙なる音楽が流れ（笑）突然カラーになる「パートカラー」（この深遠な意味を解する読者は相応の年配者）路線を余儀なくされていた。

　昭和三一年度に新造されたバスそっくりな「キハ〇三系」の新雪に映える真っ赤な車体を、昭和四一年三月運転再開間もない天北線の枢要駅たる浜頓別駅で午前一〇時過ぎ祈るような気

【私鉄】羽幌炭礦鉄道キハ一〇形（昭和三四年）一両、南部縦貫鉄道キハ一〇形（昭和三七年）二両の合計三両は国鉄レールバスに影響を受けた富士重工業が新造した国鉄レールバスとは別物。

持ちで撮影を敢行した。カラー撮影の適した低温の日照時間帯にサクラ*独特の温かみある色合いに仕上ったと自負する当時の〝最先端〟カラー写真であった。

しかし半世紀の歳月が無残にも流れると薄命のキハ〇三系はもちろん、さくらカラーも、あまつさえ〝天〟下無双の最〝北〟の鉄路たる天北線も姿を消した。永年愛蔵の骨董フィルムすら退色・劣化が進んで幻の写真となったのである。

稚内に到着、国境の地・野寒布岬へ

浜頓別を出ると東側に大沼・小沼が迫り、飛行場前という何もない名のみの乗降場を経て、一路稚内を目指し荒涼たる一面の猿払原野をひた走る。沿岸を離れ、幌尻《ぽろしり》山麓の山間部に入り一三：〇八曲淵《まがりふち》駅を発車する際、対向する貨物列車を牽引する蒸機三九六〇二を撮った。次の沼川を起点とする幻の簡易軌道*が存在した事実は当時の僕には知る由もなかった。

一三：四〇声問《こえとい》駅を発車し、次の宇遠内の間、宗谷湾に沿って走る。進行方向には野寒布岬《のしゃっぷ》・稚内市街が望まれ、後方には日本最北端・宗谷岬が見える。いよいよこの旅の目的地・稚内まで一〇kmを切った。天北線に沿って敷設された電柱と送電線を除けば雪に覆われた一面見渡す限りの原野の先にどす黒いオホーツクの海が広がり、たまにサイロのある酪農家がポツンとあるだけの極北の殺伐たる風景に我々は高揚感に胸の高まるのを抑えられなくなっていた。なぜなら当時の我々は〝最果て*〟という摩訶不思議な響きを持つ魔法の言葉に滅法弱かったからである。

切符回収上、万が一のリスクを考え、北端・稚内駅の一駅手前・南稚内駅で一四：〇四途中

【サクラ】 高価なコダクロームの定番よりは格安ながら、昭和三五年新発売の「さくらカラーリバーサル（ＡＳＡ五〇）」は赤の発色が抜群といわれていた。

【幻の簡易軌道】 金子元博氏が昭和三〇年代の馬鉄時代の簡易軌道沼川線（殖民軌道幌沼線）をカラーで撮影。写真展「北海道、輝いていた車輌たち」二〇一三年一〇月。

【最果て】 たとえば稚内利礼運輸は当時「さいはての詩情利尻島礼文島へ」（道内、四頁）などと盛んに誘惑し、我々はこの魔法の言葉に二度も乗せられる羽目となった。

下車。駅員に南稚内駅の下車印を押してもらい、カバー裏に掲げた連続切符の第一片「三ノ宮から稚内ゆき」を無事家宝のコレクションとして入手した。

南稚内から宗谷バスに乗り（二〇円×二回）、稚内駅より北へ五km 宗谷バスのノシャップバス停から北へ徒歩五分の野寒布岬灯台とレーダー基地を観察した。（読み方が似ている納沙布《のさっぷ》岬は根室市にある日本本土最東端の岬である。）付近には灯台があり、晴れた海霧の立たない日には利尻島（利尻富士）、礼文島が望める。

二年前の夏、最北端の宗谷岬を訪れ、礼文島スコトン岬、*利尻山登頂等は既に体験済みであったのだが、最北端の記録をより確実にすべく念のため今回の旅行での北端の記録を一応キープしておく意味合いから、時間的に可能な野寒布岬（北緯四五度二六分）の稚内灯台を訪れ、今回の旅の最北端としての記念撮影をした。

山陰になって風を防いでいるためか稚内の市街地ではさほど感じなかったのだが、岬の先端に出ると、極地のブリザードとやらもかようなものかと想像させるほど、一度も経験したことのない地吹雪が我々を襲う。南国育ちの我々が頭の中で甘く理想的に思い描いていた〝最果て〟のイメージをものの見事に物凄い寒風という厳しい現実が一挙に吹き飛ばしてしまった。

【スコトン岬】北緯四五度二七分。以前は最北を名乗っていたが、測量の結果宗谷岬が最北端と判明した後は「最北限の地」と称する。

米軍基地の横文字で一挙に現実世界に

吹き荒《すさ》ぶ風にあおられながら、極北の浜辺に引き揚げられた小型漁船の間を通り抜けて凍てついた大地を歩くこと暫し、岬の東側にこれまでの漁村風景とは打って変わった異様な建物群が我々の目をひいた。〝最果て〟という非日常の夢の世界に酔っていた我々を現実世界に引き戻したのがUNITED STATES AIR FORCE WAKKANAI AIR STATIONと大書された岬近くに鎮座する米空軍基地*である。

北方指向の強い二人はこの旅でも黙々と緯度を高め、ひたすら異国に接する辺境の地・最果てを求めてきた。最終的に今回の我々の目的地に相応しい異界になんたることか、よりによって米軍が陣取っているとは。

というのは中学時代、裏山の六甲山に登った際にも似通った苦い体験をした。昭和三五年七月一八日部活の登山で麓から大汗をかきながら一歩一歩登り詰め、標高九三二mの六甲山の最高峰に立って登山の醍醐味である眺望を楽しもうとの我々一四名の夢を「Ｏｆｆ　Ｌｉｍｉｔ」

ここは異国か？　驚きのUNITED STATES AIR FORCE WAKKANAI AIR STATION（3月6日）

【米空軍基地】敗戦直後の昭和二〇年一〇月アメリカ軍がソ連軍と対峙する稚内市内に戦略的に進駐を開始。昭和二七年米軍稚内航空基地隊としてノシャップ地区に移設。昭和二九年アメリカ空軍のレーダーサイトに自衛隊が展開して稚内分屯地となった。

の英文警告板が無残に打ち砕いた。高校生のN先輩が鉄条網越しに「中に入ってもいいでしょ」と日本人軍属に交渉するもてんで相手にされなかった。神聖であるべき六甲山最高峰が米軍無線基地として接収され、当然に日本人は立入厳禁だったからである。米軍によるこの聖地接収が長期に及んだのは実に屈辱的であった。

昨年の昭和四〇年四月米軍が北ベトナム爆撃を開始し、七月末には沖縄からの北爆出撃に野党各党が抗議するなどベトナム戦争は日に日に激しくなる状況であった。正に東西冷戦のもと、ベトナム戦争の最中、この異国の軍隊のレーダー網が二四時間照準を合わせている北の仮想敵国の存在が間近に迫っているという緊迫感・臨場感に溢れていた。しかし米軍占領期という異民族支配下での屈辱感を僅か十数年前に実体験してきた僕らの被占領世代は米軍基地を異国に見立て安易に「異国情緒*」に浸るどころの騒ぎではなく、進駐軍にはナーバスにならざるを得ないのである。

最北端の氷都・稚内での一夜

そのあと宗谷バスで稚内駅に戻り、次頁写真のように正面に山麓の量徳寺山門を望みながら、北洋相互銀行、金市館、大丸化粧品店、拓銀などが並ぶ駅前の目抜き通り（昔の波止場通商店街。オレンジ通）を二m近い積雪の中転ばぬよう恐る恐る這うようにして、恐らく金市館あたり（レシート見当たらず不明）のスーパーで当座の食料を三〇五円で調達した。稚内港町二丁目一－二〇（稚内駅と南稚内駅の真中に位置し、港二丁目バス停下車すぐ、稚内駅徒歩約二〇分）に所在し、当時日本ユース・ホステル協会に加盟し「ホステル」部門をも兼営していた当

【異国情緒】 後年、旧米軍ハウスに好んで若者が移り住む〝福生幻想〟との現象が生まれたが、異民族支配下の屈辱をご存じない世代ゆえか。

最北端の氷都・稚内の駅前通り（3月6日）

地一流の喜登旅館に朝飯付で僅か六一〇円で宿泊させて頂き、極北の寒風で冷え切ったカラダを休めた。

第四章　反転、一路日本海に沿って南へ（稚内〜大阪）

三月七日（稚内→札幌）

幻の羽幌線・札沼線を乗り継ぎ一路札幌へ

今日は反転して次の目的地・最南端の終着駅・枕崎を目指しての記念すべき初日で、利用され難い超ローカルな二線を乗り継いで日本海側を南下、花の道都・札幌まで戻る。始発バスが朝七時からなので、稚内駅まで一人旅の高校生と語らって相乗りでタクシーで行った。料金一六〇円を割り勘として高校生に五〇円を出させようとしたが、何の反応もなし。「大学生ならもっと出せよ」と内心不満だったのか、一人旅に出てきている割には無愛想なヤツだ。

稚内駅で記念の入場券（二〇円）を購入後、喜登ホステルで受け取った早立者向朝食の弁当を食べた。売店の牛乳が一本なんと二五円もして、これまで道内での二〇円前後の購入実績に比べ異常に高いからと〝河口式〟に購入するのをやめた。しかし我々の認識不足で、このあと延々乗り続けた羽幌《はぼろ》線*、札沼線は典型的なローカル線で、途中都市らしい都市も見当たらず、

【羽幌線】 留萌築港と炭田開発を契機に建設が本格化した羽幌線は昭和七年以降羽幌駅で延伸工事が中断。戦時下の資源開発の重要性が認識され、羽幌炭礦鉄道の開業に数日先行する昭和一六年一二月九日羽幌〜築別間が延伸された。昭和六二年三月二九日留萌〜幌延一四一・一キロ廃止（全駅、五六二頁）。

全然物を売りにくる気配すらなかった。結果として栄養補給源の牛乳が道内を旅行しながら一本も買えず、昼飯は列車内で二〇円のパンを水気なしに無理に飲み込む有様。察するところ、稚内駅の牛乳二五円は、産地からの割高輸送費や、途中に競争相手の売店が乏しい独占性などに裏付けられていた。道北の大半はいわば無人の荒蕪地《こうぶち》。米軍基地の街・稚内を陸の孤島と考えるなら、それなりに意味のある価格設定であったようで、我々の勉強不足であった。

鄙には稀、華麗な北海道の〝タカラヅカ〟？

稚内六：四五始発の三二四Dレに乗り、宗谷本線兜沼駅の真ん前の氷結した兜沼の湖面を見ながら、八：〇二幌延《ほろのべ》着。一八二四Dレで〇八：〇八幌延発、日本海沿いの羽幌線を進む。幌延駅（北緯四五度〇分五二秒）と次の作返《さくかえし》（乗降場、四四度五九分）、振老《ふらおい》駅（四四度五八分）との間に北緯四五度ラインが通っている。羽幌線は北端が僅かに懸かる〝聖なるライン〟ということだ。集落も途中天塩大沢で、ただ一面に荒涼・広漠たる日本海の砕け

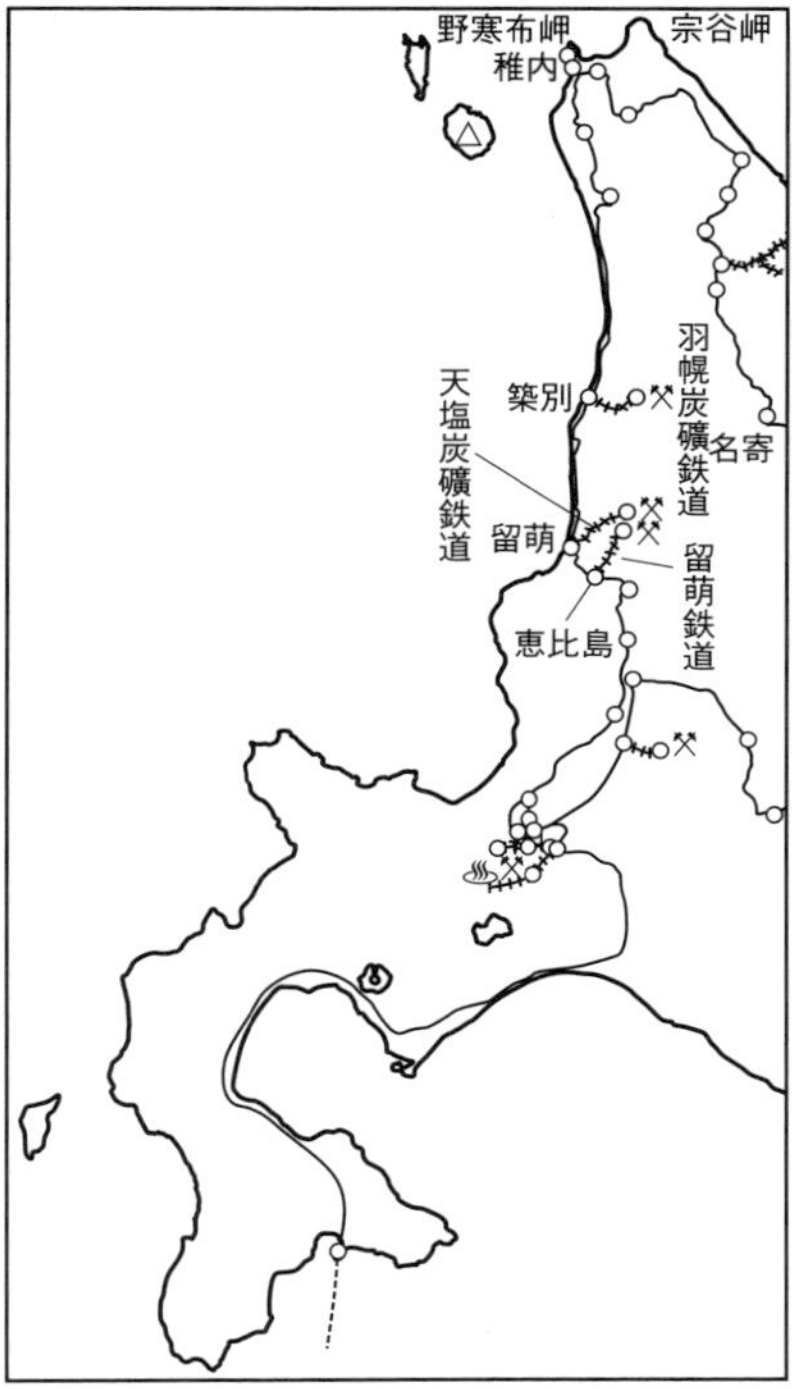

散る荒波を撮る。羽幌炭礦鉄道の*「築別駅」と羽幌線の「築別駅」は隣接しており、羽幌炭礦鉄道は旧築別郵便局の裏手から分岐して大きくカーブを描き、築別川に沿って内陸へと進路をとっていた。

築別駅に一〇：〇三に着いた。ちょうど頃合いよく、ホームの反対側に羽幌炭礦鉄道の築別駅発一〇：一〇、築別炭砿行のDCキハ二二一が入線してきた。煤《すす》けた炭砿の専用鉄道的存在とは思えない濃厚なマルーン*に白帯というスマートな塗色の車両（口絵6）で、阪神間で育った僕は慣れ親しんで来た阪急電車を思い出し、一目で気に入った。

あのヅカスターの卵・宝塚音楽学校の生徒さんも乗る阪急電車のカラーが栗色・小豆色のマルーン一色だからだ。しかも今では当たり前のようになったが、当時としては珍しく妙齢の女性車掌が凛々しい制服姿で乗務していた。若い男子学生の特権でかまわずに被写体にさせて頂く。めったに鉄道愛好者も訪れぬローカル線に勤務する彼女が、日頃慣れぬカメラを意識してか、少し恥ずかしそうな表情を浮かべたように（少なくとも僕には）感じられたのも懐かしい思い出となった。

昭和三三年の客貨分離と同時に一日二往復国鉄への乗入れが実現し、三五年七月国鉄仕様のDCを新造、炭住から羽幌へ通う学生、羽幌から炭鉱への職員らが築別炭砿－羽幌間に多数乗車した。調べて見ると良質炭を背景に石炭黄金期の羽幌炭礦鉄道はとても羽振りが良くスキーのジャンプや野球などで実業団チームを持つほど実力のある札幌証券取引所上場の大企業だったのだ。札幌の一等地に構えていた本社入居の九階建「大五ビル」は外壁に御影石、内壁に大理石を使った重厚な造りで〝軍艦ビル〟とも称される名物ビルとしてなお健在。労使が協調して仲良く暮らしていた石炭王国の在りし日の姿が偲ばれる。どうりで炭砿の専用鉄道とは思え

【羽幌炭礦鉄道】 昭和一六年築別～築別炭砿一六・六キロ開業（私鉄、一七頁）。栄光と転落の歴史は第二部、一九二頁に詳しい。

【マルーン】 阪急の車両に採用されて来た栗（マルーン）を意味する茶色塗装は阪急の良好なイメージの象徴として熱烈に支持されており、塗色変更が企画される都度、乗客から反対が続出し廃案になった。なお小熊米雄氏は羽鉄の「スカーレットに白線」塗色と「女子車掌を採用」した羽幌の「しゃれた姿」に関し「鉄道営業所長…治部氏の…センスと会社自体の明るい雰囲気とによる」（「羽幌炭礦鉄道」RP一四五号、一一頁）ものと解する。

ないスマートさが感じられたはずだと納得した。

まるで明治の光景かと見まがう古典客車

留萌市街に到着する寸前、車窓から世界三大波濤とも称される屈指の大波の来襲に備えて築かれた国際貿易港・留萌港の外港部分の長く堅固な防波堤や赤い灯台を眺めた。出入りの貨物船には羽幌炭やこれから見る諸炭鉱から本州方面へ搬送される石炭・木材等が満載されていることだろう。世紀の難工事で完成したというこの壮大な留萌築港*が、今乗っている羽幌線の敷設・延伸を促進し、同沿線の諸炭鉱の開発を誘発しただろうとの一連の大掛かりな仕組みを想起した。この荒れ狂う北の海で戦前から幾多の巨費を投じ推進されてきた雄壮な地域開発プロジェクトのほんの一端を垣間見たにすぎない。しかし僕は多数の企業・人間が繰り広げてきた鉄道の陰にある壮絶な〝ドラマ〟にある種不思議な興奮を感じた。恐らく経営学を学び、金融方面にも関心を持ち始めていた頃だったためだろう。

一八二四Dレで一一：三七留萌駅に到着。下車して一番線ホームで記念撮影の後、四番線ホームに停車中の天塩炭礦鉄道*（天鉄）のミニ除雪車などを撮影した。

天鉄は羽鉄等他の炭鉱鉄道のように、DCを導入し旅客列車の無煙化を計る客貨分離は最後までできなかった。このためハ一形など古典的な二重屋根*で、明治生まれの木造二軸客車を蒸機が牽引する昔ながらの姿をとどめていた。車庫を背景に寒冷地らしく雪を被った二重屋根のモニター部分からストーブの小さな煙突がニョキッと顔を出す「ハ一」の「達布《たっぷ》↑↓留萌」のサボの下には「天」と「鹽」を組み合わせた天鉄の社紋が描かれていた。

【留萌築港】 留萌港の国費修築は明治四三年着工、激浪での崩落を繰り返す難工事の末昭和七年骨格の防波堤が完成、留萌町は町債を起こし副港等を整備。一方奥地に鉱区を持つ財閥や町債引受けの生保団が昭和三年設立した留萌鉄道が運炭と臨港の両鉄道と岸壁を建設。巧みな官民分担で昭和炭砿など山元から、岸壁接岸中の大型貨物船へ直接積み込める低コストでの一貫運炭ルートを完成させた。

【天塩炭礦鉄道】 昭和一六年留萌～達布二五・四キロ開業（私鉄、一六頁）。留萌市、昭和一四年設立、乗合四両、代表橋本章三（要覧、九頁）。創立時天鉄は北炭と宮内省の共同事業で小平には広大な御料林があり、天鉄創立時の発行株式六万株のうち二万株を宮内省が引き受けた。天鉄は昭和四二年七月末廃止、古典客車の宝庫は雲散霧消した。（第二部、一九三頁参照）

【二重屋根】 室内灯が普及しない明治期、採光用の小窓（モニター）を設けるため屋根を二重（ダブルルーフ）にした古典的な客車デザイン。

ハ一形の古典客車*が何両も連結される様子はとても現在我々が見ている風景とは思われなかった。昭和二九年青木栄一氏が撮った写真ともさほど変化がない。まるで戦前の創設期の姿を彷彿させる古典客車の宝庫*に思わずシャッターを切り続けた。とてもこの世の風景とは思われぬ非日常世界がこの地になお存在していた背景にはやむにやまれぬ苦しい台所事情があったようだ。短い停車時間に天鉄の客車群に当時高価なフィルムを浪費することをも厭わず、シャッターを切り続けた僕らも、闇雲にそうせざるをえないほど切迫した何かを感じ取ったからというほかかない。

天塩炭礦鉄道のハ１形古典客車とミニ除雪車（後方）（3月7日、留萌駅）

【ハ一形客車】は明治四三年南海鉄道が自社製造したものを新宮鉄道が譲受、国有化された後に昭和一八年天鉄が国鉄から譲受した。

【古典客車の宝庫】星良助氏は昭和三五年「混合列車の後方に一～二両連結されている有様は、グッとローカルカラー豊かな木造車天国」（「天塩炭礦鉄道」ＲＰ、号外、二一頁）と絶賛。

カバー写真の留萌鉄道*決死的撮影談

幌延で羽幌炭礦鉄道の車両に出会い、留萌で雪を被った天塩鉄道の車両を見学。留萌駅前*の街並みを撮影後、留萌一二：〇九発の深川行七二八Dレ（キハ二二一二七）に乗って石狩沼田に向かった。途中暑寒別岳と三頭山の間の小さな峠を越えるD六一撮影の名所でもあった峠下駅（一二：四一発）のあたりから標高が約一〇〇mに近づくためか雪がさらに激しくなって来た。ここで本書カバー写真（口絵7）の撮影経緯を一部推理をまじえて述べてみたい。

当日の『日記』は記録が欠落しており、しかも留萌鉄道の写真と留萌始発の天塩鉄道の写真をうっかり混同していたこともあって、実は前に「日本一周旅行の道すがらほぼ一〇時間国鉄の普通列車に乗りっぱなしであったが、留萌本線で恵比島駅*を通過しただけで、留萌鉄道の車両に遭遇する機会は得られなかった」と錯覚・誤記していた。しかし、今回別の保管資料に「S四一・三・七留萌鉄道キハ一〇〇二（恵比島駅にて）、マーク、［恵比島―昭和］（キハ一〇〇二）」とあり、モノクロで数枚も撮影していた事実が判明。さらに『日記』内の「線路配置図」を精査したところ、その中に、ちゃんと島式ホームの「恵比島」が含まれ、乗車中の国鉄羽幌線上り「深川」方面の隣が「留鉄」と書かれていることを再発見した。「留鉄」即ち留萌鉄道撮影のために、恵比島駅に降り立ったのは事実であった。ここ峠下〜恵比島間は約七・六kmあり、仮に時速四〇kmとすれば約一一分の所要時間。（因みに対向列車の下り七二三Dレは一二：五八恵比島発、一三：一三峠下発であり、差引一五分）

したがって我々の恵比島駅着は一二：四八〜一二：五一の間と推定できるので、一二：五九恵比島発との間に約一〇分程度の停車時間があった可能性があろう。一方、羽幌線の下り七二

【留萌鉄道】 昭和五年恵比島〜昭和一七・六キロ開業、本社札幌市大通西五丁目・大五ビル内（私鉄、一七頁）。閉山に至る経緯は第二部、一九五頁に詳しい。

【留萌駅前】「滝下営業所」行の天鉄バス（昭和三六年免許）、酒屋の三好商店、「お菓子くだもの」の野島商店等が写っている。

【恵比島駅】 平成一一年四月放映NHK朝ドラ『すずらん』に登場し、「明日萌駅」のセットが建った聖地化現象のため、本来の恵比島がほぼ駆逐され、架空の駅名・駅舎が居直る虚実逆転の困った〝珍百景〟現象。

三Dレは一二：四七石狩沼田発、一二：五八恵比島発と出ているので、ここ恵比島駅で我々の上り七二八Dレと交換する。主要駅でないと大型時刻表にも着時刻の記載がない。単線区間だと列車交換で数分程度することも珍しくない。先着した上り七二八Dレが単線区間で数分から最大一〇分程度対向列車待ちをしてもおかしくないであろう。

　昭和四二年六月一〇日現在の留萌鉄道時刻表では国鉄羽幌線の上下列車の交換に合わせて恵比島駅に一二：四九到着した昭和発のDCが、国鉄客を乗せ折り返し恵比島駅一三：〇五発の昭和行となっている。留萌鉄道沿線の住民にとっては昼の時間

雪にすっぽり包まれた留萌鉄道恵比島駅のお化けDC（3月7日）

帯の大変大事な便であった。写真のように当地は相当の大雪*だから、三月七日当日の現実の到着時刻は時刻表上の一二：四九より若干遅延していた可能性もある。

以上の時刻表上での推論を総合した結果、七二八Dレに乗って遅くとも一二：五〇頃には国鉄恵比島駅に到着したはずの僕が、ちょうど具合良く対向列車待ちの僅か数分程度の絶好のチャンスを利用して急いで列車を降り、ホームの反対側に今しも到着したばかりの雪まみれの留鉄DCに、寒いホームで待ち兼ねていた人々が足早に乗り込む風景を大急ぎで撮ったのがカバーの写真ということになる。

アルバムを探しても留鉄のカラー写真はこのたった一枚きりである理由も、対向列車が到着すればすぐに出発するため、撮影する僕も七二八Dレに足早に戻る必要があり、恐らく車内で僕の決死的撮影をイライラして待つ犬塚君（彼のスライドには留鉄なし）から「早く早く」と注意され、後ろ髪を引かれる思いで現場を後にしたものと想像される。まして留萌鉄道の終点・昭和駅に出入りする幻の「クラウス一七号」*の姿を拝むどころの話ではない。

恵比島駅の留萌鉄道側ホームに遅れ気味でやって来たのは雪を全面に被った流線形で黄色と緑の湘南型塗り分けにしたキハ一〇〇二であった。留鉄でも国鉄乗入れ用*に導入された気動車群五両中の試作第一号車は前面にバス窓の側面があり、車両前面中央部の大きな一灯式ヘッドライト（ユニークないわゆる〝ヘソライト〟）が最大の特徴。車両上部の通常ライトと左右のタイフォン（警笛）と合わせ〝四つ目玉〟がずらりと並ぶ、お化けDCである。手動で左右に照らす方向が調整可能なライトの機能は、そもそもこの日のような激しい吹雪の中を疾走する時、曲線区間でも光軸を内側に向けられる。常に進行方向に雪崩・倒木等の障害物がないかを照らし出すことができるのだという。また台車も積雪でも空転しにくい方式を採用するなど、

【大雪】「寒気厳しく、積雪は丈余に及んで…恵比島・昭和間唯一の交通路である鉄道の輸送が円滑を欠く」（『社史』明治鉱業、昭和三二年、四四五～四四六頁）とある。

【クラウス一七号】開業時ドイツ技師を招いた九州鉄道が輸入したクラウス社製機関車。堅牢・高性能のゆえ長期間の酷使に耐え、国鉄等を経て昭和六年留萌鉄道に譲渡、昭和四四年廃線後も数奇な流転を重ねた。（第二部、一九六頁参照）

【国鉄乗入車両】国鉄型に似せた気動車を新造して国鉄に乗入れた私鉄として富士急行や島原鉄道等が著名。

雪への対策を重視していた留鉄では寒冷地ならではの工夫が色々とこらさていた。

国鉄職員も札沼線利用を度外視？

一三：〇六石狩沼田に着き、すぐに一三：一一石狩沼田発の札沼線*の普通列車六三二Dレ（キハ二一　二二三）の一両に乗り、特段変わった様子もない小駅「和」の駅名標を喜んで撮った。なぜなら昭和四〇年末のレコード大賞を受賞した美空ひばりの大ヒット曲「柔」と同じ「やわら」だったからである。ひばりのファンでもない僕がわざわざ貴重なフィルム一枚を小駅に費やしたかというと、ほかに撮るべき景勝地もなく、途中に駅弁を売りに来るほどの小都市もなく、平凡な田園地帯をのんびり通り過ぎるだけで、日記にも書いたように「札沼線は全く見るべきものがない」からであった。

一四：五九浦臼に到着。大慌てで駅名標の前で記念撮影をした。ここで乗客の利便とは無関係に、単に車両運行上の便宜からか、再々二両の気動車と乗り換え。細切れダイヤの面倒くさいこと夥《おびただ》しい。石狩沼田から気動車を乗り継ぎ、ようようのことで終着駅札幌に到着したのは一六：四八であった。

札幌駅で降車する時、駅員から「急行券」と大声でいわれる。「札沼線で来たんですが」といっても又も「急行券」とどなる。「この切符を見て下さい」といってもチラリと見て、又「急行券」という。一六：四八札幌着の札沼線で来たというと、切符をよく見て「裏面に書いてあるんですか……なるほど……あちこち回っておられるんですね。大変失礼しました」とやっと納得してくれた。当時は戦前の〝学士様〟待遇とは程遠いにせよ、大学生がまだ相対的に数が

【札沼線】昭和四七年六月一九日新十津川～石狩沼田廃止（略史、四〇〇頁）。

少ない、古き良き時代であった。若気の至りで羽目を外して多少の〝悪さ〟をしても、世間からは「しょうがない」と多少は大目に見てもらえる特権階級だったのでもあろう。

我々が一五：〇五浦臼を出て札幌に着く一六：四八の四分前には、一六：四四旭川発急行「かむい三号」が着いていた。駅員は「まさかよりによって札沼線という準急の一本すらなく、不便極まりない超ローカル線を乗り継いでチンタラやって来る〝物好き〟などいるはずがない」と頭から思い込んでいたのだろう。さしたる景勝地もなく、ただただ退屈な田舎路線を細切れダイヤの鈍行を乗り継いで来るなどという観光客の存在は当時の仕事熱心な駅員氏をもってしても到底信じられなかったのである。逆にいうなら、存続の危うい地方交通線の経路選択として我々のルートは適切であったわけだ。

札幌駅に降り立って久方ぶりの大都会の眩《まばゆ》い夜景を見た。駅前には日産火災海上、地球儀の看板のある日本通運ビルなどが林立していた。犬塚君の友人K氏が迎えにくる。K氏は市電でもすぐだからというのに、犬塚君は「荷物が重いわい」といって結局タクシーにする。タクシーの車窓から見た南北の駅前通に沿って、東側にタケダの〇に▲のウロコ印、三越、東邦生命、雪印パーラー等数限りないネオンの洪水。また駅前通と南一条通の市電線路が交差する「十字街」の東北角の三越、西北角の日之出ビル入居の大和証券、キリンビール、天下一品の亀甲萬などの色とりどりのネオンが眩《まぶ》しい。無人の荒野を見慣れた我々の目にやはり札幌は大都会だと実感。

二三〇円メーターのK氏宅で二人は降りて僕は円山ハウスまで二五〇円分乗った。ユースホステル・円山ハウスに分宿した理由は、受入れ先のスペースの余力にあったようだ。

僕は円山ハウスに重い荷物を置き、身軽になって勇んで外出した。門限は夜一〇時までと定められていた。念願の古本屋へ行くことにして、目の前の円山公園から札幌市交通局の市電*に乗った。西四丁目（一五円均一）で降り、（ネットで調べたのでなく、視覚・嗅覚のみで）狸小路*商店街突き当たりの食堂「う月」に辿り着き、ここで名物の札幌ラーメンを七〇円で賞味した。ハイカラな札幌とは思えぬ雑然とした狸小路独特の庶民的雰囲気に思わず吸い寄せられ、アーケード街を一番奥まで覗いたのは同種の場末の風景を見慣れた関西人のゆえかもしれない。故郷の如き落ち着いた雰囲気の中、格安で腹ごしらえの後、三越前でようやく一軒目の老舗らしい風格ある一誠堂を見付け、充実した品揃えに感動するとともに古書店案内図で市内数軒の所在を確認できた。主に学生向けと睨んだ北大周辺を除き主要店を順次訪ね歩いた。なにしろ長旅の途中ゆえ、重い書籍購入は断念、出会った社史等の要点や売値を克明にメモ*するにとどめた。

二〇歳の若さながら、さすがに眩い夜の街や市電（撮影は明日）を見疲れ、古本屋を探し疲れ、とうとう歩き疲れて降参した。帰りは西四丁目から再び市電で円山公園（一五円）に戻り、清潔で快適な札幌市営の円山ハウスでぐっすり安眠できた（宿代も安価で四九〇円也）。

三月八日（札幌→函館）

札幌での自由行動二日目

今日は夕方夜行に乗り込むまで、僕一人単独で自由行動を楽しめる唯一の休暇日だ。朝、市

【札幌市交通局市電】 昭和二年札幌市が札幌電気軌道を買収。大正七～昭和三九年札幌市内二五・一キロ開業（私鉄、一四八頁）。札幌市、昭和二年設置、乗合五四三両、代表原田与作（要覧、一頁）。

【狸小路】 終戦後に狸小路は闇市と化し、多くの露天商が出現したアウトローな世界だった。

【メモ】 「狸小路一丁目w↓一誠堂w↓成美堂w↓石川書店w↓西四丁目」と書店名と「北炭五〇年史（昭和一四）…一二〇〇、北炭七〇年…二五〇 写真中心のグラフ、北海道駅名…二五〇、社史存在、道南バス四〇年史、釧路臨港鉄道、夕張鉄道」と書名を挙げた。

電で円山公園（一五円）から西四丁目へ行き、駅に荷物を預けた（二五円）。犬塚君と一五：五〇に札幌駅みどりの窓口に集合と約束した。かなりの自由時間があったため、午前中にまず何を置いても定山渓鉄道*（定鉄）を見学しようと決めた。定鉄に着目したのは終点が有名な定山渓温泉という温泉電車*であり、途中の渓谷も景勝に優れた点が挙げられる。また札幌近郊路線で回数が多く、比較的短時間で往復できるという利点もあった。そしてなによりも定鉄が東急系列に属していて、北海道を領有宣言していた五島慶太の蝦夷地支配の橋頭堡*であると見做していたことによる。

札幌という百万都市の背後に

定山渓鉄道の豊平駅前踏切*と木造本社（3月8日）。東急式に盛んに不動産開発に注力する様子が見て取れる

【定山渓鉄道】 大正七年東札幌〜定山渓二七・二キロ開業（私鉄、一七頁）。札幌市豊平三条九丁目、大正四年設立、乗合一四三両、代表蛯名忠雄（要覧、一頁）。

【温泉電車】「株式会社組織、鉄筋三層楼の壮麗さ…温泉電車の開通以後市の中心より三四十分」（『大札幌案内』、七七頁）の札幌温泉の遺跡にも心惹かれた。

【蝦夷地支配の橋頭堡】 東急が北海道開発に情熱を注ぎ、上陸基地として定鉄を想定した背景は第二部、二〇一頁参照。

【豊平駅前踏切の現状】 豊平駅と本社は高層住宅に変貌し、写真手前の線路敷のみ「じょうてつ」の共同住宅が建つ予定の長細い駐車場として面影を残す。広い車庫は定鉄ストアの後身・札幌東光ストアの広大な店舗に。

高い山がそびえ、山中に立派な温泉地がある点に、阪神間に育った僕は親しみを覚えた。定山渓温泉はいってみれば神戸の有馬温泉に当たり、定鉄は神戸電鉄（僕らは神有〈シンユウ〉と神戸有馬電鉄の旧称で呼んでいた）に相当する。そこで神有のターミナル・湊川駅から有馬温泉に行楽にでも行くようなハイキング気分で、定鉄のターミナルの豊平駅へ向かった。札幌駅前から札幌市電を四条東三丁目で乗り継ぎ、豊平駅前（一五円×二）に到着した。

時刻表で検討すると、なんとか終点まで行って帰ってくることが可能と判明。豊平一〇：四三発、定山渓一一：三四着の所要約五一分。乗って来た電車ですぐ引き返し、定山渓一一：五〇発、豊平一二：三八着の所要約四八分というトンボ返りをした。終点の定山渓温泉で僅か一六分の滞在で、辛うじて駅舎や隣接の定鉄観光ホテル*を撮影できた程度。帝室御料林からの搬出路・定山渓森林鉄道*の存否も確認し得ないなど、文字通り一期一会の甚だ悔いの残るものとなった。

モダン札幌の象徴・定山渓鉄道に感激

道警のいうように定鉄が無用の長物どころか、モダン札幌の象徴として市民に愛されていた証拠を挙げて、今はなき定鉄の冥福をお祈りしておきたい。昭和六年『大札幌案内』の定鉄の項を以下に引用する。

「朝八時、豊平駅発定山渓行きの大型ボギーモダン電車は、春風にのりてなめらかに駅を出づ。郊外の春色を探る雅客に車内は賑ふ。次第に加はるスピード……車体は微動だにせず……林檎花園*の中を一直線に快走する」（中略）「かくて豊平定山渓間二六粁を四七分後にはモダンボギー

【定鉄観光ホテル】昭和三三年以降に旅館日本閣を定鉄観光が買収、定鉄観光ホテルとして開業（web「定山渓鉄道資料集」定山渓鉄道・百話九三）、駅から三分と近く、一泊二食一・三～二・五千円（各線、九四頁）。訪問直後に創業した「定山渓観光ホテル」（道内、九二頁）に衣替えか。

【定山渓森林鉄道】昭和一六年頃、定鉄終点付近から定山渓事業部まで開設された一四キロの森林鉄道。昭和四二年八月号時刻表の案内図に定山渓駅より奥に延びる線路が描かれ（道内、九二頁）、廃止は昭和四三年以降とされるが、四一年訪問時に時間不足で存在を確認できず。

【林檎花園】豊平川中流沿いは一面のリンゴ園と果樹園で、昭和三〇年代まで観光客が平岸でリンゴ摘みを楽しんだ。

電車は定山渓にとその快速を止むるのである」とある。

三五年後の所要時間より数分も速いスピードは、当時の感覚では正に「快走」そのもの。僕が途中の車窓から撮った札幌市民にとって親しみある名所・剣龍山（八剣山）の鋸の刃のような柱状節理も「剣龍の怪峯天城の如く、屏風に似て半空にその代赤色の裸骨を曝す……沿線中に於けるグロテスクな眺望」と紹介されている。

一二：三八に着いた豊平駅ホームで停車中の電車を写していると、僕を手まねいて曰く「あそこの車庫へ行ったら、電車がいっぱい入っているよ。写してらっしゃい」と帰りに乗っ

定山渓鉄道沿線名所の剣龍山の偉観（３月８日）

た電車の運転士の方からご親切にも声をかけてくれた。

当時は訪れる愛好者の数も少なく、車庫の撮影も原則ＯＫのおおらかな良き時代であった。定鉄豊平駅前には市電の終点があり銀行や各種個人商店が並び、京都でいうと北野白梅町か出町柳のようなちょっと鄙《ひな》びた私鉄ターミナルの良き風情が感じられた。一角にある「東屋食堂」で六〇円の「学生ラーメン」に挑戦した。味はもちろん、肝心の量も多く大いに満足した。さまざまな幸運で大いに気を良くして、意気揚々と木造二階建ての風雪に耐え抜いて来た定鉄本社の企画室をアポなしで訪れた。学生の特権で厚かましく僕の調査の趣旨を話し出した。普通は体良く断られる場合が多いところ、幸いに極めて好意的に受け止めて頂いた。遠方の神戸からやって来た学生という点も考慮下さったのかもしれない。かくしてほぼ一〇年前に出された定鉄の『新株式発行目論見書』*（昭和三二年一一月）を一部頂戴できた。東急が資本参加する時点の経営内容が具体的に判明する好資料であった。

定鉄の帰り市電豊平線に乗って北大を訪れた。定番のクラーク像も見たが、主たる目的は観光ではなかった。札幌の友人Ｋ氏からフィルムなら北大クラーク会館の地下にある北大生協購買部が安いとの耳寄りな情報を得たので、クラーク像の近くを探して一四時に訪れたわけだ。このクラーク会館は北大八〇周年記念として昭和三五年九月にクラーク博士の功績を称える学生会館として開館、北大生協が営業する広い学生食堂やお目当ての購買部等があった。旅の途中、幸いに良い被写体に恵まれ調子に乗って撮り過ぎた結果、犬塚君から無理を言ってＳＳ三六枚撮りフィルムを一本貸してもらうなど、遣り繰りしていた。今後とも予想を超えて増え続けるであろう撮影のためフィルム追加購入に一、六六〇円という巨費*を投じた。

【新株式発行目論見書】 昭和三二年東急は定鉄の四五％の筆頭株主となって傘下に収めた。広汎な私鉄資料の収集を始めた第一号のコレクションとなった。

【一、六六〇円という巨費】 内訳は、ネオパンＳＳ 三六ＥＸ二本三二〇円、サクラリヴァーサル二本、ＡＳＡ五〇ポジサクラ一本一、三四〇円。稚内～枕崎学割運賃二、七六二円と比べ高額のほどが知れよう。

今は無き拓銀本店の哀史

北大生協からの帰り、札幌駅前に一旦戻り、荷物を受け取った後、集合までの残り時間で歩いて戻れる範囲内の札幌市電を何枚か撮影した。鉄北線「静修学園前」（電停名を山鼻十六条に変更）行きの市電は八四〇＝八四一の固定式連節車は「新琴似駅前」「学芸大学前」（電停名を教育大学前に変更）の札幌駅前に停車中の「豊平駅前」行きの七番系統の市電D一〇三七、D一〇一三*である。

札幌駅周辺は名古屋と同様に、受験地獄下で隆盛を誇る大手予備校の集積地のようで、山一証券支店建設予定地には折からの入試シーズンらしく地元名門の「札幌予備学院生の健斗を祈る」の激励看板が立つ。

特に記憶に鮮明なのが壮麗な北海道拓殖銀行*（拓銀）本店をバックに、路面が濡れ、歩道に一部残雪ある一見何気ない早春の道都の市電風景である。

札幌駅前通（現在地下鉄南北線が通る）と大通が交差する一等地（中央区大通西三丁目七）

北海道拓殖銀行本店前の市電（3月8日）

【D一〇三七】車両番号の頭にDが付くのは鉄北線の新線区間を非電化で格安に済まそうと札幌市電が導入した全国で例がない珍しいディーゼル車両に起源。

【北海道拓殖銀行】北海道開拓を使命とする道内最古最大の銀行で道民の信頼絶大の元政府系特殊銀行の破綻は第二部、二〇八頁参照。

に建つ北海道を地盤とする唯一の都市銀行であった北海道拓殖銀行（拓銀）の昭和三五年建設の壮麗な本店ビル。（昭和初期の市街図にも大通りの起点・永山銅像前に「拓銀／タイムス」と記入された尖塔付二階建の前身ビルが同時期の大通公園の絵葉書に収まるランドマークであった。）

　駅前通の北隣が「ミツヤ運動具店」、大通の東隣が道新ホール、さらに大通郵便局／市役所、駅前通の反対側に「協和銀行」入居のビル（現りそな銀行）、大通の反対側に明治生命ビルと安田火災海上（安田信託銀行入居）ビル、札幌相互銀行（札幌銀行）本店、北洋相互銀行（北洋銀行）本店、北陸銀行など金融機関が周囲に集積していた。

　下の写真は市電「札幌駅前」電停の「連結車」と書かれた元DC車両で、札幌駅前通の拓銀（駅前）支店・「日興のマネービル」看板の日興證券、第一生命が背景に写る。次頁の写真には残雪の上に聳《そび》えるテレビ塔時刻掲

札幌駅前の「静修学園前」行連結車タイプの市電（3月8日）

示板三：三四と観光客向けのテント張りの屋台（売店）が写り、大通を横切る⑧系統の市電・二二六の背後にＮＥＣや大通沿いの東側に立地する丸井今井の看板が遠望される。これらの写真はいずれも駅前から駅前通を南に地元デパートの名門・五番館、観光名所の雪印パーラー、日本航空等の有名スポットを経て、大通を横切った先の三越方向まで次々市電を大急ぎで撮影していた三時半頃の撮影と判明する。

男同士の二人旅の是非

札幌テレビ塔前の市電（3月8日、3時34分の掲示）

残り少なくなった自由時間を惜しむかのように名残惜しい札幌の早春の街歩きを満喫した。ここで僕の写真アルバムは何枚もの市電写真が突然途切れ、次頁の急行「ライラック」の車内風景に飛んでいる。犬塚君との札幌駅前での集合時間が迫ってきて、後ろ髪を引かれる思いで市電撮影を断念したからに他ならない。約束の場所にギリギリ駆けつけたが、例の如く犬塚君の姿なし。「一五：四〇の約束、犬塚参らず。全くけしからん。金がなくなってきて、その上にハラがへってくる」と日記に待つ身の心細さを告白している。

長い時間二人だけで旅行していると親友同士でさえも些細なことで言い争うことも少なくなかった。こんな男同士の二人旅だが、主要都市などでは短時間だがお互いの都合もあって自由行動も認め合った。とはいえ一人で散策し続けた末に「チト心細くなる。やはり一人では旅行はやりにくい」（日記）と感じたのも事実であった。

札幌発一七：二〇の急行「ライラック」二号車の座席指定車に二五〇円也の料金を奮発し、指定席の六、七番に陣取った。急行の愛称「ライラック」はリラのフランス名で、発駅・札幌で雪が解けて一斉に花々が咲き誇る五月に開かれる「ライラックまつり」に因む。札幌の最も美しい時期を象徴するフランス語の花の名前から僕は道内最後の列車に相応しい、しゃれた車内を勝手にイメージしていた。しかし実際に乗り込んでみると、車両天井部に薄暗い裸電球が一両に僅か四個点灯する

急行「ライラック」の仏名とは程遠い暗い車内でフランスパンを食う（3月8日）

だけ。当時のモノクロフィルム・ネオパンＳＳの低感度のせいもあろうが、陰鬱な夜汽車の雰囲気が出ている。

ここで僕は先刻札幌駅前でソコソコの値段を奮発して購入したフランスパン（一五〇円）を一人寂しく食べる。恐らく先刻、父上も大学同窓のＫ氏とその可愛い妹さんら、ご一家心尽くしの〝豪華〟（かと幾分ひがみを込め）ディナーをゆっくり楽しんだであろう満足気な犬塚君はジロリと僕の〝粗食〟の方を見て、「おい！　大丈夫か？　そのパン。カビとるんとちゃうか」と身を乗り出す。「札幌の一流の店で買ったばかりで心配ご無用。粉が吹いた正真正銘のフランスパンや。『ホコリパン』や」と大笑いしたのだった。

二二：三〇函館に到着。

三月九日（函館→大阪）

一路運命の岐路・新潟へ

この日は本州の日本海側をひたすら南下、新潟で乗り換え北陸線経由で予定では舞鶴付近まで到達するはずであったが、思わぬ事態で事情は一変する。

日付が変わった〇：〇一函館発の一〇二便「松前丸」*の船中でスタンプを押した後は束の間の仮眠。三：五〇青森桟橋に到着。待合室で休憩後、六：三〇青森発の急行「しらゆき」（急行券四〇〇円）に乗車した。

【松前丸】スタンプは第二部、一八二頁所収。

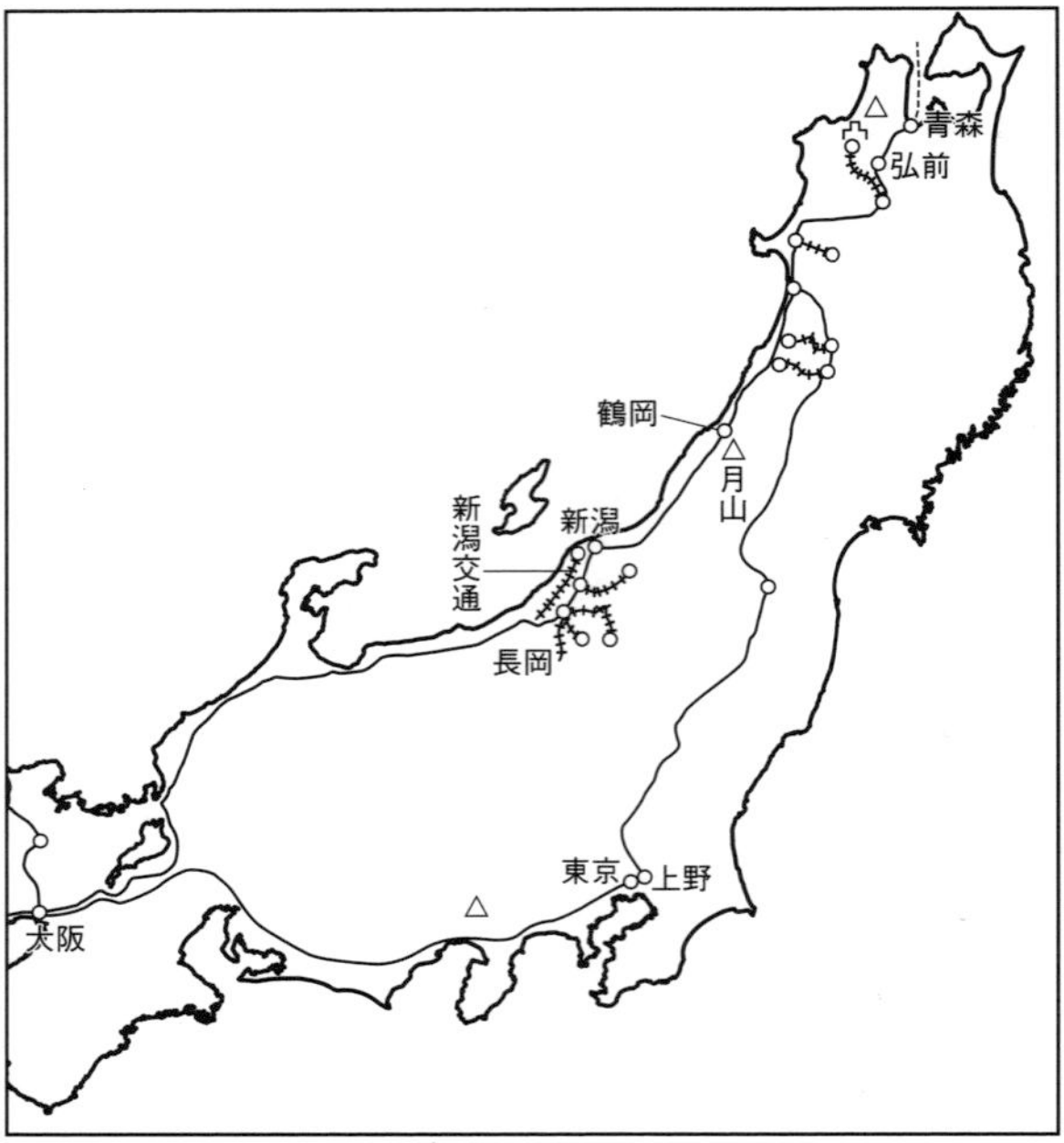

途中能代を過ぎたあたりで朝食を済まし、犬塚君は八郎潟など撮影を開始。酒田駅では停車時間が長く駅スタンプを押印できた。鶴岡駅で僕が庄内交通を狙っていると、彼は望遠で出羽三山の雪景色を収めるといった具合に。一日の別離を置いてまた二人でのいつもの日常生活が戻ってきた（とその時は楽観的に感じたのだが……）。遠くに見える月山を見ながら、高校二年の部活旅行の楽しかった思い出話に花を咲かせた。

約八時間後の一四：一七ようやく新潟駅に到着した。僕が郊外電車が路面で都心に乗入れるという珍しい新潟交通鉄道線*のターミナルである県庁前駅（口絵8）を単独で見学中、突然に新潟で二人は別行動を取る羽目となった。

県庁前駅は昭和八年の軌道線区間開業から当時の新潟県庁の真ん前の官庁街の三角州状のロータリーのような場所に位置する路面電車の終点である。関西では大津の京阪浜大津駅、神戸の山陽長田駅など、路面を併用した郊外電車終点を多く見てきた。国鉄に接続しない私鉄線

【新潟交通鉄道線】 鉄道線は昭和八年東関屋〜燕三三・六キロ開業（私鉄、三一頁）、軌道線は昭和八年県庁前〜東関屋鉄軌分界点二・二キロ開業（私鉄、一五五頁）。新潟市、昭和一八年設立、乗合九六二両、代表高杉儀平（要覧、二〇頁）。

の独自の堂々たるターミナルビルであり、さらに将来は新潟駅前まで軌道線区を延伸することを見込んで、二階に新潟電鉄本社（合併後新潟交通電車部事務所）も入居する駅舎が電車の顔を思わせる丸味を帯びた独特の形状をしていた。さすがにデパートまでは含まれないが、一面に張られた焼きタイルの渋い風合いが昭和初期のモダーンを感じさせる私鉄ターミナルの数少ない名建築*であった。

僕は念願の見学を無事終えて十分満足し、スタンプが見当たらないので名建築参拝記念に「県庁前〜東関屋」（二〇円）の乗車券を買って意気揚々と新潟駅に戻った。荷物を受け取りに行って初めて、次項の突発的な事態を知ったのであった。

【名建築】現存しないが浜松の遠電ビル、有馬の神有ビル等もよく似た時代の雰囲気が感じられた。平成四年クルマに押され軌道線区が廃止され、新潟を象徴するランドマークとして惜しまれつつ解体。

新潟駅での突然の離別

新潟駅へ到着するや否や、犬塚君は当時なぜか恒例となっていた公衆電話ボックスに脱兎の如く走り込んだ。今から思い返すと旅に出る前から恩人の容態が思わしくないため、旅行中も主要な駅では何事か連絡があるなどと称して駅前の公衆電話ボックス*のありかをキョロキョロ探し、容態を尋ねる電話を入れていたようだ。

そのためか電話に予め投入すべき一〇円玉を努めて釣り銭として受け取るなど、絶えずキープするようにしていた節がある。しかしそんな心配事を抱えている事実を彼は旅行中一度たりとも僕には語らなかった。余分な気遣いをさせまいとの彼なりの判断だったと思う。いつものように大量の硬貨を投入口に投入し、東京に〝遠距離電話〟をかけて最新の容態を聞こうとした。先方からの答えは予想に反して短くかつ冷酷であった。告げられたのは不覚にも告別式の

【公衆電話ボックス】小駅では駅舎入口付近に郵便ポストと箱型の公衆電話ボックスがセットで配置。

日時と場所。「しまった！　遅かりしか！」

前回、容態が小康を得たと聞いてひと安心して連絡を怠り、間を開けた自分を責めた。容態の急変の結果として驚愕の訃報に接した彼はとっさに時計を見た。先刻時刻表で万一を考えて確認しておいた新潟駅発の上越線の午後は一本だけの特急に間に合うではないか。彼の記憶によれば、僕が新潟交通見学のために新潟駅前で重い荷物を預けた店の人に、とっさの機転で僕への最低限度の簡単な伝言「急用で上京、アトフミ*」程度を無理矢理頼み込み、発車間際の上越線「三時の特急*」に飛び乗った由である。

義理と人情を秤りにかけりゃ、義理が重たい男の世界

寮長の知久さんは大学の大先輩で熱血漢、人生経験豊富で人生の酸いも甘いも知り尽くした好人物。入寮時の最初の面接で犬塚君の秘めたる悩みを即座に察知、チクリと寸鉄人を刺すの忠告を与えた。聞くところでは寮長ご自身も幾多の修羅場をかい潜った苦労人とのこと。男が男に惚れるというか、それ以来彼は寮長に私淑し、人生の師と仰いだという。上京当時、東京に頼るべき親戚等もなかった彼にとって、正に親代わりの存在で、住み込んで居られた寮長一家とも家族同然の間柄だったようだ。この時の彼の内心の葛藤は他人である僕が知り得るはずはない。

【アトフミ】「詳細は別便で後日郵送する手紙を参照」を意味する電報の慣用語。（字数で料金が跳ね上がるための簡略化）

【上越線の特急】新幹線などはなく、上越線新清水トンネルが開通し全線複線化が完成するのは昭和四一年九月末。うまく特急に乗れても東京まで五時間弱かかった。

まるで古代の通信？「列車電報」の往復

今ならスマホで連絡すれば即座に片付くことだが、この時代別々に旅行中の二人の間の可能な通信連絡手段は電報のみであった。急遽上京中の犬塚君の乗った特急に宛てて、僕の乗った新潟発一五：二五の信越・北陸線経由の大阪行長距離普通列車五二八レ内で列車電報を車掌に依頼、同様に列車内で列車電報で彼からの返事を受け取るなど電報交換の末、ようやく経路変更後の大体の段取りを相互に確認できた。当時の『時刻表』には「列車中の人にあてる電報のあて先は次のようにお書きください……列車中から電報をお出しになるときは……車掌に委託することもできます」との親切な「電報案内」があり、ここに例示はないが列車から列車の人に宛てる純粋の「列車電報」という当時の〝文明の利器〟をフルに利用させて頂いた。

今回の旅行で唯一の一人旅区間

今回の旅行では二人で概ね連続切符の経由通り旅行したが、唯一の予定外の大幅逸脱行動として新潟～大阪間を一人で旅行した。当初予定の敦賀～舞鶴～豊岡間に所在する京都府北部の丹後海岸は古来の浦島伝説に彩られた魅力ある景勝地で、かつ近傍の関西人でさえ容易に訪れにくい僻陬《へきすう》地だっただけに立ち寄れなかったことは残念であった。

もし南回りの日程で南九州あたりでこの訃報に接していたら、新潟～上野間の特急のように頻発かつ短時間での帰京は困難で、二人揃っての旅行再開は不可能だったかもしれない。

とはいえ、二人旅の相棒が突然失踪し、詳しい事情も聞けぬまま駅に置き去りにされ、新潟の路頭に迷った形の僕はしばらく茫然自失の状態に陥っていた。

　このため僕は信越・北陸線経由で一旦自宅に立ち寄ることとした。失意のうちに新潟発一五：二五の長距離普通列車五二八レに一人寂しく乗り込んだ。途中、加茂駅近くで並行する蒲原《かんばら》鉄道*の電車をキャッチ、続いて長岡駅ではすぐ前に展開する越後交通栃尾線*の車庫に出入りする、軌間が国鉄線より狭いナロー・ゲージ*の好ましい車両群を必死に撮影し続けた。さらに、来迎寺では越後交通、黒井では頸城《くびき》鉄道*を観察した。

　いつも通り、快調に車中から撮影してはいるものの、当然に犬塚君との楽しい会話はない。彼との急な離別というショックが大きく、いくら順調に撮り続けても、これまでのような感激はなかった。そのためか、この間の「日記」には一切記載がなく、そのことが逆に新潟駅での突然の行き別れの衝撃の大きさを如実に物語っているようである。

　この間に僕は三月四日に釧路駅のみどりの窓口で苦労して手に入れた『まつかぜ』特急券（一〇日福知山〇九：五九→博多二〇：五五）を帰路の福井駅で半額八〇〇円だけの払戻を受けた。なぜ福井なのかというと、乗車中の列車五二八レの停車時間が最も長かっただけのことである。かくして僕は翌朝三月一〇日七：五一大阪に一人で到着、予定になかった自宅に舞い戻った。

　一方、先に新潟駅から特急で大急ぎで帰京した犬塚君は、寮長のご葬儀の終了間際に参列。お見送りを済ませたあと、新幹線で大阪へ向かったのである。

【蒲原鉄道】大正一二～昭和八年五泉～加茂二一・九キロ開業（私鉄、三一頁）。村松町、大正一一年設立、乗合一〇両、代表高茂野誠衛（要覧、二二頁）。

【越後交通】昭和四～五年ほか栃尾～悠久山二六・五キロ開業（私鉄、三二頁）。長岡市、大正三年設立、乗合四二四両、代表田中角栄（要覧、二一頁）。

【ナロー・ゲージ】二本のレールの間の内法（軌間）が国鉄・JR在来線の一、〇六七ミリより狭い、主に七六二ミリ軌間などを日本では（特殊）狭軌・ナロー・ゲージと呼ぶことが多い。

【頸城鉄道自動車】大正三～五年新黒井～浦川原一五・〇キロ開業（私鉄、三〇頁）。直江津市、大正二年設立、乗合二五七両、代表大竹太郎（要覧、二一頁）。

三月一〇日（休養日）

旅先で〝ピット・イン〟した自宅

この日は昨日乗った夜行五二八レで金沢付近を通過、大阪に七：五一に到着しただけで、さしたる記事なし。

三月一〇日〇七：五一大阪に到着、翌一一日大阪二一：四五発の七四三レで犬塚氏と再会するまでの束の間の一泊二日だけ旅先の一つとして立ち寄った自宅で睡眠・栄養・着替不足等の懸案を一挙に解決して、新たな気持ちで後半の旅を続けられる休息の時間を得た。

一一日に大阪二一：四五発の七四三レに乗って旅を再開するまでの二日間（正確には一日と一四時間弱）だけ旅先の一つとして立ち寄った自宅で一泊した。家で家族にどう報告したかの確かな記憶はなく、日記にも一切記載がない。恐らく、夜行列車での睡眠不足から、バターン・キュー状態だったと思われる。とはいえ住み慣れた我が家の自分の蒲団での長時間の熟睡、家族の庇護のもとでの久しぶりの満足いく食事と十分な休息は旅行中ずっと抱えていた構造的な懸案（睡眠・栄養・着替・薬品・現金不足等）を一挙に解決し、新たな気持ちで後半の旅を続けることを可能にした。こんな舞台裏の告白をすると読者から「途中休憩*はずるいゾ！」とお叱りを頂きそうだが、過酷なカーレースでレーサーが競技途中、必然的に給油・整備目的で立ち寄る施設であるピット（穴）だと大目に見て頂ければ幸いである。

【途中休憩】二七日間の駅泊修行でも一晩だけ自宅で栄養補給された湯口徹氏の前例も聞く。漂泊の旅を続けた木喰上人も数度は郷里に帰ったという。現代の日本一周実践者も時折本拠地に戻り英気を養う長期型もある。

第五章　再会、最南端枕崎への旅（大阪〜枕崎）

三月一一日（大阪→福知山）

無事再会し、西南日本へ向け出発

この日は後半の旅・西南日本編を再開した初日で、大阪から福知山へ向かう。

新潟駅頭での生き別れ以降犬塚君と列車電報の往復の結果、「一一日夜九時大阪駅福知山線の最後尾に集合」と取り決めた。当初計画では三月一一日福知山九：五九発特急「まつかぜ」で博多二〇：五五着であったから、丸一日分ずれたこととなる。宿泊地の変更、ルート変更等、打合せすべき事項は山ほどあるが、当時の劣悪な通信環境では大綱のみの連絡しかできなかった。あとは合流後の列車で打合せ、現地で走りながら一日分の短縮策をドタバタ調整するほかなかった。

九時に間に合う快速で大阪駅へ行き、福知山線発着の一一番ホームへ急ぐ。大阪駅発二一：二〇の急行「おき」が入線していたが、九〇％位の乗車率でひと安心した。我々の当座乗る大

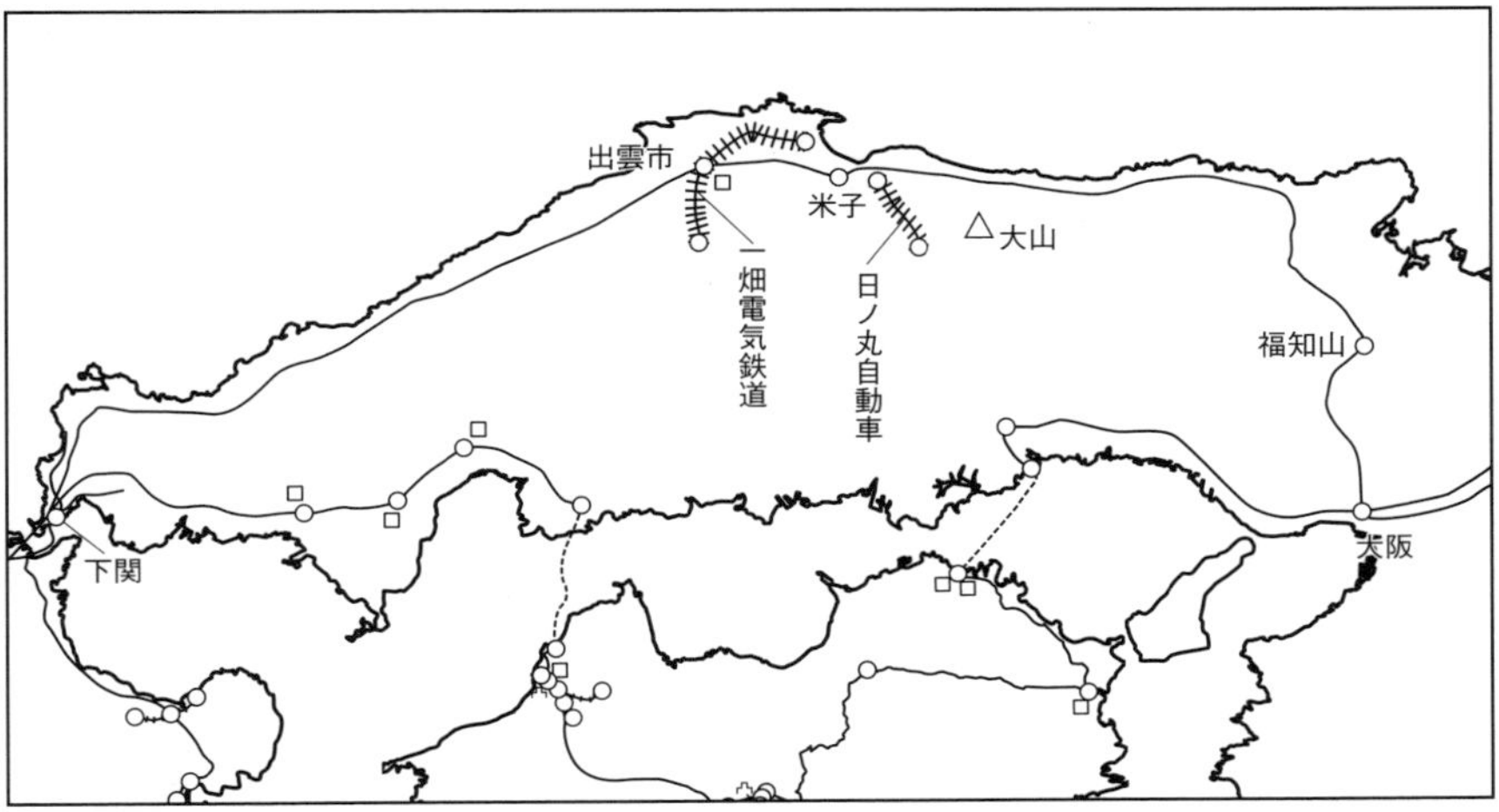

阪二一：四五発の福知山線七四三レはともかく、福知山で乗り継ぐ、本命の京都二一：五六発下関行の山陰本線長距離普通列車八二九レの方もまず座れそうと考えた。彼は例によってまた少し遅れて来たが、「スマン」の一言で理由一切語らず。多分、恩人の葬儀の後始末等色々あったかと察した。遅れの程度は三月八日札幌駅集合一五：四〇の約束に「犬塚参らず。全くけしからん」と怒った時ほどではないのでまだよかった。二一：四五発の福知山行普通列車は本当にガラガラで拍子抜けするほどであり、本命の列車もこうであってほしいと思った。

三月一二日（福知山→門司）

〝宴会列車〟の酒盛り連中に大迷惑

この日は福知山から山陰本線で終点下関まで乗り通した。以下の記述は、「夜汽車*」という

【夜汽車】明確に定義できないが、オールナイトで運行する列車をいう。目的地に早朝に着くので、かつて学生等が便利な安宿代わりに愛用した夜行列車も絶滅危惧種となり、寝台列車の「サンライズ瀬戸・出雲」と季節列車のみ。

過去の昭和風景の暗部を世相の一コマとしてありのままに描くべく、当時の（人様に見せない前提の）日記の不適切かもしれぬドギツイ表現を一部分そのまま転用したものである。

〇：四四福知山終着。すぐ陸橋を渡って向うのホームに先着停車中の下関行の長距離普通列車八二九レ（京都始発二一：五六）が九分後に発車するため慌てて乗り込む。一人で座席を全部占領しフテ寝を決め込む図太い輩が多く、二人揃ってゆっくり座れる空席はなかなか見付かりそうになかった。そこで一旦ホームに降り、大急ぎで進みながら、窓から車内の空席の在処《ありか》を探し続けた。とうとう最後尾車両のさらに一番遠い座席が空いていたので、別々の席ではあったがやっとのことで座ることができた。その前にも空席があったので座りかけたのだが、始発の京都あたりから早々に酒盛りを始めて、相当酒臭いオッサン連中が「ここは来るでえ」などとふざけたことをいう。こんな深夜に途中駅から仲間が乗り込んで来るわけなどないとは思ったが、酔っぱらいのゲスな連中と揉めても仕方がないと諦め、とうとう最後尾まで来たわけだ。

犬塚君の座った方には萩出身で帰省中の学生がいて「気の向いた駅でフラッと降りるつもり」などと気楽なことをいっていたが、これはマシな部類。僕の座った方には唾やゲロを今にも吐きそうな顔の泥酔者が寝ており、全くもって困ったものだ。それだけではない。回りにはあちこちで酒を飲んで騒いだり、酒を飲み過ぎて参った挙げ句に本当に吐いたり、果てはご禁制のバクチまがいの賭け事をしたり、本当にこの夜汽車の連中は救いがたい〝国鉄あらし〟揃いで、こんな大人にはなりたくないものだと年若い僕はプンプン憤った。

ベスト案だった特急「まつかぜ」利用断念はやむを得なかったとしても、作戦の失敗と反省したのは長距離の夜汽車に途中駅から乗り込むという愚を犯した点である。やはり始発の京都から乗るべきであった。山陰本線の全区間を走行するこの長距離の夜行列車は当時としても相当に珍しい部類であった。乗車記録という点でも京都⇩下関全区間踏破がベストだからだ。ただし、前述の如く列車電報の往復だけという情報交換上の制約があり、緻密な作戦会議どころの騒ぎではなかったのも事実である。

「じゃない方」の本家〝浦安〟で目を覚ました

昨晩は夜通し運悪くうるさい「酒盛り列車」の連中と同席する羽目となり、とんでもない夜汽車の旅の下劣さにホトホトあきれていた。それでも僕はうまく寝込んだものとみえ、朝目を覚ましたのが倉吉を過ぎた六：二五発浦安や六：二八発八橋のあたりで、何気なく「浦安」*の駅名を寝ぼけマナコで眺め、日記に「浦安で目を覚ました」と書いた。後年、千葉県の浦安に居住するとは当時夢にも思わなかったのだが……。

朝に弱いタイプの犬塚君もようやく六：五六御来屋《みくりや》駅の手前あたりで目を覚ましたらしい。起きたてなのになぜか御来屋駅の手前に止められていた真新しい新造ＤＣ車両群を見付けるや「何やあれは！　早く撮れ！」と大声で命令。自分も確実にスライドでキャッチした。この頃の我々二人は車窓から片時も目を離さず、何かめぼしいモノが見えればすかさず反射的に撮影することが習慣というか、なかば義務になっていた。だから彼はたとえ寝起きでも、とっさに声を掛けたのだと思われる。正体未詳ながら、車両メーカーと提携して車両製造も行った米子鉄道管理局後藤工場あたりで、新造したＤＣ（気動車）が近隣駅に留置されていたようだ。

【浦安】山陰本線の明治三六年開業の「浦安」こそ、遠慮がちにポスターで「…じゃない方の、浦安」を名乗る本家本元の国鉄「浦安」であって、後年できる亜流の駅は「新浦安」。

バス会社直営の日ノ丸電車が見えた！

間もなく山陰道一の名山・大山《だいせん》が見えてきた。一面の梨畑の背後に伯耆《ほうき》大山の見覚えある北壁の荒々しい勇姿が朝日に映えて雄々しく聳《そび》えていた。島崎藤村も昭和初期にこの御来屋駅から大山の渓谷を眺望している。この絶景をうまく写真に収めるべく、二人とも努力した。

国鉄米子機関区の建物群の間から、ほんの一瞬だが、七：三四米子駅着から七：四三発の九分間に、国鉄米子駅から少し離れた駅裏のような不便な場所を起点・米子市駅とする日ノ丸自動車法勝寺電鉄線*の電車の正面がチラッと覗いた。「それッ」と二枚シャッターを切る。彼の高級な愛機とは異なり、望遠も連写も効かぬ安物カメラゆえ、遠くに白帯の這入った日ノ丸の車両が辛うじて捉えられただけだが、してやったりの心境となる。当時作成の自分用「線路配置図」には国鉄米子駅の北側に止めてあった電車を描き、「法勝寺電鉄　駅の位置ははっきりせず相当はなれている」と注記している。

山陰のスター・一畑電鉄と一畑百貨店

人口の少ない山陰側には自然と私鉄の数も少ない中、山陰道の最有力私鉄として燦然と輝くのが一畑電気鉄道*であった。山陰では出雲大社が群を抜くスーパースターだが、これに次ぐ存在が一畑電気鉄道で一九六〇～七〇年代一畑薬師隣接地で遊園地「一畑パーク」*も経営していた。

この頃同社は意気盛んで隣接する石見交通*にも触手を伸ばそうと試み、労務問題に発展した

【日ノ丸自動車法勝寺電鉄線】 大正一三年米子～法勝寺一二・四キロ開通（私鉄、一〇七頁）。日ノ丸自動車は鳥取市、昭和五年設立。乗合三九三両、代表米原穣（要覧、八五頁）。

【一畑電気鉄道】 大正三～昭和五年出雲市～北松江四二・二キロ開業（私鉄、一二六頁）。松江市、明治四五年設立、乗合二九六両、代表大谷昌行（要覧、八六頁）。県都・松江と出雲大社を宍道湖北岸に沿って結ぶ。一畑は当初の目的地で、創立の際半分を出資して以来の大株主たる「目のお薬師様」一畑薬師（醫王山一畑寺）に由来。

【一畑パーク】 昭和三七年一畑電気鉄道が急階段の一畑薬師へ、一部旧線路敷を利用した六・二キロの有料道路を開設（要覧、四九四頁）、傍らに遊戯施設と動物園を開園したが、昭和五四年閉鎖。

事件を前年の昭和四〇年五月二一日ＮＨＫ報道番組で僕は知っていた。同社起点の北松江はすでに見てきた中央弘前、県庁前と同様に国鉄中核駅から離れた独自のターミナルで一畑百貨店も擁していたのだが、列車の都合上立ち寄りが叶わなかった。そこで山陰本線の中で僕が最も期待を掛けた見所が一畑の今一つのターミナル「電鉄出雲市駅」の見学であった。

僕は当時から私鉄がターミナルにデパートや大型商業施設等を建築することにも興味を持っていた。三月一二日車内でたった今観察したままをノンスケールで落書き風に描いた自作の「線路配置図」には九：三八着から九：五七発までの一九分間の長い停車時間を利用して、国鉄出雲市駅の北側に「連絡口」を介して接続する一畑電気鉄道「電鉄出雲市駅」の二面ホーム（北側特急用ホームと南側普通ホーム）の上に覆い被さるような形で新しく建築されたばかりのターミナルビル（西側のみ二〜三階建）の東側に真新しい「一畑百貨店出雲支店」が単層で入居している状況が短い停車時間内の調査をもとに必死でメモされている（口絵９）。

少し解説を加えると、昭和三三年一〇月一日北松江駅ターミナルビルで一畑百貨店松江店を開業させた一畑電気鉄道はそれまで山陰本線出雲市駅に単純に乗入れていた出雲市側の終点を昭和三九年四月山陰本線に面した側に別個の独立した地平駅ホームを置き、真上にターミナルビルを新設、駅名も電鉄出雲市駅に変更した。この電鉄出雲市駅の駅ビル内に北松江の一畑百貨店の姉妹店たる出雲支店を開店させたのである。我々が隣の国鉄ホームから見上げた時は開店二年目の真新しい店舗であった。

【石見交通】益田市、昭和一九年設立、乗合一八八両、代表小河一郎（要覧、八六頁）。

一畑電鉄立久恵線の廃線跡

ここ出雲市駅の今一つの見所である一畑電鉄立久恵《たちくえ》線*は二年前の昭和三九年七月一九日、梅雨末期の水害で全線不通となり、昭和四〇年二月一七日正式に廃止となった。廃止後僅か一年しか経過していないため、立久恵線の出雲須佐行のホーム跡が放置されたままであった。動き出した車窓から廃線跡の道床*が農地の中にクッキリと盛り上がり、いかにも線路跡らしくなだらかなカーブを描いて、ひとつ手前の古志町《こしちょう》駅から終点・出雲市駅に接近している様子などをしっかり観察することができた。

一三：三九に到着し、一四：

電鉄出雲市駅ターミナルビル（3月12日）

【一畑電鉄立久恵線】昭和二九年出雲鉄道、一畑電鉄に合併、昭和三九年出雲市〜出雲須佐間水害で不通、昭和四〇年廃止許可（略史、三一二、三五四頁）。

【道床】鉄道線路で枕木と路盤との間の砂利・砕石・コンクリート等から成る。路盤にかかる重圧の分散や列車振動の緩和などを図る。国道一八四号に合流するあたりの現況は廃線Ⅵ、一三七頁参照。

〇五に出発した石見益田駅では、僅か六分の停車時間に下車して大事な駅のスタンプを辛うじて押した。一五：三六に出発した萩、*一六：〇九に出発した長門三隅の各駅では停車時間が短く車窓から、単に駅名標を写すだけに終わった。

一八：四一列車は始発駅京都から二一時間、我々の乗った途中の福知山駅からでも優に連続一八時間もかけて、ようやく終着駅下関に到着した。僅かの乗り換え時間にしっかり駅のスタンプを押し忘れず、一九：〇〇下関発の一二八一Mレで一九：〇七門司駅に到着。さすがに座りっぱなしのよれよれ状態で北九州市門司区の友人E氏*宅に転がり込んだ。翌日また早朝出発につき、文字通り門司での一夜の宿を乞うたのである。昨晩の酔っ払い連中に付き合わされた夜汽車での悪夢に比べて、文字通り極楽のような門司の一夜であった。

三月一三日（門司→鳥栖）

その後に都心直通電車に〝大化け〟した筑肥線*

昨日は山陰本線乗りっぱなしでほぼ乗り換えなしの旅であったが、本日は打って変わって細かく小刻みに乗り換え、九州の入口・門司から日本の最西端を目指して行く北九州の旅である。

E氏宅を早朝飛び出し、門司発〇六：三二の近郊電車一一三五Mレ*で博多に〇八：〇五着、約三〇分の乗り換え時間に博多駅でまず肝心のスタンプを押した。続いて駅前の交通センター、西日本鉄道福岡市内線だけ大急ぎで観察、撮影した。

【萩】 幕末期に長州藩の拠点であった萩は本来なら降りて、松下村塾、窯元等を見学したいところ。長距離列車に乗車の身ゆえ別の機会に譲った。

【E氏】 は犬塚君と和敬塾で同室のS君と同じ大学に通う親しい仲間で、人望ある好人物であった。

【筑肥線】 縮減廃止を迫られた地方ローカル線の中で、破格の抜擢を受け、定鉄等と異なり大都市の市営地下鉄とも共存できた筑肥線の飛躍は第二部、一九〇頁参照。

【一一三五Mレ】 列車を区別するため異なる数字を付した列車番号で、「M」は電車列車(motor)、「レ」は列車の略。なお「D」は気動車列車(diesel)。機関車牽引の客車・貨物列車は数字のみで文字はない。

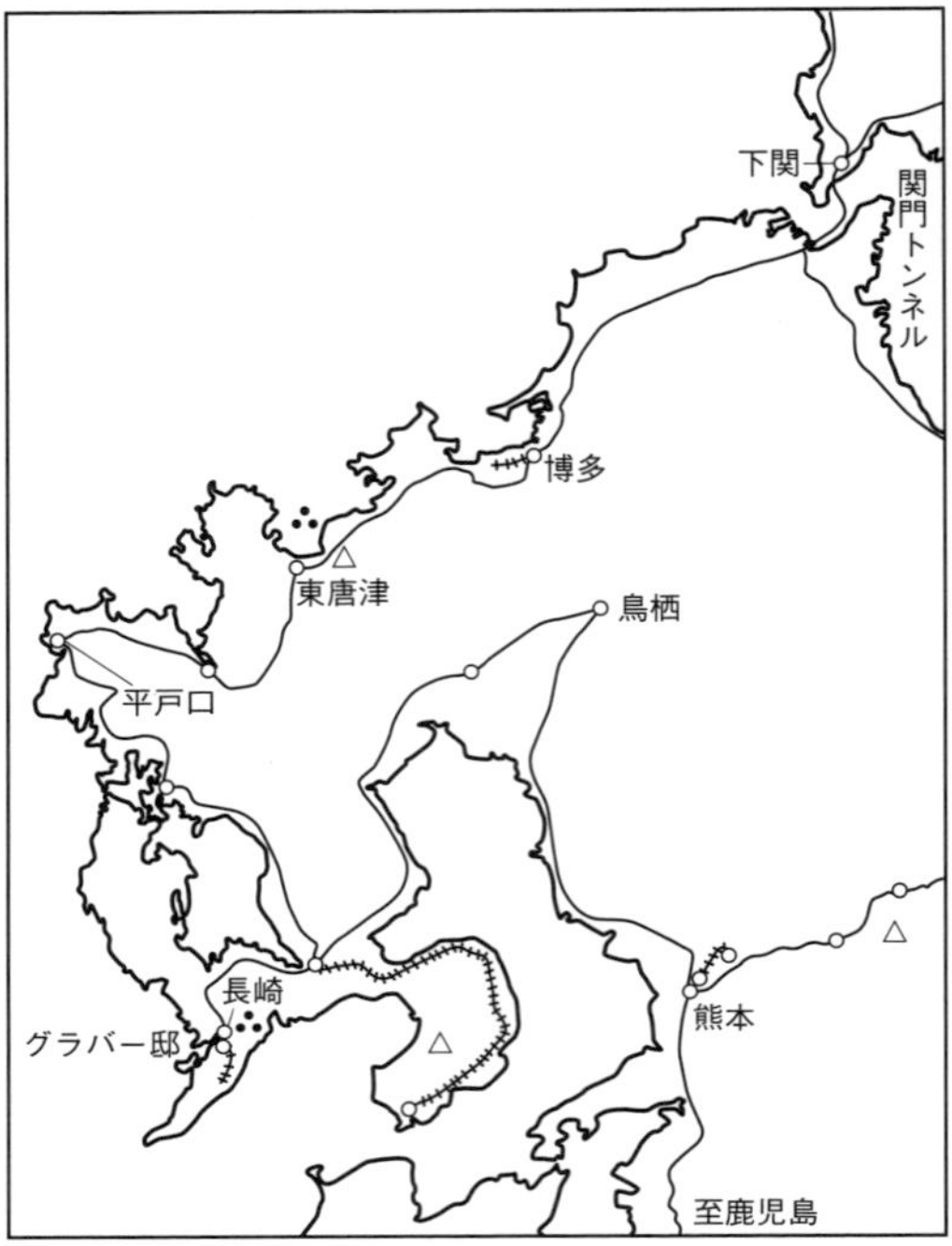

我々の乗った国鉄ローカル線の相当部分がその後の十数年間に乗客減から廃止・第三セクター化したことはこれまで各地で見てきた通りだ。そんな哀しい話ばかりの中で例外的存在が博多駅から乗った筑肥線の飛躍的〝昇格〟である。

昭和三八年に南側の新開地に移設・高架化されて間がない真新しい博多駅の一番線から、博多〇八：三二発の急行「九十九島」（急行券三〇〇円）に大慌てで乗り込む。

この日は、福岡という魅力ある大都市で時間を取らず、定例の〝日課〟ぐらいしかできないほど急いだ訳があった。切符裏面にあるように、当初から九州の西海岸に沿って筑肥線、松浦線、大村線を経由して可能な限り端々を行く我々の〝マージナル指向〟*に沿って忠実に迂回してくれる好都合の急行「九十九島」乗車を大前提としていたからだ。昭和三七年に登場、翌年長崎駅まで延長した準急「九十九島」は昭和四一年三月五日ダイヤ改正時から急行に昇格した。昇格ホヤホヤの八日後に乗った我々はキッチリ「急行券三〇〇円」也をとられた。

【マージナル指向】 我々の自己分析では時流に抗い、辺境、末端、傍流、反権力、地方分散指向など相当の臍曲がり資質を意味する。詳しくは第二部、一六四頁参照。

　稚内で最北端到達行事を済ませた我々は今から最西端をめざす。今度は南北方向の緯度ではなく、東西方向の経度の達成だ。昨日山陰本線の鈍行でひたすら西を目指してきた我々は終点下関で東経一三一度を越え、九州に入って博多で東経一三〇度三〇分を越え、筑肥線終点の東唐津はいよいよ東経一二九度の大台。ここから待望の日本の最西端ゾーンに突入するわけだ。とはいえ、気温の差で容易に実感できる南北・緯度の場合と異なり、東西・経度は夜明け、日没時間の差なので日中での実感は簡単ではない。地図上での遊びとして最東端駅の東根室と最西端駅の平戸口の東経を南半球で見ると、オーストラリアのビ

東唐津気動車区のDC（3月13日、東唐津駅）

クトリア州、サウスオーストラリア州全部の東西の幅に匹敵、つまり豪州大陸の東西方向の約半分を旅したのと同じだ。

玄界灘を行く筑肥線の景色を楽しみながら、東唐津駅や、大昔は馬車鉄道も走ったという松浦橋*などの撮影を行った。

東唐津は筑肥線が国有化される以前の戦前・北九州鉄道*時代は終着駅で本社や遊園施設が配置されていた。西に虹の松原、背後に松浦佐用姫《まつらさよひめ》伝説のある領《ひれ》布振山《ふりやま》（鏡山）を控えた絶好の景勝地でもあった。ここには国鉄気動車区も置かれ、前面が四枚窓の四角な古風なキハ〇四系が廃車寸前かと思わせるような哀れな姿で多数留置され、その後には松浦川に架かる有名な松

集中てこ、タブレット交換等で多忙な駅員勤務風景（3 月 12 日、長門市駅か）

【松浦橋】明治二九年開通の旧松浦橋を明治三四年満島馬車鉄道が二万円で買収し橋上に軌条を敷き、唐津まで延長した。明治四二年橋が崩れレンガ橋に架替えた。

【北九州鉄道】大正七年東唐津〜博多間免許、翌年設立、大正一二〜一五年開業。気動車運行の先駆的私鉄で、沿線の観光開発にも取り組んだが、昭和一二年国有化（略史、二五〇頁）。

浦橋（満島馬車鉄道の遺産）がぼんやり写っている。

東唐津は行き止まり駅のため手前にスイッチバックがあり、かつ広い構内に気動車の留置線が何本もある複雑な構造。前頁の写真は前日通過した「集中てこ」*(手動転轍機)が十本以上あった山陰本線の同様な複雑な構造の分岐駅において、単線区間での列車交換のため、列車から受け取ったタブレット*を携えた駅員が「確認の励行」と書かれた転轍機の前で緊張した表情で操作する姿である。筑肥線のその後の劇的な変貌からみて、僅かながらものどかな北九州鉄道時代を偲ばせる最末期の情景となった。

その後、急行「九十九島」が経由する松浦線*の平戸口駅（東経一二九度三四分）に一一：〇二到着、すぐ発車したため、四年前の昭和三七年「日本最西端の駅」*の記念碑が建立された当駅での日課は一切果たせず、佐世保駅、諫早《いさはや》駅の島原鉄道ホームなどを撮り、長崎に到着したのは一三：四七であった。

長崎で坂本龍馬の足跡を辿る

九州内でとるべき行程を二人であれこれ考えた時、目的地の南端・鹿児島とは別に、たまには衛生管理、健康保持目的でどこか一ヵ所ぐらい大都市でゆっくり寛ぐべきと考え、その候補として福岡・熊本等を検討した。実は熊本以南の九州南半分は高校修学旅行で見学したが、福岡、長崎等の北半分は抜けていた。そこで日程上も都合がよく、二人とも興味があった幕末史上の見所が豊富な長崎で休養を兼ねて下車することに決定した。当時長崎は異国との唯一の接点として最先端の情報が入手可能な土地だったからである。かくしてこの旅行中唯一の一大イ

【集中てこ】 操車場など複雑多岐な線路の誤動作防止のため、分散したポイント（転轍機）操作用てこ（レバー）を一ヵ所に集め、一括制御できる装置。

【タブレット】 鉄道の単線区間で安全上一区間は一列車の通過だけに限定するため、駅長が列車の乗務員に交付する金属製の通行許可票。

【松浦線】 昭和六三年三月三一日有田〜佐世保九三・九キロ、松浦鉄道へ転換（全駅、五六二頁）。

【最西端】 九州最西端は長崎県佐世保市神崎鼻（東経一二九度三三分）。

ベントとして何と大枚二八〇円を投じグラバー邸、一六番館、国際文化会館、興福寺、大浦天主堂等の観光スポットをくまなく効率的に巡る長崎自動車㈱*の定期観光バス（口絵10、Ｂコース、三時間）に乗車。我々が交互に撮り合ったいつもの寂しい駅前記念写真ではなく、赤の他人の大勢と一緒に写り込んだ賑やかな長崎市内観光バス乗車記念写真も一〇〇円で購入した。

　犬塚君が長崎で撮影した何枚ものスライドを後日見せてもらうと、グラバー邸での定番の記念写真をはじめ、元治元年に殉教者の慰霊のため宣教師によって建てられた大浦天主堂、中国風建築の興福寺・崇福寺《そうふくじ》、中華街、米軍による原爆投下の犯罪

T・グラバー像での記念撮影（3月13日、長崎グラバー邸）

【長崎自動車】長崎市、昭和一一年設立、乗合三二七両、代表上野喜左衛門（要覧、一〇六頁）。

性を強く訴える平和の像と国際文化会館、高台からの市内展望などフツーの観光客の撮る写真ばかり。彼もこの日ばかりは純粋の観光を心から楽しんでいたことが分かる。

なかでも二人が揃って深い印象を受けたのがグラバー邸で見聞した幕末史の重要な一齣である。コロニアル建築の異人館の高台からの港町・長崎の素晴らしい展望が我々と馴染みある神戸の風景と重なる素晴らしさ。加えて、英国の植民地支配の中枢機関・ジャーディン・マセソン商会*にも繋がる著名な英国武器商人のトーマス・グラバーが、あの幕末の英雄・坂本龍馬の後ろ盾となって、密かに薩長同盟締結に深く関与せんとした史実には、政治や経済を学ぶ文系学生の二人は大いに興味を惹かれた。

前日通過してきた萩を中心とする長州、これから訪れる目的地の薩摩。この二大雄藩を握手させた土佐の龍馬のパワーの源泉・経済的拠点がこの長崎に立地した結社・亀山社中*であった。龍馬の背後に控えて戊申戦争の勝敗を決した近代兵器の供給者・英国商人こそが正に今散策中の豪邸の主の容貌魁偉《かいい》な人物だった。

今回の旅の後半・西日本編は考えてみると、薩長土肥の西南雄藩等を長州、肥前、薩摩、土佐の順に巡り、その間に枢要地たる長崎出島等も見る「幕末・明治維新ゆかりの地を巡る鉄道ツアー」の性格も有したことになる。

一方、僕の撮った写真は龍馬や勤王の志士たちも大いに遊んだという丸山遊郭などに代表される古い歴史がある煌《きら》びやかな街中をゴトゴト走る長崎電気軌道*（市内電車）の次頁ほかの写真が半分を占める結果となった。

グルメとは程遠い我々の貧乏旅行とはいえ、この日のようなたまの休養日の総仕上げのディナーとして噂に聞く「卓袱《しっぽく》料理*」に挑戦したいものだと考えた。数軒の専門料亭があるようだ

【ジャーディン・マセソン商会】 一八三二年アヘン取引のため英国が中国に設立した貿易商社。長崎でも一八五九年グラバーが同商会・長崎代理店「グラバー商会」を設立、坂本龍馬等を代理人格として支援、一八六五年陸蒸気を試運転（廃線X、一九九頁）。

【亀山社中】 龍馬がグラバー支援下で貿易会社と政治組織を兼ねた亀山社中（のち海援隊に発展）を結成。

【長崎電気軌道】 大正四～昭和三五年長崎市内一一・二キロ開業（私鉄、一九七頁）。長崎市、大正三年設立、乗合七五両、代表脇山勘助（要覧、一〇六頁）。なお市民病院前付近の路線がグラバー試運転の「鉄道発祥の地」（廃線X、一九九頁）に相当。

【卓袱料理】 和は日本料理、華は中国料理、蘭は西洋料理を指す「和華蘭（わからん）グルメ」とも称される国籍不明の今様創作料理。

が、我々の財布には所詮無理であった。

　結局この日丸山遊郭に行ったり、卓袱料理を食べたわけではないものの、観光バス乗車や記念写真購入など〝お大尽〟様の如く遊興に蕩尽、軍資金を使い果たした我々は、やむなく貧乏学生向けの安価な名物・長崎チャンポン*で妥協することにした。手近な県営バス長崎ターミナル（通称交通会館）内の飲食店でたった一〇〇円の割に美味くて腹も一杯になったと大いに満足した。海外旅行が夢であった当時の我々が、異国情緒に浸れるお手軽な観光スポットこそが、ここ長崎だったのだ。日本一周で唯一観光バスに乗り、高価な記念写真を購入し、豪華なディナー（?）まで賞味するという極めて例外的な〝贅沢三昧〟に明け暮れた非日常体験。それを決断した背景は、この程度の散財をしてもまだ安上がりだと納得した海外旅行擬似体験というほかはあるまい。大満足の長崎を一八：四四発の三四〇レで立つ。二一：〇六肥前山口に到着。すぐ接続する二二：一二肥前山口発の四四八Dレで、今夜の仮眠の宿・鳥栖《とす》駅の待合室に二三：一六到着した。

【長崎チャンポン】四海樓主人が貧しい中国人留学生への親心から福建料理をベースに魚介、野菜、豚骨スープ等を加え完成させた栄養満点の麺料理。

長崎駅前の長崎電気軌道のりば（3 月 13 日）

三月一四日（鳥栖→鹿児島）

開聞岳山麓の南国らしい風光に感激

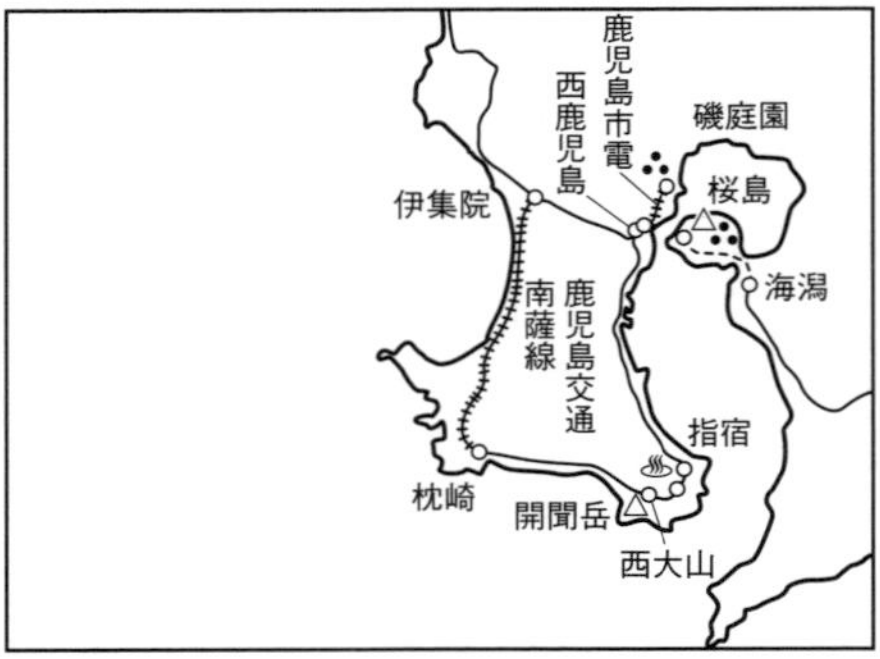

昨日北九州を半周、本日は鳥栖から一路南下し続けて本土の最南端の終着駅・枕崎を目指す旅。ほんの一瞬の待合室での仮眠を終えて、二：〇〇鳥栖発の夜行列車一二一レで伊集院に九：二五に着く。鹿児島交通*始発駅の伊集院で枕崎発のＤＣが向かいのホームに到着していたのを撮影した。

一〇：一〇西鹿児島*に到着、鹿児島市内を散策すべく鹿児島市交通局の市電*（二〇円×三）を乗り継ぎ、西鹿児島～鹿児島～市役所前～高見馬場～西鹿児島と巡回、たっぷり市電の写真を撮って、出発点の西鹿児島駅（口絵11）に戻った。

一二：〇五西鹿児島発の七三三Ｄレに乗り、国鉄の最南端路線の指宿《いぶすき》枕崎線で徐々に南下していく。先週に最北端で感じた北緯四五度線の〝聖なるライン〟と同様、我々は北緯三一度三〇分線を越えさらに南下することに格別の意味を見出していた。鹿児島の市街地を抜けたあたりを通るこの緯線を北米の地図で見ればなんと西海岸ではメキシコ国境を越え

【鹿児島交通】 大正三～昭和六年伊集院～枕崎四九・六キロ開業（私鉄、一四六頁）。鹿児島市、昭和一八年設立、乗合三〇七両、代表岩崎与八郎（要覧、一一四頁）。

【西鹿児島駅】 鹿児島・日豊本線の終着駅は鹿児島駅だが、市の中心が移った「西駅」こと西鹿児島駅が実質的なターミナルで、現「鹿児島中央駅」に改称されたのも当然。

【鹿児島市交通局市電】 昭和三年鹿児島市が鹿児島電気軌道を買収。大正三～昭和三六年鹿児島市内ほか一九・三キロ開業（私鉄、二〇〇頁）。鹿児島市、昭和三年設置、乗合八五両、代表海江田能武（要覧、一一四頁）。

た位置に当たり、東海岸でもフロリダ半島の付け根に当たる。いってみれば先週にカナダ相当の最北端の地を発した我々はアメリカ一国相当分の距離をほぼ鈍行列車を乗り継いでやっとのことで通り抜け、いよいよ今度はメキシコ相当の本土最南端の目的地にじりじり近づいてきたんだ……との特別な思いが込みあげてくる。

砂風呂で有名な指宿の温泉地を抜け、まず山川駅では最南端の国鉄自動車線になる山川線所属の川尻港行のスワローマーク付きボンネットバスを写した。次いで長崎鼻近くの天に向かって突き出し聳え立つ雄々しく峨々たる奇岩・竹山を撮った。巨大な岩が天を突くような独特な形の標高二〇二mの竹山は頂に竹山神社が鎮座する修験道の霊山という。偉容を誇る開聞岳を神体とする薩摩国一の宮・枚聞《ひらきき》神社*があり、薩摩半島の最南端・長崎鼻にある龍宮神社にも浦島伝説が伝わる。開聞岳やマールである山川湾、池田湖、鰻池ともども一連の活発な火山活動の結果*の特異な景観群が一帯に集中する。絶えざるマグマの噴出がこうした異形の地形を生み出して神仏への古代人の畏敬の念をいやがうえにも高めた結果、この一帯が古くから伝説・伝承類に彩られた特別な霊地だったことを思わせる。

入野《いりの》駅までの沿線の海陸両方の変化に富んだ火山由来の独特の風景を楽しんだ。先週には雪と氷に閉ざされた陰鬱な北海道の凍土を駆け抜けてきた二人には、ことさらに南国の太陽と木々の緑、菜の花の黄色が眩《まぶ》しい。駅にもいかにも南国らしいソテツ類の樹木が植栽され、雰囲気を盛り上げてくれる。犬塚君も見覚えのある開聞岳の特徴ある美しい山容が見え出すと上機嫌で盛んにシャッターの快音を響かせる。

薩摩富士とも呼ばれる開聞岳は神戸の六甲山より数米低い海抜九二四mの高さで本州南端の海際にすっくと聳え立っている。霊験あらたかな霊山として信仰の対象となり、数々の興味深

【枚聞神社】 枚聞大神の神霊が宿る御神体たる開聞岳の北麓にある薩摩国一宮。ここは海幸山幸の神話で山幸彦が訪れた竜宮とされ、海神の女・豊玉姫命との婚姻伝承も残る。

【火山活動の結果】 巨岩が天に突き出し、ソテツが自生する特異な岩肌の霊山・竹山は安山岩から成る火山岩頸。頂には天狗伝説のある竹山神社が鎮座、修験道の修行場として古来信仰の対象。

い伝説や民話を生んだ。加えて完璧な円錐形の山容が海面スレスレに異彩を放つがゆえに、昔から海上交通における大事な目印ともなってきた。

このように霊山、岬、湖沼、温泉、奇岩等の魅力ある観光資源が集積する薩摩半島の南端一帯は、最北端から南下を続けてきた我々にとっても最終目的地に相応しい特別感に溢れていた。我々二人も山川駅と入野駅との中間あたり、国鉄最南端の線路の上で神々しい開聞岳を背景に車内で記念写真を撮りあって、お互いの無事目標達成間近を祝福しあった（口絵12）。

目的地・南端の枕崎駅はナゾだらけの「ヘンな駅」

一四：四六目的地であり、南端の指宿枕崎線の終着駅でもある枕崎駅（口絵13）に無事到着した。枕崎の前面に広がるのは東シナ海。枕崎の西隣は古代から海上交通上の要地で遣唐使船、倭寇や遣明船の寄港地でもあった坊津《ぼうのつ》。江戸期には主要貿易港の地位を長崎へ譲るが、依然として薩摩藩の密貿易の拠点として幕府隠密の目を逃れる秘密の地であったという。

ここは厳密には国鉄最南端の駅（西大山）*ではないが、融通無碍の文系学生二人は理系学生のように細かい数値の差を気にせず、連続切符の第二片「稚内→枕崎」（カバー裏）の目的地とした。ただし、長い盲腸線の古江線*も九州最南端たる佐多岬の付け根を回り、結構南に延びていた。古江線の当時の終着駅・海潟《かいがた》駅*の方も念には念を入れるつもりで「こっちも乗って置け」と考えた次第。こんな風に日頃ズボラな文系の我々が最南端の記録に関して珍しくこだわりをみせる理由は、北海道の最北端で見せたのと同様な我々の〝端〟（マージナル）指向が旅の動機として根底に存在したからである。

【西大山駅】日本最南端（北緯三一度一一分）の駅。現在は観光協会が口絵12と同位置の開聞岳写真入りの「ＪＲ日本最南端の駅到着証明」を発行。『数字で見た国鉄』も昭和五〇年版まで最南端を山川駅としていたため四一年当時当駅の意識乏しく、終点・枕崎駅（北緯三一度一六分）こそ最南端の終着駅たる最果てと認識。

【古江線】大隅線は昭和六二年三月一三日志布志～国分九八・三廃止（全駅、五六二頁）。志布志線は昭和六二年三月二七日西都城～志布志三八・六キロ廃止（全駅、五六二頁）。（第二部、一九〇頁参照）。

【海潟駅】昭和三六年四月一三日古江～海潟間一七・〇キロ延伸（旅客営業のみ）。僅か開業五年後の最新鋭の始発駅。

かように長らく異国との交流の拠点でもあった由緒ある場所に程近い、主要目的地たる国鉄終端駅に無事到着、やった！　大感激……のはずが、少しばかり様子がヘンなのだ。疑問に感じたことを列挙すれば、①ここは果たして国鉄の駅？　②私鉄の駅ならば南薩鉄道？　③それとも鹿児島交通？　④そもそも鉄道の駅？　⑤バスの営業所ではないのかといった具合。

　これらのナゾを順次解いていこう。まず①だが、枕崎駅で「稚内から枕崎ゆき」切符を駅員に恐る恐る手渡す際に、「是非記念に下さい」とお願いしてみた。駅員は「国鉄線の切符だから（全く興味無しとの顔をして）どうぞご自由に……」とすんなり渡してくれた。命の次に大事な切符が無事にこの手に確保できてほっとした。

　次に②の鉄道名だが車両の社紋は南薩の「南」で、駅の時刻表や荷物の計量秤、外の看板など随所に南薩鉄道の名があった。しかし我々最大関心の駅スタンプ*の表示はもとより、最新の「お知らせ」にも③の鹿児島交通の名で「昭和四一年三月五日から国鉄の運賃、料金が改正されましたので、当駅で取扱いする国鉄線着旅客、荷物、貨物運賃が必然的に改正になりますから御承知下さい」とあった。どうやら鹿児島交通側が国鉄線の発券を取扱う事情が判明した。かくして半信半疑で外へ出て、次なる重要行事・駅舎前での記念撮影に移り、大きな字で「枕崎駅　鹿児島交通」と掲げられた枕崎駅が間違いなく鹿児島交通の所有で、管理する駅だと納得した。

　天下無敵の国鉄があろうことか、民間の零細企業の小駅に間借りする〝珍百景〟が生まれたわけはこうである。三年前の昭和三八年一〇月末国鉄指宿線が本州最南端の終端・西頴娃《にしえい》駅から延伸し、すでに大正三年南薩鉄道によって開業した既存駅に後から乗入れさせてもらった。しかし大家の南薩鉄道も経営難から同系の三州自動車に救済合併される形で翌三九年九月鹿児

【駅スタンプ松前丸】枕崎駅のスタンプ（第二部、一八二頁所収）は「鹿児島交通　まくらざき」と刻印。

島交通に改称した。我々の訪問は国鉄線延伸乗入れの二年半後、改称の僅か一年半後で旧南薩鉄道の社名等が随所に残っていて当然であった。私鉄側管理の共同使用駅*になった結果、後年借り物のJR駅舎が解体*され、駅が引越を余儀なくされるという珍事の遠因ともなった。

　さらに我々を驚かせたのが駅名の真下の「枕崎―鹿児島間特急バス一時間五〇分」（口絵14）の大文字である。これではバスターミナルに鉄道二線が間借りするような本末転倒ではないかと。当時鹿児島交通は伊集院～西鹿児島間国鉄乗入れの直通DCを運転していたので、当駅から西鹿児島へ自社・国鉄二線が併存中。国鉄線の所要二時間半はともかく、自社の直通DCの約二時間二〇分をも凌ぐ特急バスを特筆大書する鹿児島交通というか、支配株主・岩崎産業*のバス優先姿勢にビックリ。駅前には鹿児島行の方向幕を掲げた特急用大型バスが威儀を正していた。

　先週に吹雪を体験してきた我々は、南国ムード溢れる開放的な風景に見とれ、長旅をしている自分たちへのご褒美として、駅舎南側広場に面した枕崎駅前ラーメン専門店『なじみ』でラーメン大盛りにありついた。空腹の我々にとって本土最南端の終着駅で、主要目的地に無事到達した喜びも加わり、一杯八〇円也の枕崎ラーメンは実に美味であった。一六：二八枕崎発の七四二Dレで一九：〇九西鹿児島に到着。

　鹿児島市電（二〇円）の西鹿児島～春日町に乗って、清水町の磯浜ユースホステルに宿泊（五五〇円）した。

　このホステルの隣は旧薩摩藩主・島津家の別邸「磯庭園」、目の前には噴煙を上げる桜島と錦江湾が広がっていて、眺望抜群のユースホステルとして人気が高かった。残念ながら身分の

【共同使用駅】 同様の事例としては明治三四年開業した最古参の秩父鉄道に依頼して、大正一四年開業の東武東上線と、昭和八年開業の国鉄八高線の後発二社が、相次いで出改札業務を委託した寄居駅が存在した。

【駅舎が解体】 後年JR時代に訪問した際、かろうじて残っていた懐かしい駅舎が近年解体され、駅舎なき無人駅ホームだけ百米ほど移転した〝奇っ怪〟な事件が起こったが、すべて大家側の事情に依る模様。

【岩崎産業】 鉱山・山林経営の岩崎商店が昭和一五年株式会社化、外地にまで枕木を納入し財をなした。戦後に県内の南薩鉄道、三州自動車等を系列化、昭和三九年破綻寸前の南鉄を三州に救済合併、鹿児島交通に改称。かつて「このあたりの交通を一手に握る」と称され、鹿児島都心乗入線まで構想した南鉄の威光の凋落ぶりが察せられる。

卑しい僕らは、天北線での名寄スーパーのように直接拝謁の栄誉を賜ったわけではないが、このホステル・オーナー*は昭和三〇年代に県内数ヶ所にも同様なホステルを経営する県内流通界の大物だという。

【ホステル・オーナー】社会貢献として若者を支援された当館内に屋敷を構える「主人は戦後大陸からの引揚者で鹿児島市にデパートを経営していた成功者」（市川秀人氏「DO INC. 株式会社道スタッフのブログ」blog.do-inc.co.jp/month=2016052016/05/27）の由。

第六章　陽光の南九州を巡る（鹿児島～呉）

三月一五日（鹿児島→熊本）

熔岩道路から桜島と錦江湾を楽しむ

昨日最南端訪問を終えて旅の第三段階に入り、本日は鹿児島から大隅半島を経て宮崎経由で熊本まで戻る南九州の仕上げの日。当初の計画は切符裏面に「鹿児島、国分、〇自国分本〈＝国鉄バス国分線〉、海潟《かいがた》、古江線、日南線、南宮崎」とあるように、当時は古江線の未開通区間であった国分～桜島口～海潟間を国鉄自動車国分線で代用する案であった。協議の結果鹿児島市～大隅半島の陸路に比べ距離が短く時間が短縮可能なことと、なにより桜島の噴煙を海上から間近に見たいという誘惑に駆られ急遽変更した。鉄道ファンの聖地と称されるほど大変重要なポイントである海潟駅には間違いなく立ち寄り、ここ始発の列車に乗ることから国鉄線の古江線、日南線乗車自体には大筋で変更がないと判断したためである。二〇円を払って、全国でも珍しい西桜島村営フェリー*の鹿児島桟橋八：〇五発、袴腰《はかまごし》に八：二五上陸した。フェリー

【西桜島村営フェリー】昭和九年西桜島村（のちの桜島町）が国から二万円を借り村民の生活航路・通学航路として運航開始。国道二二四号の海上区間で平成一六年鹿児島市に編入され市船舶局が運営、国鉄航路全廃の中、現在も盛業中。

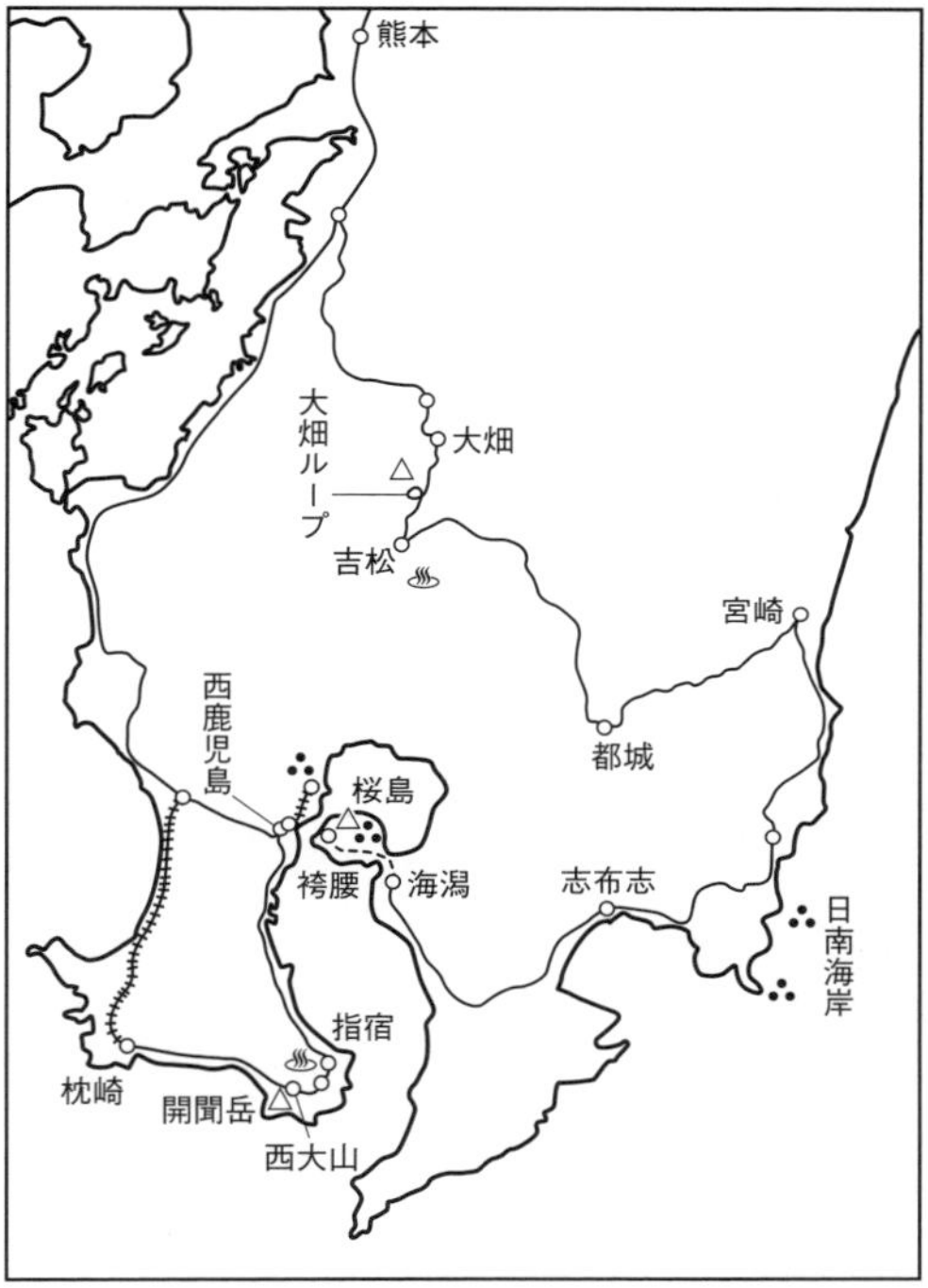

に接続する国鉄バス国分線の袴腰発八：三〇の便に乗り込み、桜島の南側を走って鹿児島市と垂水市とを結ぶ国道二二四号線（通称「熔岩道路」）を経由する。赤水、湯之元などの見所を経て、最後に有村崎を通過する区間は昭和熔岩と呼ばれる桜島の噴火口から流れ出したゴツゴツした熔岩原の中を走る。熔岩の合間から錦江湾の素晴らしい景色が望める。道の左右に転がる不思議な熔岩の光景を撮影しているうちにあっという間に九：一五海潟駅に到着した。しかし新設ターミナルの語感とは裏腹の全く何もない無人駅で、あるはずの駅舎も見当たらず、人気のないホームに真新しい駅名標がポツンとあるだけで、物寂しいったらありゃしない。神聖なる海潟駅から乗車し、確かに志布志《しぶし》に向かった事実を証明できる手段*がほかに思いつかないので、鉄道への〝不敬行為〟になると畏れつつ、神聖なサボを無断で（駅員おらず）一時的に拝借、駅名標でおきまりの記念撮影を、（頼める他の乗客もおらず）代わり合って済ませ、当然ながらサボを元の位置に戻した。

【証明できる手段】海潟駅のスタンプが見当たらないためか、スタンプ帖の「鹿児島交通まくらざき」印の真下に「海潟駅」の公印が押印。乗務員に懇願したものと思われる。（第二部、一八二頁所収）

行商列車？* 板張りミカン箱列車の怪

せめてもの〝聖地〟参拝記念として、「海潟駅入場券」を二〇円で買って、九：三六海潟発の五二八Dレに乗車した。志布志に向かったが、〝聖地〟巡礼中に「なんじゃ……コレは？」とDCの車内の異様な粗悪さにビックリする。塗装が剥げて全面醜いムラムラの床となっているばかりでなく、我々の腰掛けた一角はなぜか広い空間になっている。

スプリングの効いたビロード張りの椅子などまるっきり不要とばかり取り除けられ、代わりに板張りのミカン箱（簡易軌道では代用ホームにもなった）のような粗悪品が並べられた〝硬

物寂しい古江線ターミナル海潟駅（3月15日）

*【行商列車】平成二五年まで早朝の京成電鉄で走っていた〝行商電車〟や、今も残る近鉄の伊勢志摩〝鮮魚列車〟が有名だが、行商人のための専用列車は国鉄にも多く存在した模様。

座席〟。ピンと来たのは臭いの強い水産物の行商は荷物も多く他の客とのトラブルになるため、国鉄や私鉄は各地で結成された行商人組合に鑑札を発行し、車内の専用区分や専用車両の設定などの特段の配慮を行った事例である。普通人には近寄り難い摩訶不思議な〝非日常〟コーナーを形成していた。普通のお客さんなら「開通したばかりなのに古江線はなんて待遇が悪いんだ！」と怒りに震えるべきところだろう。海潟という南の最果ての〝聖地〟に北方からはるばるとやって来た僕らは、なぜか真逆・北の最果てでつい先頃乗って来た乗降場の簡易ホームや簡易な車両たちの南に負けてはいない〝低規格〟ぶり

海潟発の 528 Dレ車内の異様な粗雑さに驚愕（3 月 15 日）

を懐かしく思い出した。国鉄・近鉄では「行商指定車」等のサボを掛け、京成でも「この車両は行商専用車です」と一般客を排する旨を明示したが、この五二八Dレは何ら明示なく、真相は不明。当時のローカル線では早朝列車の最後尾一両が「行商専用車」に指定されていた例も多いようだ。恐らくや大隅半島の海浜地域の生業に深く関わる特殊車両なのだろう。偶然にもうまく〝南海の秘宝〟に遭遇できたものだと喜び、代わる代わる記念撮影をした次第である。

近年、大隅線（旧古江線）で「私が鉄道に乗って高山《こうやま》町まで行き、行商として魚を売り歩く経験ある古江の漁師の妻の以下の証言を見出した。一〇〇人以上いた同業者が「他の人に得意先を奪われないために、朝六時過ぎに出る一番列車に乗車して、高山駅に着くと急いで天秤棒を担ぎ、我先にと走って……廃線間近になると……行商も少なくなり、一〇人ほどまで減って……（昭和六二年の）廃線後しばらくして行商の仕事はやめてしまいました」

新婚旅行の聖地・日南線の雨の風光を楽しむ

一一：二八志布志に到着。すぐ接続する一一：三八志布志発の四三二Dレに乗車し、志布志湾の風光を愛で、一二：五三油津に到着。列車接続に小一時間もあるので、下車して記念撮影。駅スタンプの日課のほか、昼食に長崎での美味が忘れられず、駅前の食堂で当地の「油津チャンポン」を食する。

一三：五〇油津発の四三四Dレで宮崎に向かう。昭和三七年一一月、高校の修学旅行で九州一円を亀ノ井バスで旅行した際、バスの車窓から宮崎交通*の廃線跡と建設途上の日南線を観察したことがあった。実際に見ることができなかった宮崎交通の車両が奇岩が連なる海岸線を走

【宮崎交通】大正二年宮崎軽便鉄道が内海〜南宮崎二〇・二キロ開業、昭和三七年七月一日廃止（略史、三四四頁）。宮崎交通社長岩切章太郎らが景勝地・青島等沿線の観光開発に尽力、宮崎ブームの火付け役となったことは有名。

るという素晴らしい往時の絶景写真*が僕の脳裏に焼き付いて離れなかったのだ。三年半後の今は開業間もない日南線の列車から青島の「鬼の洗濯板*」と同様な奇岩が何本も海に突き出して波濤に洗われる様子（口絵15）や、小雨にけむる名も無い島々など宮崎交通自身が命名・宣伝した日南海岸の美しい景勝をしばし楽しんだ。

この頃眼下に広がる太平洋、海岸線に続く波状岩、フェニックス並木などの雄大な景観が魅力の青島や日南海岸、堀切峠は南洋に憧れを抱く当時の日本人がお手軽な海外旅行の代替財としたため、新婚旅行ブーム*に湧いていた。

日南線木花駅ではC一一の牽引する貨物列車と交換、一五：〇九宮崎駅に到着した。小一時間の休憩の後、一六：〇五宮崎始発で博多行の急行「第二えびの*」（急行券三〇〇円）に乗り込んだ。この宮崎と博多を最短で結ぶ「第二えびの」も先日の急行「九十九島」、あとの「第一火の山」と同様、昭和四一年三月五日のダイヤ改正時から準急が急行に昇格したばかりであった。九州ではこうしたローカル線を迂回・経由する好都合な準急（急行に昇格）に目をつけ、当該列車乗車を基軸に、切符裏面の如きコースを組んだので、準急券が急行券に値上がりした痛手はあるが、なんとか短期間にこれだけ巡れたわけだ。

この日の日程は小雨にあったほかは至極順調で、宮崎で補充した新鮮な食品で、人気列車の車内で豪華なディナーを満喫できるはずであった。しかし安らかな生活はここまでで、惰眠を貪っていた我々に厳しい試練が降りかかることとなる。

【絶景写真】谷口良忠氏撮影「日南海岸　波状浸蝕岩を望む」（昭和三六年「宮崎交通鉄道部」ＲＰ一二八、巻末）。

【鬼の洗濯板】青島から巾着島まで八キロの海岸線に固い砂岩と軟らかい泥岩が繰り返し積み重なった水成岩の地層が隆起。波に浸食され砂岩層のみが板状に重なる波状岩が存在する。山幸彦と豊玉姫との婚姻伝説ある青島は古来聖なる島と信仰され、昔は立入禁止だった。

【新婚旅行ブーム】昭和三五年昭和天皇の皇女島津貴子さんご夫妻の新婚旅行の地に選ばれて一躍注目を集め、昭和三〇年代後半から五〇年代初めにかけ宮崎は空前の新婚旅行ブームに湧いた。青い海と空、南国の明るい風景が日本中の若者の南方指向を掻き立てた。

【第二えびの】宮崎・西鹿児島両駅からの九両編成もの併設気動車が大畑付近のループ線を越えていく、ビジネス・観光両面での人気列車。列車名は越えていく霧島火山群・「えびの高原」に由来。

貧しい食事ゆえに車内で〝刃傷《にんじょう》〟沙汰

一七：〇七都城で吉都《きっと》線に入り、一八：一二吉松に到着した。ここ吉松では一六：五二西鹿児島発の急行と合流・併設のため、停車時間が長い。一八：二五吉松を発車し、いよいよここから肥薩線*最大の見所である大畑《おこば》のループ線*が始まるはずであった。

今回の旅の食生活として、最初のうちはまず定番の駅弁、駅ソバ、駅前食堂、駅前の商店でのパンや牛乳購入など色々試してみた。その結果、出発前に東京で買ったフランスパン、ソーセージが各地で大いに重宝した。そこでソーセージや野菜など食材を主要駅で現地購入して、車内で自家製のサンドイッチにするのが最も安価であり、かつ栄養バランスが保てるとの我々なりの結論に到達して、車内では専らパン食を摂るのを日課とした。

次頁の写真は車中での日々の乏しい食生活の一端を示すもので、窓際の狭い棚に二人の携行用コップ、マヨネーズ瓶、卓上ソルト瓶というありったけの〝所帯道具〟一式を所狭しと並べ、〝食糧係〟犬塚君が器用（？）な手付きでキュウリを刻んで飯盒の中蓋の中に落とし、我流のサンドイッチを作って、「楽しい食事だ！」とまさに二人で食べようとしている様子である。

急行「第二えびの」車中の肥薩線吉松駅を過ぎたあたりから、僕らが例によって車内で夕食の準備を始めた。急勾配を緩和する手段として同一地点で円を描き、ぐるぐる回りながら登坂する矢岳《やたけ》付近のループ線が有名である。大畑駅は標高は二九四ｍと三〇〇ｍに満たないものの、日本で唯一、ループ線の中にスイッチバック*を併せ持つ世にも珍奇なる駅としても知られる。

松の廊下ならぬ、この著名な山岳ループ線を舞台に以下の〝刃傷沙汰〟が起こったため、じっくり観察どころの話ではなくなってしまった。

【肥薩線】明治末期〝艦砲射撃〟を被る海岸回りの鹿児島本線は危険と称して、時の軍部が建設を主張した肥薩線（肥後・熊本と薩摩・鹿児島を意味）は典型的な山岳路線。

【大畑のループ線】らせん状の線路で急勾配を緩和する山岳路線の一種。駅名の「こば」は古代農法の焼畑を意味する。より大規模なループ線は台湾島の阿里山森林鉄道等にも存在。

【スイッチバック】線路が「くの字」型にジグザグを折り返す急勾配区間を克服するための方法で、箱根登山鉄道などでも多用。

同線特有のループ線という構造のせいで手に果物ナイフを持って安物の魚肉ソーセージをまさに切ろうとしている時に、カーブに差し掛かった急行列車が大きく左右に揺れ、大事な大事な〝命の糧〟である食い物が落ちそうになった。絶対的モノ不足の時代、我々の親から受けた家庭教育の第一箇条は「モノを大切に！」であって、とりわけ「食い物を粗末にするようなバチ当たりは即刻勘当だ！」という強烈なものであった。したがってお茶碗の中に米粒をたとえ一粒たりとも残したりしたらこっぴどく叱られたものだ。まして今回旅行先で乏しい財布を叩いて買った貴重なる栄養源の〝肉〟があたら床に落ちかけた

食器類を並べて揺れる車中での乏しい食生活の一端

時、二人同時に「えらいこっちゃ！　もったいない」と親の教えを思い出し、反射的に慌てて全力で拾おうとした。（もちろん落ちた肉は結局のところホコリをはたいて渋々食うのが通例なのだが）僕一人だけの反応なら親の教えに忠実な〝孝行息子〟の〝美談〟で済んだのだが、二人の孝行息子が同時に同一行動を取ったため、合理的行動の同時履行の誤謬という〝悲劇〟が起こった。〝孝行息子〟の二人の身体が交錯して、僕の手にした鋭利なナイフが彼の手の甲に深く刺さって、彼が「ギャーッ」と絶叫、鮮血がどくどくと流れ出た。慌てて彼の手を心臓より高く揚げて紐で荷物棚の腕木に吊し、必死に血を止めようと努力した。普段滅多なことでは弱音を吐かぬ気丈な〝三河武士〟であったが、ナイフの傷は思ったより深く奥まで突き刺さっていて、ウンウン痛がった。

激痛を堪えて熊本の医院へ走り込むが…

急行「第二えびの」車中の吉松駅付近で刃傷事件勃発、撮影どころの話ではなくなった。この肥薩国境で勃発した緊急事態の打開策として次の車中三策が歴史上は想定された。①西郷隆盛ならかねて懇意な鹿児島の医者の下に戻る。②坂本龍馬なら効能が確かな塩浸《しおひたし》温泉に逗留して刀傷を治療。③西郷門下生なら熊本まで突っ走り一発勝負に賭ける。

予定の遅延を心配した犬塚君が激痛を堪えながらも「なんとか熊本まで辛抱するから」と日頃に似合わず弱々しく申し出たため、このまま急行「第二えびの」に乗り続け、ちゃんとした医者のいる大都市・熊本で手術を受けるべく途中下車する③案で行くことにした。

一九：〇四大畑、一九：一六人吉、二〇：一三八代を経て、二〇：四四ようやくのことで熊本に到着、駅前からいつもの市電ではなく、今回は特に奮発してタクシーに飛び込み、「一番近い外科の先生のところへ！」と急行。真っ青な顔で恐る恐る緊急手術の実施方を願い出たのだが、あに図らんや、駆け込んだ熊本市内の某医院（個人の名誉のため特に名を秘す）のチョビ髭先生は患部をチラッと一目見ただけで、一切詳しい経緯を尋ねることすらなく即座に彼の痛々しい傷口に毒々しいほどに赤黒いヨーチンをたっぷり塗りたくって「ハイ終わり！」と宣もうた。日頃剛毅な犬塚君もあまりの痛さに思わず「ギャーッ」と悲鳴を上げるが、平然たるモッコス先生は「よう染《し》みるのは薬が効《き》きよる証拠じゃ！　根性！　根性！」と全く意に介する様子なし。このチョビ髭先生どことなく恐いので有名な我々の仲間の小田君の厳父ドクターの雰囲気に少し似通っていて、日頃何かと一言多い彼もさすがに今回はぐうの音も出せず、ただただ黙ってヨーチンの激痛にひたすら耐え忍ぶほかなかった。

かくてタクシー代二〇〇円、夜間緊急手術？代五〇〇円、クスリ代一二〇円、しめて計八二〇円也の巨額の臨時出費が発生した。このあとネットではないアナログ手段を駆使してなんとか代継荘という格安の簡易旅館を探し出す。交渉の結果、一泊三〇〇円で素泊まりした。熊本の旅館の相場は最低一、〇〇〇円、一軒のみ素泊まり五〇〇円と出ていたので、ここは恐らく最低ラインであったが、臨時出費の直後の我々には許容限度の料金であった。

加害者たる僕の側に全面的な落ち度があったので泣く泣く支出する羽目になった「特別勘定*」の当方負担は当然なのだが、旅行中に議論し続けてもケンカ両成敗の原則からあくまで折半を主張する吉良サマ配下の彼は容易に承服しなかった。「特別勘定」の負担問題はなかなか決着せず、一七日現在の二人の間の貸借関係は小遣い帳に「五三九円貸（但特別勘定を除く）」と注記されている。

【特別勘定】 想定外の臨時・巨額の損益を区分経理する趣旨で、通常の勘定とは別建てとするもの。

三月一六日（熊本→呉）

熊本駅行の熊本市電*が来ずイライラ

昨日の肥薩線での刃傷事件を経て、この日は熊本から阿蘇を越えて大分・別府を経て呉まで行く。コストパフォーマンスでは文句なかった反面、やや快適性に課題があった簡易宿舎・代継荘を六時半頃に出発した。すぐ近くの「世継橋」にある電停の市電系統図を見て、初めて自分たちの昨晩寝たところの位置をおぼろげながら知ったのである。次の電停の「辛島町」は交差点（実は十字路でなくY字路であったが）で来る系統数が多いので、そこまで行った方がよかろうということになり、そこまで歩く。

辛島町の電停に着くほんのちょっと前に熊本駅行の市電が出てしまった。負傷して安眠できずイライラ気味の彼は「出たとこやないか。タクシー飛ばさんとあかんのちゃうか?」と怒鳴る。まだ三〇分近く時間があるので僕は「大丈夫すぐ来るで」となだめた。とはいうものの、すぐ来るという保証は全くないし、事実なかなか来ない。僕も「しゃあない。タクシーで行こう!」と言いたいところなのだが、言えない原因は昨晩の巨額出費による金欠病である。「絶対くる」といった手前、多少の意地もあった。彼は盛んに「ほらみたことか、来やへんやんか」とまるで僕の責任の如くいうが、僕は「来る来る。根性や!」などといってお茶を濁すのみ。市電が一両ようやく来ると、案の定、何両もダンゴのように連なっていた。均一運賃一二〇円を

【熊本市電】 大正一三～昭和三四年熊本市内一七・八キロ開業（私鉄、一九八頁）。熊本市、昭和二年設置、乗合一四八両、代表岡本晙（要覧、一一二頁）。

先払いして乗車したが、車内はガラガラ。あまり時間がなくなってきたので、大慌てで大事な記念撮影とスタンプ押印を済ませ熊本駅のホームに駆け込む。

七：一四熊本発で、ビジネスにも便利な人気の急行「第一火の山」*の車両はもうホームに入線おり、車内は結構混んでいた。慌てて中ほどの空席ある車両に座る。これが途中までの「宮地」行車両であったのに気付いたのは発車寸前であった。旅慣れたと自負していた我々にとって、あってはならぬ油断大敵の大失態、慌てて重い荷物を担いで別府行きの先頭車を目指す。大声で「ごめんやっしゃ‼」を連発しながら併設されていた一等車であろうが、座席指定車であろうが、ビジネス客らしき紳士どもの中をおかまいなく押し通り、ようやく席を確保できた。大汗をかき、息を切らせたが、やっと落ち着いたところで、恒例のパン食を済ませた。

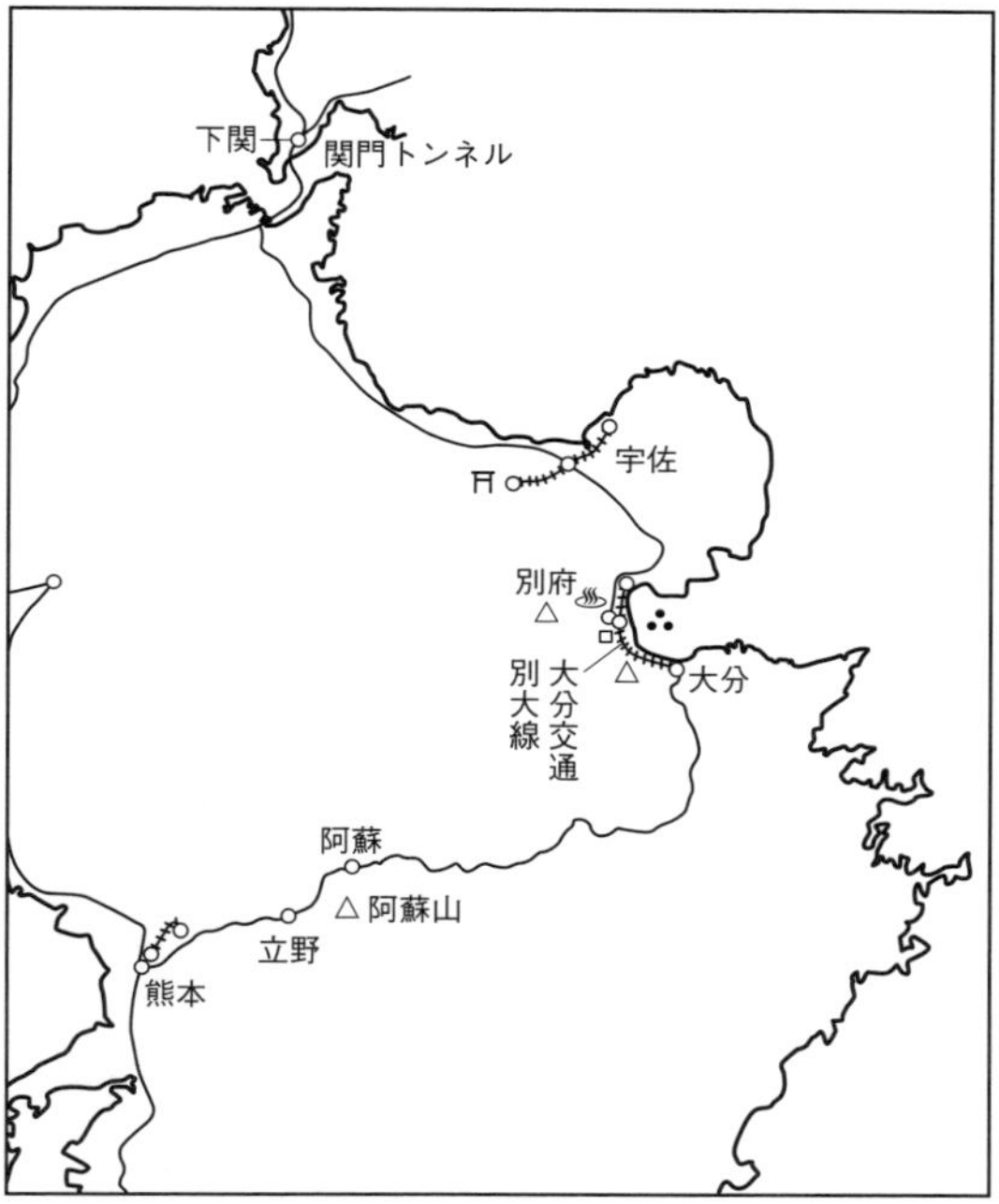

阿蘇山系をスイッチバックで越える

いよいよ九州の大屋根・阿蘇山系を越えて行く高原列車・豊《ほう》肥《ひ》本線の最大の見所が近づいてくる。悪夢のような昨日にひき

【第一火の山】 昭和四一年三月五日から準急が急行に昇格したばかり。急行券二〇〇円が必要だった。

かえ、今日は天気にも恵まれ、絶好の撮影日和だ。阿蘇山はなんといっても昭和九年瀬戸内海・雲仙とともに最初に国立公園に指定された第一級の観光地。巨大複式火山から流れ出た熔岩帯の日本ばなれした大スケールの景観が見応え十分。まず外輪山を越えて行く立野《たての》駅付近の写真のスイッチバックを写す。

標高二七七mの立野駅と次の標高四六七mの赤水駅との標高差なんと一九〇mを一気に登らねばならない。そこで一見無駄なスイッチバック区間を挿入し駅間距離を伸ばして勾配を緩和するのである。阿蘇連峰と急行「第一火の山」の列車を一緒に収めたいい構図で撮ろうと二人

立野駅付近のスイッチバックと腕木式信号機（3 月 16 日）

とも緊張し、橋梁を渡る風景など何枚もシャッターを切った（口絵16）。肥薩線の矢岳のループ&スイッチバック観察の機会が刃傷沙汰で吹っ飛んだため、よけいに気合いが入った。

阿蘇駅は四年前の昭和三七年一一月一五日我々仲間の国鉄駅での記念撮影ルール*という重要儀式の発祥の地ということもあって、隣のオバチャンに頼み込んで阿蘇山を背景に記念写真を撮ってもらった。再び阿蘇の外輪山を越えて大分に向かって下る際、宮地〜波野（標高七五四m）〜滝水（標高六五七m）間が九州で最も標高の高い〝聖なる〟区間にあたる。北海道で越えた狩勝峠《かりかち》の約六四〇m前後よりさらに高い滝水駅で長く停車したので記念写真を撮りあった。好天の下で阿蘇の広大な展望を楽しめた豊肥本線の旅は実に快適であった。

【記念撮影ルール】修学旅行で亀の井バスに乗り九州一周の際、わざわざ阿蘇駅に寄り、「駅で撮らないと旅行した気分にならない」と駅舎前での記念撮影を開始。

別府湾の風光をノロノロと路面電車から堪能

急行を手前の大分で降りるか、終着の別府まで行くべきか例によって車内で議論した。彼が提案したのは、大分で途中下車し、写真とスタンプの例の日課を済ませ、大分交通別大線*で別府へ行き、そこでも記写・スタンプをして両駅とも〝仕事〟を済ませるようにしようと素晴らしいものであった。手に大けがをして不如意な犬塚君だが、頭脳はスッキリ冴えわたっている。だが、この案は国鉄線の完全乗車を貫徹せんとする原理主義者からみれば、不乗車区間という汚点を残すことになる。また運賃を安くあげたい経済主義者からみても割高な並行私鉄を選ぶ愚かな行為となる。しかし、景色のいい場所ではトロッコ列車も速度を落とすのと同様に、ノロノロ走る路面電車から素晴らしい別府湾の風光を楽しむのが理にかなうと、私鉄に乗るの

【大分交通別大線】明治三四〜昭和一七年大分駅前〜亀川駅前一八・五キロ開業（私鉄、一九九頁）。別府湾沿いに大分と別府・亀川を結ぶ大分交通別大線は、大分駅前から別大国道を走る。昭和四七年別大国道の混雑緩和を理由に廃止。

を何よりも好む僕は一も二もなく大賛成した。一〇：二一到着した大分駅で真っ先に、次に乗る別府発一二：三八特急「いそかぜ」の自由席（特急券五〇〇円）を買った。

この間約二時間あるので、大分交通別大線に乗って、温泉街の中心・北浜までゆっくりと別府湾の風光を楽しむこととした。国鉄大分駅前広場の隅の「別府方面行／かんたん行　電車のりば」には「高崎山のサル」*の人形が「ただいま七〇〇匹」の札を持って野猿見物の観光客を高崎山別院前へ誘致している（口絵17）。

大分市街を路面で通り抜ける中ほどあたりに新川車庫があり、小さな車両が多数留置されていた。字が簡単ではない「かんたん」の電停を過ぎると仏崎近辺の海岸沿いの景観が現れた。同線のハイライト、緑の高崎山と青い別府湾に囲まれた狭い空間に、複線の別大線、単線の日豊本線と国道一〇号線が所狭しと併走する箇所に出た。当時の〝天然色絵葉書〟でもおなじみのこの風景は、神戸育ちの僕には同様な景色が望める須磨～舞子～明石の山陽電気鉄道と山陽本線の併走区間でのスピード競争を想起させた。

僕の手許には不思議なことに、天気も良くてうまく撮れたはずの別大線の写真*がほとんど残されていない。当時の日記の片隅にたった一行「大交の写真を彼の cannon fleks をかりてとりまくる」とある。前日の刃傷沙汰で手負いの犬塚君はいつものように重い高級一眼レフを構えつつ獲物を狙い続けるにはやや戦意喪失気味であった。そこで特に頼み込んで別大線乗車中だけという条件で一時的に彼の名機を借り受けたのだ。

別大線は北浜～亀川駅前を積み残しているので全線踏破までは行かなかった。しかし、主要区間を乗車することができ、私鉄線見学としてはほぼ満足できる段階に近付けた。

【高崎山のサル】昭和二八年自然動物園が開業し、日本で最初に野生のサルの餌づけに成功。

【別大線の写真】この時の別大線の写真は現在残念ながら所在不明になっている犬塚君の所蔵フィルムに混入したまま。

近鉄の別府侵攻の〝橋頭堡〟を見学

別大線の北浜で五〇円の乗車運賃を払って途中下車し、歩いて国鉄別府駅に向かった。別府駅ではおきまりの記写・スタンプの後、市中心部の一等地にある別府近鉄百貨店*へ行き屋上遊園地を走るオトギ電車の前でしばし泉都の景色を眺める。

この日はよい天気で別府湾の景色極めてよし。別府は西南日本の人間には、熱海以上に日本最大の温泉地・観光地という強烈なイメージがあった。恐らく油屋熊八*の巧みな宣伝政策の絶大な効果がなお浸透し続けていた時期だったからだろう。僕らが感じる〝日本一の観光地〟別府に、あろうことか大阪から奈良・伊勢方面へ走る方向違いの近鉄が進出。本業のバスやケーブル、その延長のロープウェイ*架設ならまだしも、畑違いの「なんで百貨店やねん？」という素朴な想定外の驚きであった。

札幌・定鉄の項で書いたように僕は当時私鉄の兼業や、さら

別府近鉄百貨店（3月16日）

【別府近鉄百貨店】 各地の主要都市で市街を一望可能な無料展望台として百貨店屋上を拝借してきたが、ここをわざわざ訪れた特別の意味は第二部、二一〇頁参照。

【油屋熊八】 相場師で失敗、アメリカに夜逃げ、妻の郷里の別府に移住、ささやかな湯宿を営む。持ち前の奇抜なアイディアと実行力を活かし、別府の観光開発に尽力し、他方で対照的な高原リゾート地・由布院の礎も築いた別府観光の父・別府の恩人。

【近鉄ロープウェイ】 別府ロープウェイ㈱により昭和三七年一二月別府高原〜鶴見山頂一・八キロの普通索道開業（私鉄、二七七頁）。

に顕著であった大手私鉄による中小私鉄バス等の系列化行動に関心をもっていたため、〝私鉄帝国主義*〟の橋頭堡・別府近鉄百貨店へ行き、屋上で景色と別府湾にはためく近鉄の車輪マークの旗を眺めた。さらに別府近鉄タクシー、別府近鉄食堂、関汽タクシー*など関西資本の進出状況とその系列会社の実態も調査した。

別府近鉄を見学したあと、僕が「別府近鉄百貨店の包装紙が記念にほしいんだが……」というと、友誼に厚い彼は「けったいな趣味やな！　ワイが洋モク買うたるから心配すんな」と請け合ってくれた。因みに彼のスライドには別府駅が何枚も写っていたが、「けったいな趣味」と感じた別府近鉄は一枚も見当たらなかった。

こんな所には洋モク（外国タバコ）なんか置いていないだろうと思っていたところ、さすが、我ら大阪の一流百貨店。不思議にも在庫があって、うまく近鉄マーク入りの包装紙をコレクションに加えることができた。

瀬戸内海一帯への近鉄勢の進出状況を車窓観察

別府近鉄だけでなく、この後近鉄松下百貨店などを車窓から観察して近鉄の進出状況を確認した。まず車窓からではあるが、山陽本線徳山駅の北側に昭和三七年開業の「近鉄松下百貨店*」が観察できた。近鉄の車輪マークの内部に地主・家主の「松下商店」の「松」に因んだマツを配した社紋であることを確認し撮影した。

さらに山陽本線宮島口駅の西寄り、厳島を眺められる国道二号線沿いの景勝地の海岸に近鉄が一年前の昭和四〇年四月「近鉄宮島観光センター」という名前で当時流行の大型ヘルスセン

【私鉄帝国主義】 近鉄が別府で貸切バス免許を申請したのに対し、地元の大分交通、亀の井バス二社とタクシー事業者は拡張主義的な近鉄の侵略行為と認識、昭和四一年共同出資で別府はとバスを開業し抵抗した。瀬戸内の覇権争いのその後の顛末は第二部、二〇九頁参照。

【関汽タクシー】 関西汽船は関汽タクシーのほか城島高原の観光開発や昭和三六年関汽エアラインズの大分～阿蘇～熊本のヘリ輸送開始など、近鉄同様に地元に脅威を与えた。

【近鉄松下百貨店】 昭和三五年前身の中村百貨店を買収し別府近鉄に衣替えした近鉄が余勢をかって二年後徳山にも進出した。

ターを建設したばかりなのも確認した。「線路配置図」に大野浦駅〜宮島口駅間の手書きの地図に撮影地点を書き込んでいる。

こうして前年の昭和四〇年四月三日に高松で見た近鉄琴参会館に加え、今回の別府、徳山、宮島の近鉄三大観光拠点の存在を実際にこの目で確認したことになる。プロ野球より何倍も強力打線の近鉄猛牛軍の瀬戸内海の制海権奪取として雑誌『財界』等で当時面白おかしく紹介されていた。僕は伊予水軍の末裔を彷彿させる総大将・佐伯勇*社長の並々ならぬ〝西方指向〟の野望の強烈さを再認識させられた。近鉄だけではない。当時は阪急も阪急内海汽船を設立して水中翼船を就航させた。慎重派の阪神でさえ、牛窓《うしまど》のオリーブ園に手を伸ばし瀬戸内の覇権を争ったほどだ。

大手の進出とは別に地元私鉄の状況として山陽本線己斐《こい》駅の南側に広島電鉄西広島駅のターミナルビル「ひろでん会館」が建っていることを観察した。昭和三九年広島電鉄により広電宮島線西広島駅のターミナルデパート的位置づけの「ひろでん会館」として開館した子会社の広電興産（後の広電ストア）が「ショッピングセンターひろでん」を運営していた。

呉で友人Ｉ君の母親から激励され発奮

別府一二：三八発の特急「いそかぜ」自由席（特急券五〇〇円）で出発する。途中、宇佐駅大分交通宇佐参宮線*跡を見て、関門トンネルを経由して前述の車窓観察のあと、一七：五三広島に到着。すぐ接続する広島発一八：〇五の普通列車で、一九：〇四呉に到着した。

【佐伯勇】愛媛県西条市生まれ。近鉄の前身・大軌に入社、大物・天下り社長・種田虎雄の下で秘書課長を務め、東方指向に彩られた社史も編纂、初の生抜き七代目社長に就任。根っからの積極論者で近鉄を合併や路線延伸により最大手へ押し上げ、伊勢湾台風復旧時に名阪直通特急を実現させた近鉄中興の祖。

【大分交通宇佐参宮線】昭和四〇年八月二一日豊後高田〜宇佐八幡廃止（略史、三六二頁）。

呉でお世話になった共通の親友I君宅は、前年昭和四〇年三月二一日～二四日に厚かましくも三泊もお世話になったおなじみの場所。親戚同様の犬塚君はもとより、僕まで我が家に帰って来たようなくつろいだ気分にさせて頂いた。

この日の夜には太っ腹で面倒見がよく、親分肌の母親から色々話を聞くことができた。彼女が幼少期に原爆投下の翌日かに広島市内に入った時のもの凄く恐ろしい実体験談には思わず二人とも声を失った。

逆に犬塚君は東京の学生寮の様子を詳しく尋ねられた。彼は東京に進学する際、教育面の情報に通じた彼女から阪神間の私立高校生が多くお世話になっている和敬塾の存在を教えてもらった恩義があった。なんでも東京の大学への進学を希望する親しい高校生から下宿先の相談を持ちかけられているらしい。

若い子をその気にさせるのが上手な彼女は我々の乗り続けて来た全行程のあらましを詳しく聞き出した上で、いたく感心して見せて「あらッ！　そんなにスゴイ日本一周旅だったの。早速お二人で興味深い武勇伝をまとめて本にでもしたら……」などと盛んに執筆を勧めて、僕らをいい気にさせてくれた。

第七章　四国のテツロ巡礼で結願《けちがん》（呉〜神戸）

三月一七日（呉→高知）

〝幻〟の仁堀連絡船はガラガラ

昨日九州の旅を終え、本日は残すところの四国に渡り、国鉄バスで山を越えて高知まで行く。呉を朝ゆっくり出る。駅でスタンプ、記写のおきまりの行動。案内所のおじさんがやけに親切。我々が二枚頂いたパンフレットを、一〇：二五呉発の六三八Dレに乗り込む直前にわざわざ「周遊券のことがのってますよ。参考になるかもしれません」といって持ってきてくれた。「どうもどうも」といってその場はありがたくうけておく。一〇：四二仁方《にがた》着、一〇：五五発の国鉄仁堀連絡船＊・三便「安芸丸《あき》」に一番に乗り込むが、昭和三七年一二月二六日乗船した時と同じくガラガラであった。青函のようなマラソン競走とは無縁のローカル連絡船で張合いがないこと夥《おびただ》しい。

堀江仁方連絡船でもヒマ潰しに連絡船の記念スタンプを探すが、売店のおじさん曰く「この

【国鉄仁堀連絡船】国鉄が満員続きの宇高連絡船の補完航路として昭和二一年呉線仁方と予讃本線堀江駅との間三七・九キロの鉄道連絡船を運航開始。立地悪く、便数少なく「幻の国鉄連絡船」（テツ、一四四頁）と呼ばれ、昭和五七年赤字を理由に廃止。

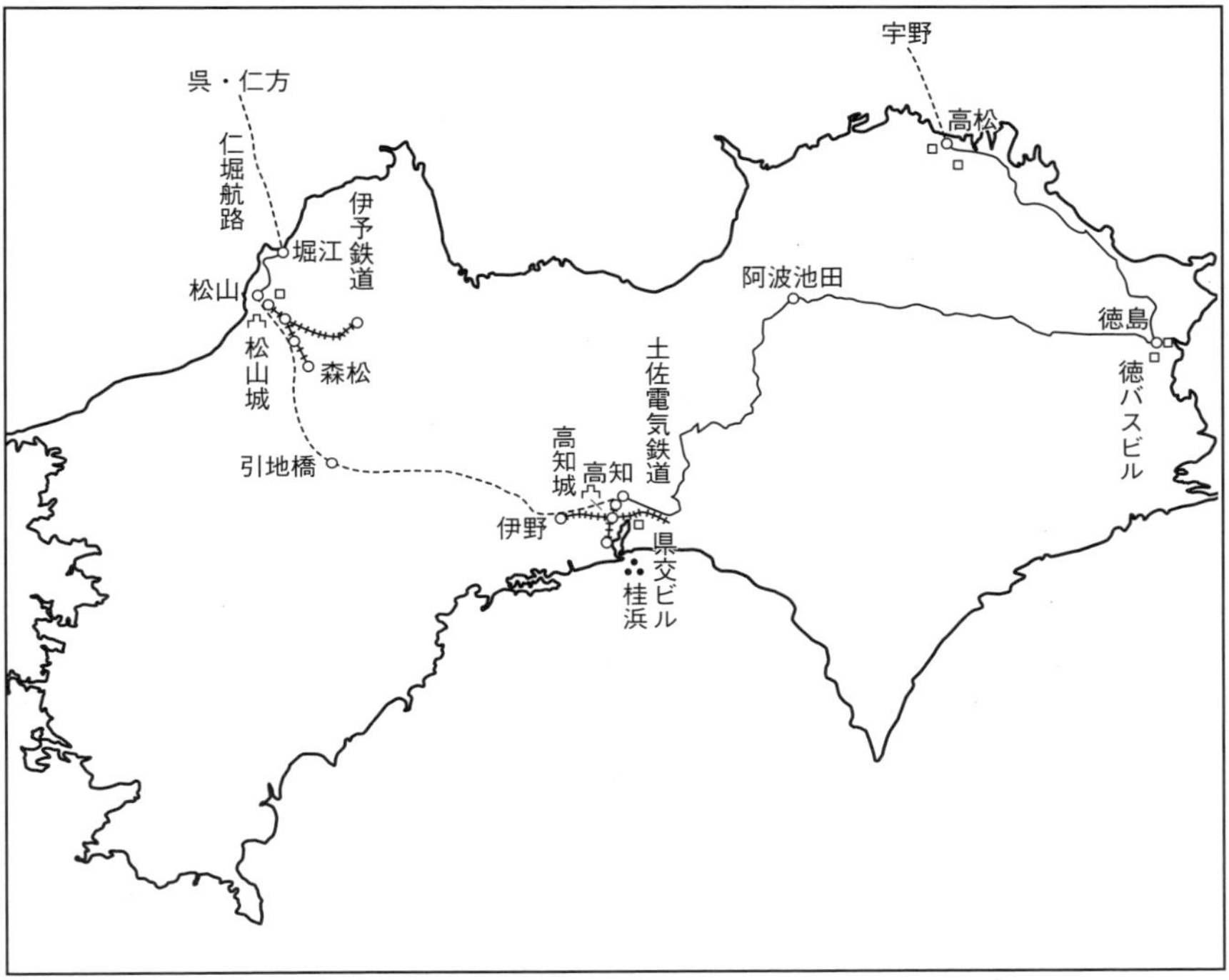

船（安芸丸）にはありません」と素っ気ない返事。僕が「以前に乗った五十鈴丸にはあったんですが……」といえば、「ええあの船にはありましたがね……」という。

堀江一三：〇五着、接続列車で九・五km先の松山で下車した。

〝ナゾ〟の城・松山城で迷子になり大汗

松山駅から「一番町」まで伊予鉄道市内線*（七〇円）に乗って、松山市営ロープウェイ（往復一〇〇円）で犬塚君待望の松山城を目指す。当初は伊予鉄道の松山市駅*にも寄り道を考え、市

【伊予鉄道市内線】明治四四〜昭和三七年松山市内六・八キロ開業（私鉄、一九四頁）。

【伊予鉄道の松山市駅】弘前、新潟、前橋等と比し、立派な独立ターミナルを構えられるのは後発・国鉄よりはるかに老舗で、明治期から松山平野一円に強固な自社路線網を構築済みのため。

内線・バス路線図を検討してみた。相当歩く必要があるので、今回は断念した。ロープウェイの下の駅（東雲口）に荷物を置いてロープウェイで上の駅へ。降りて歩き出すが、天気も良く、寒さ慣れした我々には南国四国は暑くてたまらない。サブザックから水筒を出し、脱いだセーターを入れようと立ち止まる。犬塚君は……と見ると、一刻も早く憧れの天守閣に登りたい気持ちがアリアリと感じられる。そこで彼に「先に行ってくれ」といったのが間違いのもと。彼は「大丈夫か？　道は分かるやろな？」と念を押した。「大丈夫！　松山城は二度目だから良く知っとるわい」とエエカッコしたが……。

　身支度を整えて天守閣の登り口までゆっくり登ってきたが、彼の姿はどこにもない。僕の来る僅かの間さえ待ち切れなかったほどに、犬塚君はよほど松山城の〝ナゾ〟*解きに夢中だったのだ。別府では僕が百貨店屋上で「近鉄の旗から模型の汽車まで撮る」と彼はあきれ顔だった。同じように旅しながらも、二人の興味を感じるモノに大きな温度差があることを再認識した。慌てて登城料金三〇円也を出し、彼を追って天守閣へ駆け登るが、上にも見当たらずに絶句。そこで天守閣の最上階から下を必死で探しているうちにカメラを抱えて絶好の被写体を求め、そこらあたり一帯をブラブラしている彼をやっとのことで発見した。大声を上げて迷子事件は短時間で解決した。後で彼の撮ったアルバムを見せてもらうと、なんと八枚もワケの分からぬお城風景に貴重なフィルムを〝浪費〟していた。彼は厳格なる「一情景一枚主義者」で、ずっとこれまで禁欲的に浪費を自制してきたというのに……。負傷後本領発揮できぬうちに旅行も終わり掛けてフィルムに余裕が出たとはいえ、犬塚君の城郭マニアぶりが良く分かった。

【松山城のナゾ】犬塚君の見立てでは松山城は徹底した守りの城で、迷路などの仕掛けだらけの由。迷子になって不安になったのも築城者の計略に見事嵌まったか。

運行間もない国鉄ご自慢の長距離特急バスで高知へ

伊予鉄バスで松山駅に戻る。切符裏面に「松山、○自予土北南線、高知」とあるように、一四：三〇松山発の国鉄バス予土線（松山高知急行線）特急「くろしお九号」*五番（特急券一〇〇円）に乗車した。今なら何ら珍しくもないのだが、まだ長距離・高速バスが珍しかった当時、乗車率が好調なことから、半年前の昭和四〇年七月一五日従来のマイクロバスから、お抱えプロ野球・国鉄スワローズ球団のスワロー・マークを付けた豪華な大形冷房車（座席定員四〇人）に置き換えるなど、国鉄として相当気合いが入っていた。

松山市から主にかつての土佐街道（国道三三号線）に沿って、立花町、愛媛県伊予郡砥部町から山間部になり、久万《くま》町の久万駅、御三戸《みみど》駅、古床、落出《おちで》駅、上浮穴《かみうけな》郡柳谷村で県境を越え、高知県吾川郡吾川村に入り、ほぼ中間地点の引地橋駅*でトイレ休憩で一〇分ほど停車し、高い橋の上から渓流を眺め、記念撮影（口絵18）をした後、名野川、土佐大崎駅、越知駅、富士見町を経由、国鉄佐川駅（佐川町）、伊野町を経て土佐電鉄と並走（「電車通り」区間）し高知市に達する四国山地を越える長距離ルート。

この旅の直前に廃止された伊予鉄道旧森松線*の現状が、今どうなっているかが気がかりであった。特急バスが発車して間もなく同線跡と並行するのでおさお注意を怠らなかったところ、果たして伊予立花〜石井間のレールもそのまま放置された廃線敷が見えてきた。境界の柵代わりに旧枕木で周辺を囲った旧石井駅の敷地跡、駅の出札口もそのまま無残にも「イヨテツバス待合所」と化したどっしり風格ある瓦葺きの次頁の旧森松駅々舎*の物哀しくも痛々しい格落ちの情景をしっかり観賞し、後世に伝えるべく必死に撮影した。

【くろしお号】昭和三八年マイクロバスを投入し松山・高知間を四時間半に短縮した特急バスを走らせた長距離都市間連絡バス進出の実験線的色彩の濃い路線。時刻表にも「くろしお号、いでゆ号は座席指定の特急で料金一〇〇円が必要…定員四〇名」と注記。

【引地橋駅】松山高知間特急バスは所要時間を三時間台に短縮のため途中久万、引地橋のみ停車した。数少ない休憩地・引地橋は大きな橋の袂に食堂・売店等があった。国鉄バスの転回場があるものを駅と呼んでいた。

【旧森松線】昭和四〇年一二月一日伊予立花〜森松間四・四キロ区間廃止。

【旧森松駅々舎】昭和五年の写真ともほぼ変わらぬ姿を維持していた堂々たる旧森松駅々舎を八ヵ月後に撤去、昭和四一年一一月二一日森松バスターミナル完成。

　列車内でこそ僕はしっかり外を眺め、必死に獲物を獲ろうと悪戦苦闘するのが常だ。

　しかしバス沿道の唯一の見所を確実にとらえ、引地橋での記念写真も撮り終えた。あとは山中をただ走るだけなのでジタバタするに及ばずと、さっさと打ち止めを決め込んだ。さて寝るかと傍らの犬塚君を見ると、国鉄バスが意欲を燃やしていた幹線輸送進出実験に関心を抱いたためか、あるいはよりすぐり乗務員のサービスに満足したためか、この特急バス乗車体験をいたく気に入り、日頃の列車内と少しも変わらぬ臨戦態勢で盛んにバシャバシャやっている。対象は渓谷、滝、橋梁、四国山脈等々……とご苦労なこと。よほどフィルムが余ったものと見える。一九：二五高知駅前に到着。

伊予鉄道旧森松駅々舎の堂々たるバス待合所（3 月 17 日）

「はちきん」のプチ車に載せられた失敗談

　旅の最後の方ではさすがに疲労が蓄積したこともあって高知駅では駅前で重い荷物を持って

の長旅に足許がフラついている我々の弱点を目敏く察知した客引きのベテラン（?）旅館「桂仙」女将の口車にマンマと乗せられ、駅との間を他のお客にはしたこともない「(高級?)自家用車でおくりむかえ」を今回特別にしてやるとの破格の提示に貧乏学生の悲しさ、ついつい目がくらんだ。当然眼前にはキャデラックか外車でも出現するか……と甘く期待。マイカーがあまり普及していない昭和四一年当時でさえ「自家用車」という概念から程遠く、軽四輪ならともかく想像だにしなかった、思いっ切り〝プチ〟クルマの軽三輪「ミゼット*」の可愛らしい車体が姿を現した。ミゼットといえば超小型の一人乗りと思い込んでいたが、二人乗車が可能な改良型だった。唖然とする僕を狭苦しい助手席に無理矢理押し込み、同じく返す言葉を失った彼も小さな荷台に放り込まれた。大きなリック二個と共に、あたかも高知名物の森林鉄道の運材用台車に便乗する登山客よろしく、振り落とされぬよう辛うじてしがみついた。女将御自らの華麗な（?）運転で、定員・積載量オーバー気味で土佐電鉄のデコボコ敷石の上をヨタヨタと華奢な車体を前後左右にきしませつつ、予定外の高級

高知市内の土佐電鉄・併用軌道

【ミゼット】 昭和三二年からダイハツ工業が小荷物運搬用に生産、あまりのミニ・サイズゆえ当時は超小型車の代名詞となった。京都鉄道博物館一階「昭和乃駅」の駅前にわざわざ展示された懐かしい輸出用ミゼットMPA号の実物も狭いながらも助手席のある二人乗り。

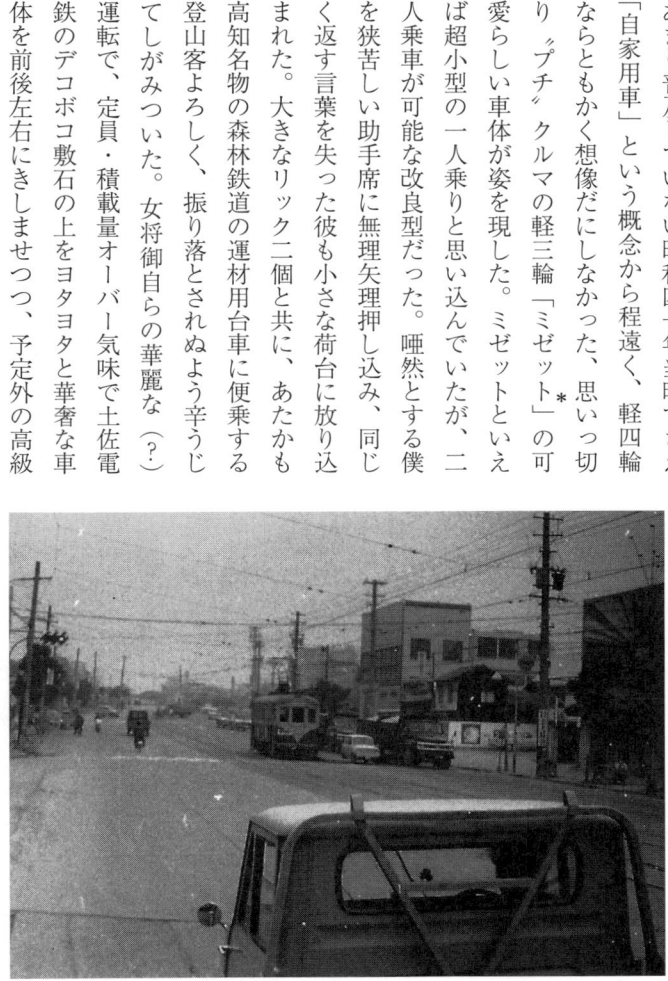

旅館（と当時の我々の目には映った普通程度の旅館ではあろうが）「桂仙」への豪華すぎる「自家用車でおくりむかえ」という特別待遇を受けた。荷台に跨《また》がった犬塚君はあまりの乗り心地の〝素晴らしさ〟に幾度となく転落・悶絶しかけた。途中で約束が違うと飛び降りるわけにもいかず、もちろんおっかない女将が女手配師で、哀れな労務者が我々二人という笑えぬ大阪南部の「人買い」風景にそっくりの構図だ。その結果、稚内から枕崎まで運賃しめて二、七六二円也で旅行してきた貧乏学生の分際で、いかに最後の晩餐とはいえ、なんと一晩で半分近い大枚一、二〇〇円という空前絶後の豪遊をする羽目と相成った。が、我々男性二人を手玉に取り、口車ならぬプチクルマ・ミゼットに見事載せて宿に連れ込んだ女将こそ、正に土佐の固有種「はちきん」だったか……と妙に納得した次第。

初の〝特別仕様〟の自家用車での送迎を受けて高知市大川筋の〝高級〟旅館「桂仙」に泊まる。

三月一八日（高知→神戸）

桂浜で一日〝龍馬〟気分

いよいよこの日が息継ぐ暇なく忙しく列車に乗り続けた長旅の最終日につき、我々の憧れ・龍馬ゆかりの桂浜・高知城でゆっくり旅の総仕上げのための思索時間をとることとした。桂仙の女将にバス停の場所を聞いて出たが、実際の桂浜行のバス停は聞いたところの反対側であった。ここから高知県交通*（県交）のバスに乗った。

写真のように、道路の両端に横縞に塗った木の棒を立て「有料道路　料金支払所 TOLL ROAD FROM HERE STOP」と書いただけの珍しく貧相極まる桂浜有料道路*で、観光スローガンに乗って、龍馬と眺める太平洋と桂浜を決め込む。

八：一七桂浜着。今回の旅の後半「幕末・明治維新ゆかりの地を巡る鉄道ツアー」の最終目的地として、龍馬ゆかりの桂浜と高知城は真に適切な場所であった。ここで寒風吹き荒れる極北の地から、一転温暖な南国の太陽を目指し、最後に南国土佐の黒潮洗う砂浜に辿り着いた今回の旅を総括し、自省、自照、自己再発見のためのゆったりした思索時間を是非とも持ちたかったからであった。

月見の名所・桂浜は上竜頭岬と下竜頭岬の間に挟まれた弓形の砂浜であるが、単なる景勝地というだけではない。

高知県交通の桂浜有料道路（3 月 18 日）

【高知県交通】高知市堺町三三、昭和一九年設立、乗合四四七両、代表野村健一郎（要覧、一〇二頁）。高知県交通の没落は第二部、二〇五頁参照。

【桂浜有料道路】桂浜〜高知市浦戸、昭和三三年供用、〇・六キロ、二車線（要覧、四九四頁）。高知県交通は桂浜有料道路を高知県に三〇〇万円で譲渡。高知県道路公社が管理し、料金一〇〇円のため「一〇〇円道路」の愛称も。平成二六年三月末無料開放。

龍馬像と同じポーズで（3月18日、桂浜）

旧長宗我部の家臣団は一段低い、町人と大差ないマージナルな下士身分に降格され、山内系の武士（上士）*から猛烈に差別され続けたという。勤王の志士・坂本龍馬らの鬱積した感情と倒幕に走らねばならぬ心情を偲ぶには、旧主時代に栄華を誇った旧城・浦戸城*に程近く、太平洋を一望できる、ここ桂浜が最適な所以だ。

まず長崎のグラバー邸見学等で、より身近な存在となった坂本龍馬の銅像の前で記念撮影をした。去春四国旅行でやった、銅像と同じ姿勢で記念撮影するという方法にならい、ここでも太平洋のかなたを凝視する龍馬像と同じ恰好で写す。

あたりで掃除をしていたおばさんがこれを見て思わず笑い出した。彼はすぐ横の長い滑り台を降りた。彼は「タダの滑り台は滑らな損や。どこそこの滑り台は金をとりよる」と例によって一々理屈を述べたてる。彼は滑り台の中ほどで「おい、早く写してくれ」と偉そうに命令す

【下士と上士】 新藩主・山内一豊は旧藩主の家臣を郷士（下士）に降格した。山内家の家臣等の上士は下士を他藩に比べ徹底的に差別したため、藩士間は潜在的な敵対関係にあった。

【浦戸城】 桂浜の山側は長宗我部元親が当地に浦戸城を築いた土佐の中心地。関ヶ原の戦いで西軍について改易となった長宗我部に代わり土佐入りした山内一豊は新たに高知城を築き、旧主ゆかりの城は廃絶。

る。そこで僕はすぐに撮れるのに、わざとグズグズする。そして「ここでも龍馬の恰好をしてみろ」というと「無茶いうな。こんな所では無理や。早く写してくれ」とだだをこねる。旅の終わりという解放感から、二人は童心に帰ってしばし戯れた。

桂浜の龍馬像の先に広がる岩の上での恒例の記念撮影に入る。ゆかりの地を回って来た自分らが、まるで尊敬する龍馬にでもなったような高ぶった気分になってきた。

犬塚君は「ワイは太平洋の端まで行ったろうやないか！　写真頼むで！」と叫んだ。重い荷物を浜辺の岩の上に投げ出して、太平洋に向かって一目散に駆け出して行く。

この馬鹿げた情景を見るだけで同調はしない僕は一昨年に小田君と犬塚君が宗谷岬で死闘を繰り広げた空しい〝最北端競争〟の愚行*を思い出して、一人ほくそ笑んだ。

なにせ熊本で重篤な施術を受けたばかりの病身の犬塚君だから、端で見ていて滑りそうで危険千万この上ない。ようやくのことで、細かくご注文の太平洋に雄飛するかの如き彼の勇姿の会心作を彼の高級機で何枚か撮り終えた。

さすがの彼も直前のはしたない我が身への自戒の念に陥ったのであろうか。はたまた僕と同様に馬鹿な〝最北端競争〟を思い出したのでもあろうか。いきなり大声で僕に向かって叫んだ。「おい！　なんでワイラはこんなに、端ばっかり行きたがるんやろか……。端ばっかり行って、カンジンの中身が抜けてもとるのとちゃうやろか……」

確かに、この彼の心底から発せられた言は、単に彼の直前の愚行にとどまらないものだ。我々の今回の日本一周旅行全般への反省として正に痛いところを突いた〝寸鉄〟の弁でもあったのだ。

アノ〝最北端競争〟のように物理的にも肉体的にも精神的にも……これ以上は一歩たりとも

【最北端競争の愚行】 古来ヒマラヤ等の未踏峰初登頂の栄誉をアルピニストたちが競い合ってきた。高度を緯度に置き換えてみると、宗谷岬で両君が岩伝いに北進を続け、可能な限り最北端の地に立とうと競い合った心情が理解できやすい。

前へ進めぬギリギリ限界点をひたすら目指してきた我々。かねての願いであった日本一周という本願がいざ成就しようとする瞬間だ。真にめでたい結願*を目前にして喜びに満ち溢れるかと思いきや、やれやれとの安堵感、疲労感、これで旅が終わってしまうのか……との一抹の寂寥感も湧き上がってきた。そればかりではない。突然に肝心の本懐の価値が認められなくなったのだ。修行中ずっと金科玉条としてきた「諸国遊行」「廻国修行*」の中身が気になり、むしろ空虚にさえ感じ始めた。とたんに気力がなくなり、心が満たされず無性に寂しいと感じ出したわけだ。

我々の迷いも、待ち望んでいた結願がいざ現実のものとなって直面すると、ずっと夢に描き続けて来た目標の喪失感や、新たに別の目標を探すわずらわしさなどが漠然と意識され始めた結果のブルーな憂鬱かもしれない。この時彼は自問自答を繰り返した末に、唯一人横浜を出港してシベリア大陸を一週間がかりで列車で越え遠く欧州へ往き、さらに〝世界一周〟をも目指す新たな野望を心密かに抱いた模様である。一方の僕はこの旅ではすっかり抜け落ちている列島内陸部の深奥探索など、まだ代わるべき新たな目標を絞り込めておらず、一抹の寂寥・寂寞感から脱し切れていなかった。

いざ帰る段になって、彼は例によって眺望が期待できる展望台を経由し新ルートで帰ろうと主張した。根が慎重な僕は所要時間が確実なもとのバス停へ戻ることを提唱した。先日の釧路では彼の言うことを聞き新ルートをとって時間がなくなり肝心の珍奇私鉄の写真も撮り逃すというエライ目にあったから、今度はがんばって安全ルート案で押切った。釧路での学習効果か、病身の故の弱気か、先ほどの愚行で精力を使い果たしたからか、頑固な彼にしては今回わりと素直に言うことを聞き入れてくれた。

【結願】 古来四国八十八ヵ所などの霊場巡りで全札所を廻り終えるのを結願成就という。旅の途中で旅の意義に迷いが生じ、結願を迎え内面の葛藤が生じ「こんな巡礼に何の意味があるのか、と自己嫌悪に陥」（加賀山耕一『お遍路入門』筑摩書房、平成一五年、一〇八頁）り、悩んで脱落する人も出る。我らの教祖的存在の宮脇俊三師も北海道全線完乗の瞬間「とうとう北海道はおしまいだ」との虚無感に襲われ、国鉄全線完乗の達成時も「何かが終り、何かを失った」（宮脇俊三『時刻表二万キロ』河出文庫、昭和五五年、二三三、二四七頁）と喪失感を抱いた。

【廻国修行】 巡礼およびその類語の廻国修行等の意義、動機、背景は第二部、一五四～一五六頁参照。

SNSならぬ高知城落書帖の哀しい反響

長旅の大団円に際して、彼は人生の重大事のはずの記念撮影もそこそこに、なんと高知城の休憩コーナーに置かれた『落書帖』への記入に一心不乱に熱中。なぜ、この場所なのかと聞くと、「うるさい！　ワイは城が好きなんや！」と、負傷した左手をかばいながらも筆を走らせ続ける。確かに昨日の松山城でも、ここ高知城でも連続してフィルムを盛んに浪費している。

何を書いているのかと見ればまず最初に彼のトレードマークであるプルート

包帯姿も痛々しい左手をかばいつつ『落書帖』へ熱心に記入（3月18日、高知城）

パップらしきイヌのキャラクターを丁寧に描いた上、今回の日本一周旅行の経路地図を一々丁寧に書き上げている最中。これじゃウンと時間をとるわけだ。その上に念には念を入れ、「ご興味のある方は当方にご連絡を」などと末尾に電話まで加えるところは、東京の繁華街あたりのヘンなもの（電話の前に置いてあるＴＥＬの番号をかいたピンク系統の紙切れ）の影響でもあろうか。今しがた桂浜で「端ばっかり行って、カンジンの中身が抜け」た旅と深刻に自省自戒した割に、彼自身は今回の〝武勇伝〟を誰かれなく自慢したい自己顕示欲を抑え切れなかったのであろう。

作品が出来上ったあと、徐《おもむろ》に彼の言うところでは最後の〝札所〟たる高知城に納経に代え〝結願〟の巡礼記録として謹んで奉納したとの日頃の彼らしからぬ神妙なる答えであった。

確かに落書きにはストレス軽減、発想力強化等の効果ありとされ、一心不乱に熱中する〝コリ性〟の彼の芸術作品の出来映えは我々の水準では相当なモノのはずなのだが、彼には悪いが僕は心の中で「この地図ではたいしたものはひっかからんと思うがね……」と密かに思った。

というのはこの落書帖*、天守閣に「落書きを禁ず」と注意書きを立てても、なにせ酒呑みで知られる土佐人の開放性の故か、大昔の改修時の落書きまで城門に残る寛容的な高知城が一向に減らない落書き防止のために設置した苦心策のようだ。

そこで僕らの書いた落書はどうだったか確かめようと表紙を見たが、なんと昭和四一年三月からしか掲載されていないのでダメ。落書されずにすむようにと置かれた落書帖だけに、僕らのような嬉しい盛りの若者連中がストレス発散とばかり、新しい自分を発見しようなど思い切り書きまくるため、僅か一年でノートが一杯になって新帳に差し替えたようだ。犬塚君はこの四国巡礼はサボったので落書帖の無情な運命に気がついていなかったのだが、彼の真剣さを思

【落書帖】昭和四〇年四月二日四国巡礼中の小田、河口、小倉君と高知城に上った際、これを見付け皆で銘々将来の夢と希望を思う存分落書きした思い出の品であった。洋画大好きの小倉君は金髪の素敵な彼女とローマ（？）の休日を楽しむとか…、僕は鉄道趣味で身を立てるとかそれぞれ勝手なたわいもない夢を書き殴ったような記憶がある。

うとさすがに「一年で廃棄」の真実だけは口に出さなかった。僕の想像した通り、昭和四一年三月一八日以降、残念ながら唯一人として「ご興味のある」奇特な「イイネ」の方は我々の前には金輪際現れなかった。

一一：五二高知発の急行「南風」*（急行券一〇〇円）で、南国土佐をあとにした。途中、土佐山田を過ぎたあたりから四国山地を抜ける山岳路線となり、四国での最高標高駅・繁藤《しげとう》（標高三四七ｍ）を通過。大歩危・小歩危の渓谷美を車窓から楽しんで、一三：一三阿波池田着。一四：〇五阿波池田で四五四Ｄレに乗り換え、穴吹駅を経て四国最後の目的地・徳島に一六：一八到着した。

徳島での駅前三〇分散歩

徳島では、乗り継ぎの準急「阿波五号」*（準急券一〇〇円）の発車時刻一六：五五まで僅か三七分を利用して、徳島駅前での三〇分の散歩を試みた。

僕がこの旅でこんな妙な路上観察をやっていたということを、いわば四国テツロ巡礼を〝逆打ち〟*で回り、阿波の一番札所・徳島駅への結願の納経代わりに、犬塚君の高知城での落書きに負けずに徳島駅前での最終レポートでお目にかけよう。

幸い旅の終わりでフィルムが余っており、これまで他都市の駅前散歩では精々一～二枚に抑えていた写真を豪勢に撮り回った。下車して調査した結果、別府で見た近鉄vs西鉄などと同様な、県外勢同士の植民地争奪戦が見出された。

【南風】 前年の昭和四〇年一〇月準急から昇格し、後年特急にまでなった四国の看板列車。

【阿波五号】 両県都を結ぶ高徳本線初の優等列車。

【逆打ち】 遍路は札所順を義務づけられておらず、普通「第一番の霊山寺から…阿波～土佐～伊予～讃岐とまわるのだが、これを逆に歩くのを逆打ちといい、どこかで弘法大師とすれ違う」（『中国・四国瀬戸内海　最新旅行案内⑯』日本交通公社、昭和三六年、一九〇頁）ものと伝承される。逆打ちは道に迷う苦労も多いため多くの御利益があるともいわれる。「打つ」は昔、巡礼が本堂等に納札を打ち付けたのに由来。

　すなわち徳島県都の徳島駅前に県外資本の南海電気鉄道*と高松琴平電鉄*（略称コトデンＴＫＲ）二社が、当時相次いで県内バス会社二社を各々系列化していた。また系列会社のビル・商業施設などを競い合って駅前一等地に並んで建てていることが短時間であったが見て取れた。両グループの実態調査というほどのものではなく、単なる瞥見《べっけん》の結果は以下の通りである。

南海グループの瞥見

　徳島駅前の徳島バス*用地を活用して、徳島バス本社などが入居し、バス・ターミナルを兼ねた南海徳バスビルを地元側と共同で建設、昭和三八年三月一〇〇％出資子会社の株式会社南海徳バスビルディングを設立した。
　竣工三年後の真新しい南海徳バスビル（口絵19）を、先の大分県に侵攻した別府近鉄と同様に興味深く観察したところ、金融保険系通常テナントのほか同系の南海交通社等が入居していた。特に一～二階・地下一階の直営・南海ストアは食堂、喫茶店、阿波土産品、食品スーパー、均一百貨等を手広く営業していた。同じ四国で近鉄が昭和三九年隣県の琴平参宮電鉄を系列化、高松駅前に総合ビル・近鉄琴参会館を開業・誇示するのに対抗心を燃やし南海も流通部門に相応の関心を払いつつあることを確認し撮影した。

コトデングループの瞥見

　また南海徳バスビルに隣接する四階建て「徳島西部交通*ＴＳＫ」ビルの一～二階は奇抜な丸

【南海電気鉄道】 明治一八年開業の最古の大手私鉄だが、昭和一九年戦時統合で不本意ながらも近鉄に統合され、戦後昭和二二年南海電気鉄道として分離独立。冷や飯を食った三年間の怨念か南海道制覇の旗印の下、まず同根の近鉄と南紀観光開発で火花を散らし、次いで四国に進出。

【高松琴平電鉄】 明治四四～昭和三〇年築港～琴電琴平ほか六〇・四キロ開業（私鉄、一三五頁）。高松市、昭和一八年設立、乗合一六九両、代表中村静夫（要覧、九四頁）。四国の覇権を争っていた隣県高松の有力私鉄・高松琴平電鉄（コトデン）が上記の南海の〝侵攻〟に対抗して、自らも県西部の美馬地方を地盤とする昭和一八年設立の徳島西部交通を、昭和三五年に系列化し、役職員を派遣した。

【徳島バス】 徳島市寺島町東三の一三、昭和一七年設立、乗合三六九両、代表田辺勇（要覧、九七頁）。

【徳島西部交通】 穴吹町、昭和一八年設立、乗合四五両、代表石田敬（要覧、九七頁）。

窓が並ぶ当時のご当地最先端の「純喫茶コトデン」となっていた。

この背景となった事情としては、一〇〇％子会社としてバス車体の塗色もコトデン仕様に変更した。系列化に先立ち昭和三三年から徳島駅前に中層ながらＴＳＫビル（通称コトデンビル）建築を開始。「純喫茶コトデン」を新規開店させて、徳島に侵攻した南海グループと鎬《しのぎ》を削る様相を興味深く観察した。

しかし、僕の垣間見た五〇余年前の徳島駅前のこうした華やかな景色は南海、コトデン両勢力ともほぼすべて過去*のものとなった。

TSK（通称コトデン）ビル（3月18日、徳島駅前）

一七日間もの長旅の最後

一六：五五徳島発の準急「阿波五号」（準急券一〇〇円）で一八：二二高松着。接続する一八：三〇高松発の二六便「鷲羽丸」に乗り込み、お目当てのスタンプを求め船内をウロウロ探索するも目的を果たせず。持ち歩いたスタンプ帖を閉じて、恒例行事も「鷲羽丸」「宇野駅」での代替品でもって幕引きとし

【南海、コトデン両勢力の現状】両電鉄グループともお家の事情もあって、拡大路線を転換、撤退等を余儀なくされた。詳しくは第二部、二一一頁〜二一二頁参照。

スタンプ集印帳（各種）と自宅宛葉書*

た。

宇高連絡船と国鉄駅スタンプ

スタンプ「集印帳」は昭和四一年三月三日「弘前駅」「松前丸」から四一年三月一八日「鷲羽丸船長」「宇野えき」までの観光客向のスタンプを順に押していったものである。

多くは日付入りの国鉄駅備付のスタンプ等が旅程順に空白なく合計五四点（押し損いなどの重複分を除く）押印されている。

一方、宇高航路「鷲羽丸」には常備の記念スタンプがなく、交渉して特別に船長印を頂いた次第で、スタンプを集めるにもそれなりの苦労があった。

【自宅宛葉書】自宅宛葉書の意義と実例は第二部、二一六頁注18参照。

一九：三五宇野着。「マラソン桟橋」の異名がある宇野桟橋だが、すでに、青函、仁堀両航路でのガラガラを十分体験済みの余裕から、「金持ちケンカせず、走らず」の精神で悠然と歩いた。二〇：〇〇宇野発の急行「鷲羽九号」（急行券二〇〇円）で、二二：四九最初に切符を購入した起点である三ノ宮駅に到着。ここで二人だけの簡素な解散式をした。また程なく東京へ戻る犬塚君の旅路の無事を祈って彼と別れた。通算一七日間（自宅でのピットインを抜けば正味一五日間）もの長旅をどうやらこうやら終えることができた。書き連ねてきた通り、想定外の突発事件も色々あって、つつがなくとはとてもいえない。本当の意味で心底から「お疲れサマ」であった。

第二部　巡礼から五〇年。最果ての鉄路は今……

第一章　日本一周旅行の背景

本書の日本一周旅行は多くの読者には恐らく時間の浪費としか映らない、旅の目的地も定まらぬ所詮〝行方定めぬ旅〟であった。この第二部では一見馬鹿げた〝愚行〟と思われる日本一周旅行を、なぜ東京五輪と大阪万博の間の昭和四一年三月という時期に思い立ち実行したのかを、旅行した本人が半世紀後に客観的な立場から解説してみたい。さらに車窓から観察した愛すべき昭和の風景が旅行後の約五〇年間にどのように変貌し、ほぼすべて喪失していったのかという哀しい現実も付け加えなければならない。

日本一周のルーツ「諸国巡礼」

古代〜近世の諸国巡礼

そもそも日本一周といった回遊型旅行のルーツは何だろうか。日本では古来、西国三十三ヵ所、四国八十八ヵ所といった回遊型の旅行、巡礼(1)が著名である。巡礼とは洋の東西を問わず日常的空間を離れ、宗教上の聖地・聖域等を巡拝する宗教行動、またはそれを実行する者をいう。キリスト教徒のエルサレム巡礼や聖遺物への呪力崇拝、イスラム教徒のメッカ巡礼など、信仰誕生の聖地を訪れ、創教当時の犠牲、殉教的苦難の跡を偲ぶものが代表的である。

日本古来の遊行は仏教渡来以前の原始山岳宗教にも存在したようだが、一般に仏道修行者(2)が布教教化と自己修養のため諸方を遍歴することを指す。日本全国への遊行＝廻国修行の源は奈良から平安時代にかけて法華経書写と読誦をしながら山岳修行や全国六十六ヵ国を巡る苦行によって滅罪の功徳を得ようとしたといわれる。中世には法華経六十六部を写経し、納経のため全国六十六ヵ国を廻国し功徳を積んだ遊行者・六部が聖人視された。白山等の霊山の頂上からは六部が納めた経筒が発掘されるという。

西行、芭蕉など古来旅を愛し、旅に生きた文人は数多い。また全国くまなく廻って千体仏を彫った木喰(3)、一七年をかけて日本全国を測量して『大日本沿海輿地全図』(伊能図)を完成させた伊能忠敬など、日本一周で前人未踏の偉業を為した先人も少なくない。

一大ブームになった日本一周旅行

明治以降、外国人を含む多くの旅行者が日本一周あるいはそれに近い冒険に挑戦した。明治一一年H・パークス卿のはからいで特別の「内地旅行免状」「開拓使証文」を政府から下付され七開港場と蝦夷を七ヵ月間で陸路一、四〇〇マイルも旅し、英国公使館への公式報告書を旅行記として上梓した英国人女性イサベラ・L・バード等が著名である。バードは馬・船で平取を目指したが、一方で大陸風の上等客車に乗って開業六年後の京浜間鉄道旅も楽しんでいる。徒歩でなく文明開化の鉄道旅を推奨した人物として古くは明治三一年『大旅館雑誌　旅客之楽園』創刊号に「快きかな汽車の旅、楽しきかな、汽車の旅」と鉄道旅礼賛の「汽車賦」を寄稿した梅本塵山がいる。さらに「日本一周」の言葉を用いた先駆者として明治四〇年『汽車汽船日本一周唱歌』を出した大和田建樹(三三年『鉄道唱歌』作詞)や、大正三年博文館から『日本一周 前編』を出した旅行作家の魁《さきがけ》・田山花袋がいる。昭和戦前期にも昭和二年松川二郎の「風流行脚日本一周」、昭和四年石川寅吉編『日本一周旅行』など、日本一周は戦前期の旅行ブームの頂点を示す流行語であろう。

旅行どころではない戦中、戦後の混乱期での中断を経て、昭和二〇年代末から三〇年代にかけて徐々に近場から庶民の旅行が再開された。折からの旅行ブーム・秘境ブームを反映して無数の旅行案内書が刊行され、たとえば専門出版社・秋元書房による「トラベル・シリーズ」には貧乏旅行、秘境旅行といった若者向指南書も含まれる。昭和三八年刊行された『最低旅行　いちばん安い旅行ができる本』の著者亜坂卓巳は「いかに安く旅を続けるか」として国鉄の乗車券を安く買う法を伝授、「三十五日間、日本縦断旅行」等具体的な取材事例を挙げて、若者に広く〝最低旅行〟を推奨した。もちろん鉄道以外でも昭和三六年「日本一周船の旅」、昭和三八年『サイクリングで日本一周』、『ぽんこつ・6万キロ』、昭和四〇年「スクーターで七〇日の日本一周」など多様な乗り物による日本一周の試みがマスコミの紙面に続々登場した。大手旅行会社による日本一周型旅行商品も続々販売され、昭和五七年日本一周六、〇〇〇kmの「ブルートレイン『駅』」号が運転され、昭和五七年西村京太郎『日本一周「旅号」殺人事件』（光文社）のように推理小説のタイトルにまで登場した。

日本一周を思い立った背景

旅人二人の個性と嗜好

ざっと日本一周の旅の歩みを概観してみた。五三年前の我々の旅も諸国を遍歴する一種の武者修行であり、グランドツアー[4]でもあったかもしれない。今回の旅人二人も昭和四一年観光をデザインするに際し当然ながら世の風潮に影響されていた。だが年端も行かず素養不足の二人には上記文献に直接刺激を受けたという記憶はない。そこで二人が日本一周の旅を思い立つ背景となったそれ相応の個性を紹介したい。

二人の接点は中学・高校で共通の部活サークル仲間。ワンダーフォーゲル部という、アルピニスト養成の武骨な山岳部（体育会系）と観光指向の軟弱な旅行研究会（文化系）との中間的存在。双方から「ヌエ的だ」と批判も受けたマージナル（後述）な立場をむしろ誇りに感じていた。この旅もサークル仲間に声をかけ、数人で実行予定であったが、何かと多忙な理系仲間が脱落。結果として理系二人が見送る中、文系二人での巡礼に落ち着いた。[5]（この間の経緯は第三部の座談会参照）[6]

共に数学が不得手ゆえ同じ高校の文系クラスに所属し、経済・経営系に進学した二人。当時の著者と旅の相棒・犬塚君とに共通した思想傾向は何だったか。当時勃興しつつあった学生運動との関係では、いわゆるノンポリ学生。しかし政治・経済・社会の動向にはそれなりに関心を有していた。いくつかの二人に共通した特徴を挙げてみよう。

現在の言葉に置き換えると、デジタル派vsアナログ派に近い理工系vs文系の対立軸での完全な文系派。極論すれば科学技術の進歩発展といった当時の時流にはいささか懐疑的であった。当時まだコンピュータは一般社会には無縁であった。そこで急速に発展を見せ始めていた自動車・航空機等の先端技術の何たるかを理解する能力を欠いていた。その結果、すでに停滞・斜陽傾向の鉄道の方に限りなく親近感を抱き、惚れ込んでいった。旧態依然たる鉄道システムであれば文系の貧弱な頭脳でもある程度まで理解可能だったからであろう。

大学に進学して二人が感じたのは理工系万能の世の中への漠然とした反感であった。財界主導で推進された理工系充実策の結果、[7]日が当たらぬ文系は目に見えて冷遇されたからである。当時「産学協同路線」という言葉は最大の蔑称を意味した。

学生寮の人脈活用

犬塚君の所属大学ではすでに全国に先がけて学費値上げの大規模な反対運動が勃発、根底にあった文系学生の理工系優遇への反発が一挙に顕在化しつつあった。その最中に彼は飄然として長旅に出た。出家か脱藩か、はたまた敵前逃亡か、彼の心中や如何に。その鍵が関西から上京し、四年間居留した学生寮の幅広い人脈にあろう。関西人には馴染みのない遠隔地の良家の子息たちとの幅広い交流が旅好きの彼の旅心をいたく刺激したに違いない。指南書を読まずとも、宿代を浮かせる格安旅行のヒントが〝北欧の森〟を彷彿させる鬱蒼たる木立の中から生まれた。全国から多数の上京男子学生を受け入れた目白の和敬塾こそが日本一周という構想が生まれ出た場所であり、旅の実質的な出発点でもあった。

犬塚君が最初に構想した日本一周プランの仮提示に著者が真っ先に飛びつき、時刻表と首っ引きで鉄道旅の肉付けを行った。著者のサラリーマンの父親は出身地北陸の山岳信仰の風習を受け継ぎ、祖父は蝦夷地まで仕入れに行った冒険商人。母親にも他国稼ぎの近江商人の遺伝子があってか、幸い旅には相当理解ある家庭だった。中高部活で熊野三山、出羽三山等へ登拝の際も通過儀礼の〝山駈け〟と容認してくれた。今回も英国流の〝グランドツアー〟並に考えたかはともかく、武者修行を大目に見てくれた。

最大の動機・学割のフル活用

旅行の時期である昭和四一年という高度成長の真ッ最中にあって、明日の繁栄を信じて疑うことのなかった隆々たる青年期の昭和の日本が確実にそこに存在していた。また三月の春休みという季節は吹雪に見舞われる流氷のオホーツクから菜の花咲く薩摩半島まで、日本列島の南北の季節差が特に大きい。現代でも日本一周の推奨時期として北から南への旅で日々春めくことを実感できる三～四月が多く挙げられる。学生個人としても教養課程最後の春休みで、翌月以降は専門課程に進むためヒマな文系といえど学業との軋轢が増大する。

この年の三月一四日僕らの旅行の主要目的地でもある鹿児島交通・枕崎駅で撮影した掲示版(8)には国鉄運賃の大幅値上げが通告されている。同時に学割の五割引が二割引に引き下げられたので、学生客の実質負担増はさらに大幅となった。

そもそも学生割引制度は、戦後の悪性インフレによる異常に高率な運賃改訂から学生の負担を軽減しようとの趣旨で始まり、昭和二三年従前の二割引が五割引に変更された。昭和四一年以前の「国鉄営業案内」の学生割引は原則五割引(9)となっていた。しかし改悪後の昭和四一年以後の「国鉄の営業案内」では「一〇〇キロをこえて旅行される時は学校学生生徒旅客運賃割引証により二割引きをいたします」と変更された。かくして五割引という大盤振る舞いの時代は実は昭和二三年から四一年三月四日までの一八年弱に限られていた。この千載一遇の幸運に気付いた貧乏学生は我々を含め直前の駆け込み購入に走った。三月五日までにできるだけ遠方への乗車券（通用期間も長い）を旧運賃・学割五割引の格安でなんとしても発行してもらい、ともかく旅を始める必然性があった。ここに今回の旅の最大の動機がある。昭和四一年三月出立の旅はこの時期しかないほど、まさにタイムリーであった。

海外旅行の代替／「遠くへ行きたいけれど…」

我々もできるだけ遠方への切符を駆け込み購入しようとした。「遠くへ行きたい……」というと、まず昭和四五年一〇月国鉄によるディスカバー・ジャパンの一大キャンペーン(10)の一環で開始された国鉄提供ＴＶ番組名と同テーマ・ソングが想起されるだろう。かように鉄道愛好者等による鉄道旅ブームは通常、昭和四五年の大阪万博と国鉄のポスト万博誘客対策たる上記キャンペーン以降の文脈で語られることが多い。その時期すでに社会人初年兵として〝兵役〟に就き多忙を極めていた著者は、あえてそれ以前の昭和三〇年代までの知られざる〝神話時代〟の動向を以下に回顧してみたい。

まず沖縄の祖国復帰以前には鹿児島県の与論島と沖縄本島の北端・辺土《へど》岬の間には自由往来を規制する事実上の〝国境〟[11]らしきモノがあった。また極端な外貨不足を背景に外国為替管理法なる法律があって、一般庶民の海外旅行など事実上禁止[12]されていた。昭和二三年発売の歌謡曲「憧れのハワイ航路[13]」の大ヒットやマドロス歌謡の流行に見られるように海外旅行など作詞家の大先生自身でさえ手の届かぬ夢のまた夢であった。いわば封建時代に他の領国との往来が関所で厳しく制限されていたに等しい状況にあった。敗戦によって進駐軍から否応なくこの狭苦しい四畳半ならぬ四つの島に閉じ込められ、外為法で海外旅行も禁止の閉塞期、無理矢理抑圧され鬱積した拡散エネルギーの捌け口が北の岬や南の半島等での彼方の海に向かっての児戯にも似た咆哮であったり、幻の海外旅行や、夢のまた夢の彼の地を描いた映画・歌謡曲等の爆発的流行を生んだのである。緯度・経度を明示するマッカサーライン[14]で活動領域を縛られていた占領下、専門雑誌『旅』の紀行文にまで埒外に思える「北緯[15]」の字句が見られるのもこの時期ならであろう。

昭和三五年国鉄は周遊券旅行地として新たに国境の灯台・ノサップ岬、本州最北端の青森、九州最南端・開聞岳等、ギリギリの辺境ポイントを意識的に追加した。(『旅』昭和三五年八月)

その後、我々の旅行の二ヵ月前、昭和四一年一月一日日本人の海外観光渡航の回数制限が撤廃、持ち出し外貨も一回五〇〇USドルに緩和された。即ち、海外観光旅行の解禁は一応昭和四一年に始まるとされるのだが、一般庶民、とりわけ金のない学生層にまで広く普及するのは当分先のことである。比較的金を奮発する新婚旅行客でさえ、行先に「南国」ムード溢れる宮崎[16]を夢の海外旅行の代替先として選ぶ傾向が昭和四〇年代末まで続いていた。

そこで我々も足を踏み入れることの叶わぬ異国に最も近い、あと一歩でも足を踏み入れると異国になってしまうギリギリの〝マージナル〟な際どいエリア、すなわち北と南の最果て、辺境の地にこそ強い憧れの気持ち(17)を抱き、そこへの非日常的な旅を叶わぬ海外旅行の代替品、擬似海外旅行(18)と見做していたのである。また遠すぎる北海道の代替としてか、能登半島等の内地の各地にも最果て・秘境ブームが押し寄せた。

北方&南方／マージナル指向

北方指向・南方指向

人間には生まれついて「北方指向」「南方指向」といった本能的に摺り込まれた地理的方向性が遺伝子か何かに内在しているようである。たとえば著者は年老いてもなお最果てとか極北の地という言葉に言い尽くせぬ寂寥感を抱く。著者の場合、恐らく昭和三〇年代に封切られた映画『地の涯に生きるもの』『喜びも悲しみも幾歳月』、昭和三五年七月映画のロケ終了時に森繁久彌が羅臼の人々に贈った「知床旅情」や同名の主題歌などによる後天的な影響でもあろうか、地の果てに生きる猟師・漁師・山師・灯台守らの劇烈な生き様への憧憬というか尊敬の念が強い。国の中央部から最も遠く離れ、もう陸地はこれより先には存在しないという先端部の文化果つるが如き辺境に居留し、厳冬期には当然雪や氷に閉ざされる寒冷地獄に呻吟する彼らの非日常領域にこそ、いいしれぬ旅心を掻き立てられるのは一体なぜなのであろうか。

ある方位に憧憬の対象たる聖地性を付与する傾向は多くの宗教に見られる共通の現象と思われる。西方を浄土とする仏教は一説に西方の大砂漠の向うにあるオアシスを極楽に昇華させたともいわれる。これに対しインドでは伝統的に日が昇る東方を第一に考えて、この系譜として逆方位の東方瑠璃光薬師浄土も存在する。

古代中国の蓬莱山伝説では渤海の東の果てにユートピアがあると考えた。さらに遡れば古代インドでは素朴な地形感から北方ヒマラヤの雪を頂く山々を神々の居住する聖地と考えた模様である。かように各地域、各時代、各民族、さらに各個人・集団・企業等がある方向に聖地性や憧憬、癒やし、帰巣本能等を感じて、専ら自己の行動の原点とするのは極めて自然な人間行動であろう。

我が国でも仏教の説く西方浄土に惹かれ、西国三十三ヵ所巡りが大流行するなど、長らく〝西方指向〟が主流であった。しかし近代には、カムチャッカで野営中クマに襲われ殉職した極北の写真家・星野道夫氏を典型とする〝北〟への特別な思いを抱く〝北方指向〟の芸術家・作家等も多数現れた。たとえば石川啄木の若い頃の短歌「いづら行く君と我が名を北極の氷の岩に刻まむと行く」は「北方指向を、まさに極限化した表現[19]」と解されており、啄木もことのほか極北の地を選好していたようだ。ほかにも山本周五郎[20]、「北方指向癖らしきものがあって……南方指向も同居[21]」と自認する北海道好きの写真家・森山大道などが挙げられる。また「雪の季節に北海道に行ってみたかった」と平成四年正月にオホーツク海岸を訪れた司馬遼太郎も本邦に渡来しながらも姿を消したナゾの狩猟民の去就に多大な好奇心を抱き、はるか昔大陸との往来に思いをはせた。このように程度の差はあるが北海道に多大の関心を寄せ、北方指向と目される人物は本文で触れた財界人を含め少なくない。

一般に最南端の沖縄人はきれいな海はどこにでもあるからと価値を見出さないという。反面沖縄人が憧れるのは雪と氷に閉ざされた厳しい自然と広大な大地の北海道。逆に時雨や豪雪・吹雪に悩む寒冷地の人が、暖かく明るい南島や南洋に憧れを抱くという「南洋幻想」や沖縄に憧れる道産子の南方指向も要するに、「ないものねだり」である。

著者の北方指向

沖縄人ほどではなくとも、南国でぬくぬく育った内地人の我々には自己の周辺には見当たらない、針葉樹に覆われ、どこか大陸的な北海道の風物には限りなく惹かれるものがある。また「西馬音内《にしもない》」といったアイヌ語由来の難解な地名も異国的な響きがあり、北方への憧れを誘う。

著者自身の体内に摺り込まれた北方指向も、幼い頃に湖北では寄せる波まで凍り付く趣旨の名歌に接し、未だ見ぬ極北の厳寒風景をいかばかりかと想像を逞しくしたことなどが契機かと思う。この頃の狭い世界観では雪深い花脊峠や雲ヶ畑といった洛北の僻陬《へきすう》地名を聞くと、あたかもロシヤ国境に近い遠隔地かの如く錯覚していた。あるいは雪深い出生地・江州、父祖の地・北陸道への帰巣本能だったかもしれないが……。その後、長じて名前は悪くないが、実際には悪夢しか見られなかった準急「オーロラ」や、列車愛称で唯一のロシア語名称である「オホーツク」など極北の語彙に特に惹かれるものを感じた。特に「オホーツク」という、流氷に閉ざされた氷雪の未開地の一見捉え所のない、霧笛を思わせる茫洋とした語感に、著者自身に内蔵された体内磁石が本能的に惹き寄せられるかのような、言いようのない懐かしさ、郷愁にも似た前世からの因縁のようなモノを感じた。

沖縄県民に北方指向、北海道民に南方指向が濃厚と解すれば、本州の中央に位置する者にはその両方の症状が併存しても何ら不思議であるまい。我々は正に北方指向であり、同時に何ら矛盾なく南方指向でもあった。

もはや〝愚行〟の域に

こうした多方向の性向を表現する適当な用語を思いつかないので、仮に「端」「際」「ヘリ」を意味するマージンに由来する「マージナル指向」とでも呼んでおく。昼から夜になっていく境目を黄昏《たそがれ》と呼ぶが、「際《きわ》」とは、あと少しで別のものになろうとするギリギリの境目を意味する。「さいはてまでつっぱしろうという情熱に、小突きまわされていた」堀田善衞は昭和三〇年「以前に九州へ行ったときにも、日本の南の端の端、これ以上はもう行けぬところまで行きたい……北海道というと……一気にオホーツク海沿岸や稚内、礼文島、利尻島へ心が疾駆し……稚内の巨大な防波堤……の上に立って、どすぐろい海面に皺を寄せては走って行く風に吹かれ、まだまだ行きたい、まだ行きたい、とはやった心を忘れない[22]」と告白した。ほぼ同様な感情を抱いていた我々も〝最果て〟の言葉に滅法弱く、宗谷岬、利尻・礼文、納沙布《のさっぷ》岬、知床等に憧れて一番の目的地に選んでいた。そこから望見するまなざしの先には樺太、国後、歯舞・色丹など容易なことでは行けない「北方領土」の島々が横たわっていた。我々仲間のマージナル指向の病的症状を端的に示す、「端ばっかり行きたがる」〝愚行〟の実例を挙げてみよう。

　今回の旅行の二年前・昭和三九年日本最北端の宗谷岬（北緯四五度三一分二二秒）で、なんでも新記録作りの大好きな小田君が突如一行から離れ、危険極まりない岩の上を次々飛び越したのだ。ナチュラリストとして原生花園・知床を終世愛して止まぬ小田君は仲間の中でも最も北方指向が強かった。現在の日本の施政下での最北端は宗谷岬沖の岩礁・弁天島（北緯四五度三一分三五秒）とされる。弁天島へは通常の交通手段で訪れるのは困難なので、恐らく人類が到達可能な最終地点と思しき孤岩の上に恐る恐る直立した。「どや！　ワイが今この瞬間、どこのどいつよりも日本中で一番北の端に立っとるんや！　コレこそサイホク……いやサイコーの気分や！」と感極まって思わず絶叫した。まるでチョモランマへでも初登頂したかのような当時の我々の「端」を〝征服〟した言いしれぬ達成感・昂揚感を率直に表現する名言であった。

　時は東西冷戦時代、相互に敵対的な日本とソ連との国境に最も近い日本最北端の最先端。ここは異質なオホーツク海と日本海が鬩《せめ》ぎ合う、両海の中間の宗谷海峡である。しかも陸地でありながら海に限りなく食い込み、両方の影響を受けながら、もはやそのどちらにも属さぬ名も無き孤岩の上。ここに仲間を逸脱してただ一人直立した〝絶頂感〟を露骨に表現した境界人たる小田君の真骨頂たる示威行動であった。

これはいわば前人未踏の処女地に分け入る征服行為である。親しい仲間内での「連れもて行こら」（和歌山弁）的ツレ行為では決してない。亜流・模倣・追随者を極力排除する単独行である。一直線に猪突猛進する男性の本能かもしれない。同行の仲間も内心では同様な〝愚行〟をやりたいと妄想していたが、突如先を越されて唖然。すると小田君の予期せぬ抜け駆けに怒り心頭の勝負師・犬塚君も負けるものかと別の北端と思しき孤岩を目指し、両者で激しい一番手争いのデッドヒートを繰り広げた。

鉄道旅の系譜

回遊記録の分類

鉄道を利用した回遊記録には大別して、A「最長片道切符」（いわゆる「一筆書き」）の系譜。B「早回り」の系譜。C「連続切符」の系譜の三系統に集約されるのではないか。

まずCの「連続切符」は、「一筆書き」「早回り」にこだわらないもので、大昔から多数の旅行家が活用した旅行術である。鉄道ファンに限れば北海道の簡易軌道多数を踏破した〝蛮勇〟で知られる斯界の大先輩・湯口徹氏は昭和三〇年三月一五日～四月二日の二七日間、通用三一日の三片の学割連続乗車券で四国・九州から東北を一筆書きで巡る記録をたてている。(23)

「最長片道切符」は国鉄の「同じ駅を二度と通らずに全国の国鉄網を〝一筆書き〟しながら、どれだけ長い距離に行けるかに挑む旅」とされる。有名な例では宮脇俊三氏が広尾線広尾駅から指宿《いぶすき》枕崎線枕崎駅に至る運賃計算キロ一三、二六七・二kmの旅行を実行、『最長片道切符の旅』(24)を刊行した。宮脇氏自身は「最長片道切符は私の創案でもなんでもなく……たくさんの人が案をつくり何人かの人が実際に乗っている」（宮脇、一三頁）と⑫の「ひと筆書ききっぷの権威者」光畑茂氏らの案を「先人の業績」とする。

A、B、Cタイプなど、国鉄の鉄道網を極限まで活用した鉄道旅行記録（机上プランではなく、実際に挑戦）として管見の限りで宮脇氏以前にも以下の事例が存在する。

①昭和三三年一一月一日慶應義塾大学観光事業研究会の記録九日九時間五〇分
②昭和三四年六月四日～一二日倉敷の学生・河上文久氏の「八日間日本一周無停車旅行(25)」
③昭和三六年七月一一日古江線海潟《かいがた》駅～八月一四日広尾駅の横浜国立大学生・野田康之氏による一二、一八一・五km、学割八、八七八円、通用七二日の「最長片道切符」による「三十五日間、日本縦断旅行(26)」
④昭和三六年七月海潟駅～広尾駅間の鷲尾悦也氏ら東京大学旅行研究会四名による一二、一四五・三km、二五日間の旅行(27)
⑤昭和三六年一一月一八日同じく慶大観研会の七日一八時間五二分記録(28)
⑥昭和四一年札鉄局上田氏による「国鉄・早回り(29)」
⑦昭和四二年婦人公論清宮氏による「一六五時間日本一周早回り旅行(30)」
⑧昭和四二年大鉄局小倉氏による「六日一三時間余分の国鉄・南海汽船早回り(31)」
⑨昭和四三年一一月一七日慶大観研の記録「国鉄・早回り新記録日本一周六日八時間四六分(32)」
⑩昭和四六年八月金鉄局森田・前田両氏による「六日一〇時間一五分の国鉄・早回り(33)」
⑪昭和四七年九月西大山～稚内間最短・最速三、〇八五・〇kmの毎日記者・種村直樹氏による四五時間

二九分の「スピード乗り継ぎ」[34]
⑫昭和四八年横浜市立大学生の光畑茂氏の「新幹線抜きの最長ルート」[35]
⑬昭和五三年一〇月宮脇俊三氏の広尾線広尾駅から指宿枕崎線枕崎駅に至る運賃計算キロ一三、二六七・二kmの旅行[36]
⑭昭和五六年四月一〜六日サンケイ富永俊治記者による一四四時間四七分の「日本一周早回り」[37]

我々のプランの位置付け

こうした明確な記録がマスコミ等の報道・記事に残る昭和の例はごく稀であって、当然に昭和三三年一一月以前にも同種の〝愚行〟は多数存在した可能性があると思われる。湯口氏クラスの猛者が北海道を加えた大記録に挑戦した可能性は大いにあろう。一〇年後の昭和四三年一〇月四日『週刊読売』で募集した「日本一周早回りプラン」になんと三二、〇六九通もの応募があったことから考え、大型時刻表を購入し、読みこなし、駆使して立案できるレベルの読者が三万人も存在するなど、この趣味領域の裾野の広さが想像できるからである。なお当時中高ないし大学生で、ネット世代でもない我々は、上記の記録等に接する機会も当然になかった。

後講釈になるが、多くの「早回り」記録は当時の四六府県を無停車で脱兎の如く駆け抜けるもので、物見遊山をも目的とする我々とは趣旨が大きく異なる。典型的なものは上記『週刊読売』の懸賞募集の一等四〇万円当選プランは函館港に一時間弱留まり、道内の鉄道に一mも乗ることなく次の連絡船で青森に戻るといった具合である。同様な当選プラン実行役を命じられた⑭記者自身も「五食連続で幕の内弁当を食べる羽目」、「せっかく未知の土地を訪れながら、駅構内から一歩も足を踏み出せないとは、もったいない」[38]と残念がる始末。とりわけ各県庁駅を巡るノルマのため「首都圏を目まぐるしく乗り換え……疲労の感覚もマヒし……ヘンな気分(39)」に陥っている。

我々の旅は決して「最長片道切符」を目指したものではないが、第二片の「稚内〜枕崎」だけを見れば幾分は似た要素もある。北海道内、九州内は可能な限り、「一筆書き」を意識したからである。

よって我々の旅に近い先行例を挙げると③の事例だろうか。しかし昭和三〇年湯口氏の二七日間を凌ぐ三五日間で延べ一八九本の鈍行列車に乗り、一七七駅の下車印と二七五個の駅スタンプを得たという空前絶後の大記録を打ち立てた〝猛者〟ぶりには脱帽のほかない。夜行と駅泊だけで通した〝猛者〟湯口氏でさえ、「極度の貧乏旅行で、ろくなものが食えず……絶対的栄養・カロリー不足と体力消耗とで、帰宅時には目がくぼんでいた(40)」という惨憺たる姿だったからである。

昭和四一年の我々の旅は、北海道内、九州内は「一筆書き」に近く、本州内は「早回り」に近い、A、B両タイプ折衷のCタイプとでも位置づけられよう。

では、上記の先行例実施を知らぬ我々がどのように考えて、観光デザインしたかを述べたい。東京までの上京時に、当時開通して三年目になっていた新幹線を使うべきか否かを相当議論した。なぜなら「早回り」指向の記録挑戦者とは異なり、通常この種の主に鈍行乗車に限定した鉄道旅行の禁忌事項として安楽な優等列車への乗車を〝堕落〟〝破戒〟と見做し厳に戒めるような空気が存在し、まして新幹線利用など論外の〝邪道〟とみるのが支配的であった。

しかしながらすでに生活基盤を東京に移し、東京の寮で今回の旅行の荷造りを行う必要にかられていた犬塚君にとっては帰省先の関西から毎度帰京する区間は彼のゲタ履きスタイルが象徴するように、〝旅〟でもなんでもない日常的行動にすぎなかったのである。

この結果、当時の鉄道事情を可能な限り忠実に体験すべく、かつ「こだま」ならば新幹線の鈍行に相当するという理由もこじつけて、特急こだま一一四号四号車自由席一、二〇〇円を利用し、あえて「各駅停車の旅」

は選択しなかった。また三月の東北方面はスキー客で相当に込み合うため、上野からは当初経路の「東海、東北、青函本」から逸脱した奥羽本線経由の急行「第二津軽」の二等寝台車「六号車四番一、〇五〇円」を利用することにした。理由は早稲田大学内の交通公社で「特急はもちろん、第一～三十和田の寝台もダメ、第二津軽の寝台だけ」で、途中下車しなければ東北線経由の切符でも問題ないとの回答だったからである。

ウサギとカメの〝二刀流〟

イソップ寓話に足の速いウサギと足の遅いカメが競走し、自信過剰で油断をしたウサギがたかをくくって昼寝を貪っているうちに能力が弱く歩みが遅いカメの方が勝つ話がある。カメのようにコツコツと少しずつで遅いが、手堅く地道な進め方こそ最終的に大きな成果を得るものだとの教訓である。

そもそも観光とは日々の生活から一時的に逃避し、全く異なる環境に身を置いて、日頃鬱積したストレスを発散する移動行為である。都会に住む旅行者が遠くの景勝地で非日常体験をすれば心身ともに癒やされる。途中の東海地方・関東地方・南東北地方は我々にとっては日頃から見慣れた雪のほとんどない日常世界であって、格別に写真を撮る価値のある非日常世界[41]は積雪の残る山形県を越えた秋田県あたりからと認識していた。

しかし同様な移動であっても旅行会社の添乗員あるいは森林鉄道の運転士にとって勤務中の移動はストレスの貯まる日常業務であって観光ではない。同様に我々が日頃の通勤・通学等に利用する交通手段の選択においてもウサギのように速く、安く、快適にといった効率性が極めて重視される。しかし観光客の好みとなれば事情は全く別である。

こうした二人の間での激しい議論の末に出した結論は、ダブルスタンダードだとの非難のあることを覚悟の上で、（甲）「足早に通り過ぎても惜しいと感じない、効率性を重視して時間が忙しく流れる日常的世界」（概ね本州中央部）と、（乙）「立ち止まってじっくり観賞したいと感じるような時間がゆっくり流れる、効率性と無縁の非日常的世界」(三島＋α)との甲乙にあえて日本を区分する国鉄の甲乙二分割案[42]であった。

非日常性が高く、旅の対象としてより満足度の高い〝異界〟と感じる大事な乙区のエリアでは、〝カメ〟の歩みのようにノロい鈍行列車でゆっくり旅を楽しむための時間を可能な限り多くとるようにする。その反面で、これまで比較的乗車経験が多く日常性が高いと感じ、〝旅〟の感激の薄い甲区の本州内は素早く通り抜けるため主要幹線の優等列車を少々高くても使うと割り切って日程全体の効率化を図ることとした。

後年宮脇俊三氏らにより探求された「最長片道切符」と称された日本国有鉄道の「一筆書き」や、優等列車への乗車を一切排した純粋の鈍行旅行や、まして専ら乗車時間の短縮でもなかった。要するに我々は一〇〇%の観光旅行と一〇〇%の「一筆書き」鈍行旅行の中間あたりで、主に国鉄に乗り続けながらも車窓からの景観の観賞をも主要な目的とした併せ技といえるだろう。

よく「自分探しの旅」などと称して、アイデンティティを確立する、自分を変えるきっかけを見付ける、自分自身の人生を見つめ直すなどの目的の旅が喧伝されることがある。たとえば日本国内に居たままでは日本の真の良さは発見できにくいとか、外国に出かけ、異文化に直接触れる中で、ふと故国日本を再認識させられるなどの文句である。確かに多忙な日常生活に追われてばかりいては自己の姿を見つめ直す余裕などない。我々の実践したカメの歩みの如くゆったり流れる旅先の非日常体験のなかで、ふとしたきっかけで因幡の白兎の如く小賢しい策を弄して要領よく浮き世をピョンピョン渡る己の浅はかな醜態を客観的に再確認する自省の機会も生まれて来ようというものだ。

北海道固有の〝簡易〟文化に陶酔

〝簡易文化〟とは

マージナルな旅を目指した我々は北海道の中でも僻陬の道東・道北のひなびたローカル線を訪れ、いわばお上の鉄道の中でもアウトローな〝弱小私鉄〟的存在として固有の特色を有していることを知った。

そもそも寒さとの戦いであった北海道開拓史は道民に耐える力と過去の因習にこだわらない進取の気質を植え付けた。北海道には形式に囚われず、概して合理的で簡素、簡略を旨とする独特の文化がある。北海道は歴史が浅く全国からの移住で成立したので、古来の本州の風習は根付かず、万事合理的な北海道独自のルールが根付いたようである。たとえば冠婚葬祭の簡素化(43)が推し進められた理由は戦前から伝統的な儀式を排除すべく農家の生活改善が推奨され、戦後各地で新生活運動が盛んになり、道内市町村で広報などを通じ生活改善の普及を図ったためとされる。即ち、北海道の〝簡易〟文化は自然発生的なものではなく、官製の〝道産子〟文化が醸成されたことを示している。

鉄道での〝簡易文化〟

内地とは気候・風土を異にする北海道の鉄道そのものにも幾つかの同根の特異性が認められる。昭和七年殖民軌道を正規の軌道に変更すべく鉄道省と正式協議した際、全国一律の発想に立つ中央省庁の過剰な保安装備要求に対して北海道の現場は「交通稀ナル地方ナルヲ以テ……省略致度」と懇願、中央は「規程ニ抵触スルモ……極メテ簡易線ナルヲ以テ」やむなく黙認した例(44)がある。このように徹頭徹尾低規格指向の北海道の現場は開拓地ゆえの特例をひたすら懇願、やむなく中央は免罪符の「簡易」の二語を冠することで例外を黙認した。こうして「殖民軌道」（後の「簡易軌道」）のほか、北海道特有の低規格設備である「道産子レールバス」、「簡易乗降場」、「簡易便所」など、鉄道分野でも北海道の〝簡易〟文化は花盛りであった。北海道では駅名にアイヌ起源の地名が多く採用されているのは当然として、正式の駅の扱いをされない簡易な地方の鉄道管理局が独自に設置する「仮乗降場」(45)と呼ばれる小駅がかつてあちこちにあった。これらの駅は全国版時刻表には掲載されなかったため、その知識なく乗車した人の中には、次々と現れる仮乗降場に驚く人も多かったという。これらの仮乗降場は「北海道時刻表」「道内時刻表」には掲載されていたが、地方版時刻表にさえも掲載されなかったものまであった模様である。

安上がりにバスの部品を多数転用した粗末な「道産子レールバス」などと同様に、北海道の「簡易便所」にも「簡易」と称する免罪符が多用されていた。かように道内には内地の常識が通用しない独特の異文化＝「簡易文化」ともいうべきものが鉄道世界にも散見され、当然に内地とは異なる厳しい気候や風土・経済環境を色濃く反映した省資源・省資本・省力化を内容とする〝低規格〟でのコストダウンを、体面にこだわる中央・本省の意向に反しても受け入れざるを得ない〝開拓者精神〟が貫徹していることを温室育ちの内地人として再認識した次第である。

マージナル・マン・坂本龍馬への憧憬と模倣

地理的にマージナルな辺境の地を愛した我々は、後半の西南日本の旅を通して所属集団からも自由な脱藩・下級武士の坂本龍馬の心意気と並外れた行動力とに大いに惹かれた。郷士という一応は武士階級に属しながらも町人並に差別を受ける中間的身分に生まれ、武士たる海軍と商人的海運を兼ねた海援隊という中間的組織を作り出した龍馬は幕末期に佐幕や倒幕の相違を超え仲介役を果たし横断的連合を成就させた。前近代と近代の狭間にあって、自ら時代の転換者たらんと限界的な立ち位置で孤軍奮闘して絶命して果てた脱藩郷士・

龍馬こそ、あらゆる意味においてマージナル・マン(46)に相応しい。がんじがらめの武士社会において、所属組織の藩の桎梏《しっこく》を自ら蝉脱《せんだつ》する「脱藩」行為の重みたるや、恐らく出家、渡世人の組抜け、サラリーマンの脱サラの比ではあるまい。重罪人が監獄から抜け出す脱獄・脱牢、帝国軍人の脱走・敵前逃亡並の一大決心を伴ったに違いない。自らの不退転の決意で脱藩した龍馬は進んで身分や藩から自由な異人になる選択をした自律的なマージナル・マン、当時の支配的道徳観や常識から大きく外れたアパシー、アノミーな逸脱者であった。前近代的な封建社会では逸脱と見做された不適切な言動も次の近代社会では革新と評価される。

ここで、幕末史における龍馬論を展開する気はさらさらない。我々がこの長旅に出立する気持ちの中にも、しがらみを裁ち切って局面の展開をはかり、なんとか新天地を目指したいという万分の一かの若気の至りゆえの覇気があったようにも都合よく記憶する。各地を巡り歩くうちに解脱とまではいかずとも、夢想家の河口君ではないが、あわよくば何か夢のような好都合な情況に遭遇するかも……といった甘く、淡い期待も幾分かは含まれていたであろう。尤もらしく「青春巡礼」の旗を掲げるものの、もとより脱藩などとは程遠く、精々厄介な現実から一時逃避して放浪しがちな年頃ゆえの「青春彷徨」の真似事にすぎなかったのだが……。

ただ汽車も車もない幕末に龍馬が徒歩（一部蒸気船）で国内各藩を精力的に何度も往復した並外れたエネルギーには唯々脱帽した。我々の旅行は何らの密命も帯びてはおらず、車中八策も立てず、旅の後半で単に越前→上方→長州→長崎→薩摩→伊予→土佐→上方という、当然に龍馬も歩いたであろうコースを文明開化の乗り物たる汽車で安直になぞっただけにすぎない。しかるに薩摩で同士討ちした刀傷とこの程度の〝長旅〟に疲れ果て、土佐の桂浜の龍馬像の下で太平洋を眺めてしばしの休憩をとって寛いだという軟弱ぶりを露呈したのみである。

ローカル線・弱小私鉄への偏愛

「へそまがり」の産物

我々のマージナル指向には反中央・反権力の意味も含まれる。より根本的な思考傾向として二人とも敗戦の昭和二〇年生まれで、物心が付く頃は米軍の完全な支配下にあった。焼け残った立派な建物、百貨店、ホテル、高級住宅等は悉《ことごと》く米軍に接収され、毒々しいペンキが塗られ、道路名・施設名は勝手な横文字名に書き換えられた。小学校へ行く前に異民族支配の理不尽さ、四等国民の悲哀を十分体感させられてきた。従って「サンマータイム」に代表される有無を言わさない欧米化、原色のどぎついアメリカ文化の侵略(47)には子供心にも嫌悪感を禁じ得なかった。とりわけ日々FENから流される懐柔目的の〝敵性音楽〟の騒音に。

こうした現物での実地教育のためか、〝進駐軍〟に代表される物量で圧倒し、大音響をかき鳴らし、大言壮語する一見〝進歩的〟な巨大勢力（たとえば宇宙開発）には生理的に反感を抱き、反発を感じる「へそまがり」傾向が強まったようである。

日々読経代わりに、経典「時刻表」を読む「おつとめ」を欠かさぬ〝読み鉄〟宗では圧倒的に国鉄派が多いと思われる。著者個人の鉄道愛好の偏りを問われれば、新幹線・大幹線よりローカル線、お上の国鉄より下々の私鉄、立派な大私鉄より零細な弱小私鉄の方をこよなく愛する、判官贔屓というよりも貧乏な私鉄の方に同情を寄せる〝貧乏趣味〟である。

鉄道愛好者でも速くてスマートな新幹線の方が遅くて鈍重な在来線よりカッコいいと感じる向きも少なく

ないようだ。新幹線には業務上の出張等で永年お世話になっている著者ではあるが、リニア新幹線開通を今か今かと心待ちにしているわけではない。元来理工系の臭いがプンプンする宇宙ロケットやジェット機などが何分貧弱な頭脳ゆえ理解不能で本質的に性に合わない。趣味的対象物としてはそれら得体の知れぬ〝超高速飛翔体〟の対極にある凡そスマートでない超アナログな旧式鉄道の方を選ぶ。すなわち狭軌、単線、タブレット交換、腕木式信号、無人駅、ボロボロの旧式老朽車両、低速、草むす軌条、廃線も間近で命脈尽きつつある光景(48)……果ては正規の免許もなくこっそり隠れて便乗させる非正規鉄道といった具合である。

薄命私鉄ほど可愛い

これは極めて主観的で一切理屈抜きの感情論だが、エリート官僚が優秀な頭脳と税金で築き上げて来た〝お上〟の官営・国鉄は威厳に満ちている反面、全国一律の没個性的で概して車両も変化に乏しい。これに対し庶民が自力で設けた私鉄は手作り感が溢れ一線一線が色も形も雑多で千差万別、極めて個性的であった。経営方針も親方日の丸の国鉄に対し私鉄は生き残るためなりふり構わず必死に創意工夫を重ねる。確かに鉄道工学的な目でみれば、高規格の国鉄大幹線は堂々たる重厚長大施設として尊敬に値する。これに対しローカル線・弱小私鉄になればなるほど、規格水準はどんどん下がり、みすぼらしくお粗末極まりない。

理工系でない文系の身で趣味的対象として観察すれば鉄道工学的に評価の下がる劣悪極まりないダメ路線ほど、我が身につまされて同情すべき存在になって行く。即ち昨今の豪華列車は論外だが、幹線を驀進《ばくしん》する大型蒸気機関車の勇姿より、草むし錆び付いた軽軌条の上をヨタヨタ這い回る貧弱な老朽車両の息も絶え絶えのはかなき姿の方にこそ「侘び、寂び、無常観」があると称して同情を寄せ、喝采を送って来た。弱小私鉄ほど経営内容と正比例して設備も貧弱で、お粗末極まりなく、我々が必死に応援して手助けしてやらないと明日にでも絶命しかねないようなか弱い存在。モデルとなった薄命な女性を追慕して描かれた大正ロマン溢れる「夢二式美人」のように、どこか憂いに満ちた物憂げな不健康な表情に惹かれる男性の独断と偏見か。我々の見てきた僻地の弱小私鉄は一二の幸せな例外を除き、残念ながら年来の持病が悪化し悉く薄命で終わり、多くは一生でたった一度だけの出会い「一期一会」に終わった。

奇妙な鉄道崇拝と駅スタンプ試論

鉄道陶酔の果て

以上、長々と「解説」と称して我々の当時の若気の至りの〝愚行〟の弁解を必死で試みてきた。要するに堀田善衛氏の「果てまで行こうという闇雲な情熱」、森山大道氏の「北方ロマネスク癖」等の論旨の一端にあたかも実践的に若干なりとも触れていたかのように身勝手に錯覚している訳だ。それでも多くの読者（鉄道愛好者は除く）にはご理解頂き難い幾何《いくばく》かの〝奇行〟が残っている。それは我々の旅行で厳格な日課とした日々の鉄道崇拝の神聖なる儀式である。ＳＮＳ時代の今日では〝写真映え〟を狙った単なる撮影行為か、はたまた御朱印ブームの先取り程度かと誤解されるかもしれない。そこでこの部分の独断と偏見に満ち満ちた著者なりの「解説」ならぬ「釈明」を試みたい。

当時我々二人の間では旅行中、主な駅では駅舎の前（下車の余裕ない場合は最低限ホーム駅名標の前）で記念写真を撮るとともに、駅でスタンプを押すおきまりの行動（後世いうところの〝押し鉄〟）を単なる道楽＝純粋な自発的収集というよりもむしろ、自らに課された重い義務と見做していた。そして記念写真・スタンプ両方を終えて初めて〝仕事を済ませた〟＝信者としての〝おつとめ〟を果たしたと解していた。

鉄道の主なる駅等に置かれた観光目的の「記念スタンプ」と区別する意味で社寺で参拝者向けに押印される印章・印影を特に「御朱印」と呼ぶ。御朱印の手引書には「御朱印は観光記念スタンプではなく、神仏と縁を結んだ証しであって、有難いもの」といった趣旨の注意が最初になされている。裏読みすれば、駅のスタンプは単なる観光記念にすぎず、有難いものでないことになってしまう。それでは我々のような鉄道を愛好する者が好んで押す駅スタンプ(49)には、一体どういう意味合いがあるのであろうか。

我々は今回の日本一周行為を世間が見るような〝愚行〟ではなく、ある種の戒律を守る「修行」と見做していた。すなわち豪華な特等座席にふんぞり返ったり、早く名旅館に着いて美味い物をたらふく食いたいといったA級世俗欲は一切排していた。粗末な服を着て、安いパンをかじって、最高に贅沢な食事が僅かに「バターごはん」と「長崎チャンポン」、枕崎駅前の「ラーメン」程度というグルメとは程遠いBB格の貧乏旅行であった。さすがに従前のC級旅行である野宿・駅泊は卒業したが、ロハの友人宅以外にやむなく利用する宿泊施設もホステルか駅前簡易旅館等極力料金が低廉なものであった。

むしろ日もすがら、固く粗末な木製の硬座席に長時間座禅し続け、ローカル列車特有の貧弱な車体と軌条の相乗作用による一定のリズム感ある揺れ、軋み、騒音をこよなき友とした。そして来る日も来る日も飽きることなく同じ鉄道修行を繰り返した。その結果、自らが日々生きて〝聖なる〟鉄道に抱かれ続けているという絶対的な帰依自体にこそ、最高の満足感を得られる悟りの境地（?）にようやく到達したのである。

こうした我々の鉄道修行の末の心理状態は死と隣り合わせの荒行、千日回峰行に挑む「大阿闍梨」というとあまりにも言い過ぎだろうが、厳冬期にヒマラヤかどこかの高峰の峨々たる岩壁を単独で登攀するなど興奮状態が極限まで達し、恐怖感が麻痺したクライマーズ・ハイ状態のアルピニスト並に、これまでの人生で未だかつて経験したことのない高揚感や陶酔感、恍惚感で全身が満たされていくのを感じるのであった。

不敬の仏教徒の著者にはとても実感できぬが、恐らく一神教の敬虔なる巡礼者が一生に一度、長く苦しい旅路の果てに遠く離れた唯一絶対神の奇蹟の聖地に、今まさに到達せんとする間際に抱くであろう狂喜・恍惚・法悦にも幾分か近い感情ではないかと推察する。

もはや鉄道崇拝

固く冷たい人工の鋼鉄無機物にすぎない鉄道にかくも陶酔する理由は何だろうか。我々のような鉄道愛好集団の中では一旦発症した病気が進行してより重篤化すれば、鉄道という類い希なる絶対的存在に対して、愛着とか執着といった程度の並の表現では到底済まない、ある種特別の感情が込み上げてくるのである。

我々にとって他の一般の船舶・自動車・航空機等の乗り物は、移動のための単なる便宜的手段にすぎない。経済合理性が作用する日常領域にあって、運賃と所要時間を中心にフリークエンシー、騒音、振動、快適性、アコモデーション、さらに最も重要な要素たる安全性とりわけ衝突沈没やテロ・墜落・炎上・死亡の蓋然性等を総合的に考慮して、他の交通機関に適宜変更するという代替関係にある。しかし我々の間では鉄道は他の乗り物と異なり、単なる移動手段には非ずして、非日常領域における、ある種特別の〝別格官幣大社〟(50)的存在である。

他の並の、格が何段も下の移動手段なんぞと比較することすら甚だ畏れ多い。畏《かしこ》くも鉄道がおわす神聖なる区間にもかかわらず、他のゲスなる移動手段に乗るが如き悪行は信徒のタブー(51)とするところである。

世にいう「芸術のための芸術」を理念とする「芸術至上主義」なるものは芸術は他のものの手段として存在するのではなく、それ自身が目的であり、価値であるとする。これにならい我々の立場をあえていうなら、鉄道は空間移動などといった他のものの手段として存在するのではなく、それ自身が目的であり、価値であると信じる「鉄道至上主義」「鉄道信仰(52)」とでもなろうか。

我々のこの用語は日頃からの趣味が一段と昂じて、単なる愛好が尊敬に、やがて鉄道への帰依、無条件の絶対的崇拝へと順次昇華していく過程を指すのである。夙《つと》に先学・吉川文夫氏が「鉄道には（はなれられなくなる）魔力みたいなものがある」と感じ、「ただ乗って……眺めたりだけという……やり方に崇高さが漂う」(53)（趣味、二四頁）と形容する如く、ある種独特の超自然的な呪力や霊験があるのではないか……とまで感じ、単なる人工物と見做すことなど畏れ多いほど、尊いものとして心から敬う、いわば神聖視してしまう物神的傾向が多少なりとも認められる。(54)

現代の多くの観光客にとって国際線機内での長い移動時間は完全に〝忌むべき時間〟に変容した。航空各社は搭乗客をいかに退屈させないかのサービスに知恵を絞っている。しかし当時の我々の場合、鉄道での移動時間そのものが大いなる意義を有していた。「旅行の目的地に到達するための最善の交通手段」と「目的地で何らかの非日常的な体験をして旅を楽しむ」目的との間に、混淆・逆転現象が生じていたのである。即ち「手段」としての〝移動する時間〟が我々にとっては決して苦痛で無駄に思える〝忌むべき時間〟でなく、むしろ「大幅値上げ前の格安運賃・学割・遠距離逓減効果をフルに享受し、思い切り国鉄のローカル線列車を乗り倒す」行為そのものが最高の快感であった。

〝鉄道教〟の教義

ここから、ドグマに充ち満ちた我々の帰依する〝鉄道教蒸気宗〟の教義を一方的に開陳させて頂きたい。我々……と複数形で書き出したものの、正直なところ仲間内から次々改宗者が出てきたので単数に改めるべきかもしれぬが、ピュアな鉄道教の信者にとっては、鉄道に接近し、お姿を間近に拝し奉り、畏くも鉄道に乗車させて頂く行為そのものが真に有難いのである。乗車という絶対的存在である〝聖なる〟鉄道の掌にいだかれ、我が身をすべて委ね尽くす行為自体が無条件の絶対的帰依であり、参詣であり、礼拝であり、読経であり、写経であり、崇高なる宗教的行為たる〝テツロ巡礼〟にほかならぬ。(55)

なぜなら鉄道教の信者にとって、まず光輝に満ち溢れた駅[56]こそは未知なるものと遭遇するために、必ず経由せねばならぬ最初の聖なる出発点である。駅舎への入口は鳥居・山門という、俗なる世界と聖なる世界とを隔てる結界に相当する。駅舎こそは信者たるものが「是非〇〇まで行けますように」などと各々自己の到達すべき地点を神仏に願って、相応の喜捨・寄進の儀式を執り行う場であり、神社の拝殿に相当する建物である。拝殿の先の一段高くなったホームは神のおわします聖なるゾーンゆえ、特別に立ち入りを願う我々信徒は感謝を込めて行き先に応じた寄進をして、神職より寄進に応じた硬い厚紙製の有難い御札（「硬券」）を授かるのである。

ホーム入口で神業的職員（神職）がお祓いの意味を込め、一人一人の御札を改め、寄進の意志を受容した旨、当駅固有の形の鋏をうやうやしく、お入れ下さる「改札」なる厳かにして神秘的なる儀式が開始されるまで禁足地であって、この間参拝者は各々祈りを捧げ、定められた聖なる時の到来までひたすら待つ。

頃合いもよし、雅楽の笙《しょう》、篳篥《ひちりき》の如き蒸気機関車の妙なる汽笛が周囲に鳴り響き、天にも届く濛々《もうもう》たる黒煙と耳をつんざくような轟音こそが、信徒に約束された聖なる時の到来を告げ、ホームへの参集を促す役割を果たす、偉大なる鉄道を讃美する大音響での「御触れ」そのものである。

間髪を置かず、畏れ多くも「くろがねのご神体」が威風堂々、鉄路上に「陸の王者」の偉容をご出現遊ばされ、神事は最高潮に達する。ホームでこの歓喜の瞬間を今か今かと待ち焦がれていた信者共は等しく、ご神体から吹き出す聖なる蒸気で、世俗の塵芥で汚れた我が身を清められ、神気の有難さに畏怖し、思わずひれ伏すといった具合である。（なお、すぐに文字が消える軟弱な御札を売ったり、「定期券」はては「自動改札機」など俗なる手段で常時ホームへの入場を許すが如き通俗的なるものは、我々の信仰対象からは除かれている。）

スタンプの真の意味

その乗車という一期一会の有難い記念として各地の札所・霊場に相当する各駅を順次巡って、駅頭に置かれた記念スタンプをあたかも霊社名刹の霊験あらたかなる御朱印の如く押し頂き、持参した集印帳[57]に心を込めて有難く捺印させて頂くのである。駅スタンプの図柄は千差万別、駅により、時代により有為転変を繰り返す。したがってその時点で自分が当該駅と、あるいは当該路線と取り結んだ結縁《けちえん》を証明する意味を持つ。次頁に掲げた連絡船松前丸備付のスタンプには船姿と満開の松前城、最北端の稚内駅には旧稚泊航路の防波堤ドーム・利尻山とカモメ等、留萌駅には世紀の難工事の築港・臨港鉄道、南端の鹿児島交通枕崎駅には灯台・漁港等のご当地ならではのゆかりの図柄が見事に描き込まれている。備付の見当たらなかった海潟駅ではお願いして下車印を押してもらった。いずれも半世紀前とは思えぬ鮮やかな印影ではあるが連絡船や多くの駅は姿を消し、稚内、留萌両駅の印もＤＪシリーズ後にも更新されたことを現地で確認した。

かくして数多くの尊い駅を巡拝しては次の駅を目指し乗り続ける「巡礼」という一過性の積善行為の累積の果てに、いつの日か日本列島の美しい弧を円満に描き終える結願を迎えることをこいねがうのである。よって、日本中の〝聖なる〟鉄道に日夜乗り続け、「いはへ人々鉄道のひらけし時に逢へる身を、上野の山もひびくまで鉄道唱歌の声立てて」と御詠歌ならぬ「汽笛一声新橋を」で始まる「鉄道唱歌」を唱えつつ、廻国修行する日本一周こそ、四国八拾八ヵ所＋西国三拾三ヵ所＋坂東……＋……などをすべてインテグレートした〝お遍路〟に相当するΣ印の〝テツロ巡礼〟なのである。

こうした重度の「鉄道病」患者にとっては健全な鉄道趣味活動である鉄道乗車等で自然に摂取すべき体内の鉄分濃度が一定値以下に低下すると、鉄道への愛好の感情が募り、「鉄分切れ」症状という身体にさまざまな変調を来すようになる。もちろん一身を愛する鉄道に委ね、一心不乱に乗車修行するのが最大の治療法

稚内、留萌、松前丸、枕崎の各スタンプ（3日～14日）

なのだが、常に可能なわけではない。この「鉄分切れ」症状を一時的に和らげる特効薬として、神聖なる鉄道を構成する部分の一部である駅舎、車両一両丸ごと（無理なら座席や部品類）、乗車券、時刻表、沿線案内、駅弁、音声……凡そ鉄道を描いた模型・画像・映像・動画・偶像から果ては紙切れ一枚に至るまで、それらの呪物を身辺近く、仏壇や神棚と等価値に清められた霊的ゾーン「テツ壇」「テツ棚」に配し奉るという対症治療策がある。吉川氏が「『集める』は、その行動とそのあとの余韻に楽しみがある」（趣味、二六頁）として収集を適度の興奮剤と指摘する通り、朝な夕なに鉄道への帰依を再確認するだけで鉄道という聖なる存在を想起させ、あたかも乗車して楽しい旅を続けているかの如く錯覚し余韻を満喫できる。究極の鉄道コレクター・大庭幸雄氏は「鉄道趣味の魔力はそれ（家族の反対）をはるかに上まわる恐ろしい魔性を秘めている」（趣味、八三頁）と指摘する。

では鉄道愛好者はなぜかくも必死の形相で撮影を続け、鉄道ゆかりの紙切れ一枚まで後生大事に収集整理し、信心の足らぬ妻子らからの度重なる宗教的迫害にも屈することなく、これらを命がけで末長く愛蔵しようと熱望するのであろうか。

無常観に立つ鉄道趣味

茶道で生涯に一度だけ出会う、一つの出会いを大切にして悔いのないように茶を立てる心構えを「一期一会」と言う。もとより短い間に有為転変を繰り返し、常ならざる鉄道界にあっても列車の名称、乗車した車両の形式変更等は当然である。たとえば北海道でお世話になった気動車の多くは戦前のガソリンカー改造の古めかしい「機械式」であった。速度制御を選択摺動式の多段変速機と手動クラッチにより行う極めて古典的な方式である。しかし昭和二八年連結した複数車両の遠隔操作ができる液体変速機を搭載した「液体式」が実用化された。このため長大編成での高速運転が不可能な厄介者・「機械式」は大量輸送を要する都市近郊から淘汰され、慣れぬ北海道等の辺境に駆逐され、昭和四一年あの「簡易便所」に驚愕した我々が、老躯に鞭打って最後のご奉公に励む彼らの最後の花道に辛くも立ち会えたわけだ。

「諸行無常」の世にあって、次回当地を訪問した際にこの駅、この線区、この鉄道会社そのものすら、かつてのまま存在しているという保証など一切ない。したがって鉄道愛好者ほど、ひとたび生まれたものは必ず滅び去る哀しい宿命にあるとの意の「生者必滅　会者定離」という無常観を日々痛感する趣味者は他に例はない。奈良崎博保氏は「由緒ある物品が破壊……散逸して、悲憤梗概にくれ」（趣味、五四頁）て鉄道部品の収集を志した先達である。原口隆行氏も「鉄道の比重低下……で鉄道旅行は逆に貴重なものとなり……全線乗りつぶし」（趣味、二九頁）等の記録挑戦が始まったと解する。斜陽傾向が否めない鉄道なるがゆえにこそ、やがて自分たちの堕落した世界から聖なる鉄道が完全に姿を消し、鉄道のない即ち光明のない暗黒の末法・法滅の世が到来する近未来の不安を確実に予知していると考える。

我々の場合、たとえば遠くに存在し、霊験あらたかな天北線浜頓別駅に再度のお参りを発願したと仮定しよう。今や浜頓別駅も天北線もかつての霊姿を消し去っており、下手すれば道北一帯から鉄道そのものすら滅し兼ねない法滅の状勢である。そこで今生の別れにせめて御印なりとも頂き、在りし日の鉄道の姿を偲ぶよすがと致したいとのはかなくも細やかな存念である。

我々は単純に目の前に現に存在し、可視性の堂々たる壮麗な鉄道に対する神聖視にとどまるものではない。すでに消滅した鉄道の廃線跡・廃墟・遺跡[58]はもちろん微かな痕跡、不確かな伝承といった不可視性の潜在領域すらも、いつの日にか奇蹟の復活を夢見る信徒にとって現存する鉄道と何ら変わることなく探索、巡礼、崇拝の対象となる。遠き日の微かな記憶や「依《よ》り代《しろ》」をもとに必死に読経・礼拝等を続ければ、すでに存在しないご神体が、ありありと甦り、あたかも眼前におわすが如く幻視可能なトランス状態に陥り、救世主・阿弥陀仏の来迎の如き昂揚した気分になる。

かように鉄道はやがて消滅する運命にあるものと悟る無常観に立つからこそ、滅び行く散り際の束の間の今の姿こそがより一層美しいと考える。廃止直前の命脈迫る路線・列車や廃車間近の老朽車両を専ら美学の対象とする趣味者（「葬式鉄」）も少なくないのである。次の仏・弥勒菩薩が出現して美しい廃墟となり果てた鉄道を法力で再建され衆生を救われると聞く五六億七千万年後までの「つなぎ」の栄養素が、滅び去ってもはや痕跡すらとどめぬ鉄道を彷彿させる「よすが」たり得ると見做しているのかもしれない。

筆者にとっては大先輩たる大和田建樹先生の「鉄道唱歌」の鉄道を讃美する歌詞を拝借すれば、我々二人は「汽笛一声」のチャイムとともに上野駅を出発、「人に翼の汽車の恩」を蒙り、「おもへば夢か時のまに日本全国はしりきて」、とにもかくにも北や南の辺境にさえ「鉄道の残りし時に逢へる身を」感謝しつつ、日本各地を「はしりきて、神戸のやどに身をおく」結願《けちがん》を無事迎えたのである。

第二章　日本一周旅行のその後

所詮は懐古趣味

本書第一部旅行記は著者自身が約五三年前に実際に経験した日本一周旅行を当時書き留めた保存諸記録に依拠し回顧執筆したものではあるが、所詮は著者の体験を振り返る懐古趣味の所産にすぎない。レトロの背景にあるノスタルジーには異郷から故郷を懐かしむこと（郷愁・望郷）と、過ぎ去った時代を懐かしむこと（懐古・追憶）の両義がある。当初医学的研究として命名された前者のノスタルジー症状は戦況が不利で勇気を鼓舞せねばならない兵士たちに現れる戦意喪失の原因であって、国防上排除すべき感情とされた。

ノスタルジーから派生した用語は世界中に存在し、たとえば崩壊した旧ユーゴスラビアの肯定的側面のみに愛着を持ち、懐かしむ感情は否定的意味合いで「ユーゴノスタルギヤ(59)」と呼ばれる。また同様な背景をもつオスタルギーも東西ドイツ統合後西側的市場経済に順応しきれない旧東ドイツ国民の間に広まった自虐的造語である。この種のノスタルジーには崩壊・併合で消滅した旧ユーゴ・旧東ドイツ等の共産主義の負の部分は除かれ、都合よくイメージが再構成される場合が多い。そのため一部からは時代錯誤、非現実的、非愛国的、反体制的等の非難も多く寄せられる。

さて、翻って我々の懐古趣味に起因する鉄道ノスタルジーは、現在いるところ（たとえば令和の大都市）から、時間的に空間的に離れた特定の時間や空間（たとえば半世紀前の北海道天塩国）の鉄道情景を想像して、「懐かしい」という肯定的感情のみで価値づけることである。実際には冬季の連絡船は不気味に揺れ、蒸機の煙りで真っ黒に煤《すす》け、危うく吹雪で凍死しそうになったのにもかかわらず、ほぼ壊滅した末法下の天塩国の在りし日の鉄道情景のはかなくも美しい肯定的側面のみをひたすら想起し続けるのである。

一方、最新のテクノロジーに興味あるが、古いものにはてんで興味がない若い鉄道ファンに言わせれば、革新的な発想を排除し、蒸気・古典・旧型一本槍の頑固な老人の後ろ向きのネガティブな懐古趣味には相当ご立腹のようである。しかし、趣味は所詮個人の好き嫌いという次元の話である。七〇歳を超えた老人たちの懐古趣味のまなざしの先には子供の頃に走っていた昭和の鉄道がある。自分が見た、知っているモノを単に好きとか、懐かしいというに過ぎぬ。著者を含む年配者が「新幹線やリニアが好きになれない」などと悪口を垂れるのは、どうか死に行くシニア層の「引かれ者の小唄」(60)だと軽く聞き流して頂きたい。「鉄道愛好者は所詮引かれ者だ」というのはなにしろ郡部では鉄道そのものが他交通機関に負けて、どうにもならない絶望的な状況にあるのにかかわらず、強がって平気なふりをして趣味の対象にしているわけなのだから。

「テシオノスタルギヤ」

このように、老人の懐古趣味であることを大前提にする以上、我々が半世紀前に見てきたモノが、いかに変化し、変遷を遂げ、廃止・解体され、消滅し尽くしたかを是非とも概観しておく必要があろう。たとえば我々の通過してきた旧留萌支庁管内では地域の悲願・留萌築港とワンセットで推進された巨大プロジェクト(61)

で炭鉱町が形成され、炭鉱鉄道が管内に縦横無尽に張りめぐらされ、留萌などの港から石炭・木材の積出を盛んに行う様子を瞥見《べっけん》した。しかし直後の一九七〇年代以降は主力産業の林業・炭鉱業がともに衰退、炭鉱町が完全に消滅した結果、現在の留萌振興局管内全市町村が過疎地域に指定された。この現実は旧ユーゴという一国崩壊ほどでないにしても、「天塩國」[62]（天州）一国の経済的消滅に相当するほどの国難である。

今、試みに北海道の定番ガイドブックとして『るるぶ』など数冊を見ると、お手軽な道央・道南中心の編集方針のようで道東、とりわけ道北に及ぶものが圧倒的に少なく、旭川・網走以北は利尻・礼文等ごく一部を除いて全くの観光空白地帯の如き印象を与える。北見・名寄・留萌等の主要都市名すら、付図以外には登場しない。かつて我々が歓喜した湧網、名寄、天北、羽幌《はぼろ》等の各線消滅と相前後して、もはやあの華やかなりし最果て・辺境ブームは全くの死語と化したのであろうか。

そこで唯一の拠り所として留萌振興局が平成二九年一月発行した立派な旅行誌『西蝦夷ここ路旅』第一号を参照した。同誌掲載の「群来《くき》に沸いたヤン衆たちの夢の跡」「山間に眠る隆盛の欠片を尋ねる」「夢と共に歩んだ鉄路の記憶」など、悲しくもすべて過去形の殺し文句・廃墟写真は、たとえ若者から「テシオノスタルギヤ」との非難を受けようとも天州の栄光の日々を知る老旅人のこころにグサリと突き刺さるのである。

昇格という〝光〟の中の〝影〟

鉄道旅行への逆風

その後、五〇年間という長い年季奉公が明け、人生初の長期休暇を頂き、学生時代に比べれば多少経済的に余裕のある現在、それでは……と意気込み同じコースで旅行しようと思い立っても爾後の鉄道旅への逆風を考えると到底再現不可能と気付いた。その最大のものが、我々二人が浦島太郎よろしく全国津々浦々の異郷・異界を次から次へと心ゆくままゆったりと流浪する手段として終始お世話になり続けた愛すべき〝亀〟の背ともいうべき「乗り物」である日本国有鉄道そのものの過酷な解体であったことはいうまでもない。

国鉄の解体、地方交通線とりわけ北海道、九州の二島内での集中的廃止、長距離列車・夜行・航路の廃止、地方鉄道・軌道の廃止等々、その後の鉄道旅行に対する数々の逆風を考えると、この時期だからこそ体験し得た幾多の昭和レトロ旅だったと感じる。小遣いのありったけをはたいて撮り貯めた粗末な写真と乏しい記憶を総動員した結果、半世紀以上前の昭和四一年三月という一時点で切り取った日本列島各地の同時代観察者としての何がしかの役割を果たせたのではなかろうか……と密かに自己満足している。

観察した愛すべき昭和の風景が旅行後の約五〇年間にどのように変貌したのかを以下に順次述べる。最初の頃の変化は前向きの変化、すなわち鉄道需要の増加が依然見込まれ、輸送力の増強工事に伴う一部区間ののみの喪失で、いわば昇格という〝光〟の中の〝影〟とでもいうべき、緩やかなものであった。

輸送力増強で根室本線の旧線廃止

昭和四一年九月末に根室本線落合から新狩勝《しんかりかち》（信号場）を経て新得《しんとく》に至る新線（二八・一㎞）が完成した。このため、我々が乗車して車窓から狩勝峠の大展望を楽しんだ東鹿越〜新得間の旧線は残念ながら廃止され、味気ないトンネルに代替されてしまった。なお旅の先覚者・森永規六は大正初期の狩勝信号場に「住んである駅員……の生活を思ひ出すと……灯台守と何等の差別がない……これでは島流しでなくて山流し[63]」と大いに同情、宮脇俊三氏も晩年に狩勝峠の絶景再訪を夢に見ながら病没、果たせなかった因縁の地でもある。

大都市近郊線に変貌した筑肥線

戦前の私鉄時代（北九州鉄道）には川幅の広い松浦川に架橋するだけの資金がなく、川の手前に終端駅・東唐津を置き、本社・車庫・ホテル等を併設した。

国鉄時代の東唐津にも気動車区があり、多数の気動車が留置されていた。博多から来た筑肥線は東唐津でスイッチバックし、一部区間で唐津線と併走して伊万里に達していた。

筑肥線博多〜姪浜《めいのはま》間は福岡市営地下鉄と相互乗入れ、異色の直流一、五〇〇V電化となって、昭和五八年三月二二日博多〜筑前蓑島〜筑前高宮〜小笹〜鳥飼〜西新《にしじん》〜姪浜間一一・七kmは廃止された。また筑肥線は越すに越されぬ松浦川に遂に架橋して唐津市内に乗入れた。これにより筑肥線の冷房もない旧式気動車から、一挙に箱崎〜天神〜西唐津間の新鋭の大型電車に昇格するという大飛躍を遂げた〝大出世路線〟となった。

著者は平成二年四月から福岡市の同線沿線に転居し、この地下鉄で終点まで通勤するとともに、休日には近隣の〝大出世〟の陰で忘れられ草むす旧筑肥線をはじめ、西鉄市内線姪浜線、愛宕山ケーブル（索道）等の産業遺産巡りを近所の散歩コースとして楽しんだ。若い時の両線の乗車体験が散歩をより感慨深いものにしてくれたことはいうまでもない。

古江線の盛衰と幻の終端駅・海潟

古江線の複雑な経緯のため、開業五年後に我々が訪れた新鋭の海潟《かいがた》駅はその六年後に始発駅でなくなり、移転・改称、さらに一五年後に全線廃止で姿を消したという実に薄命な幻の終端駅であった。

鉄道ファンの聖地・古江線海潟駅（後の大隅線海潟温泉駅）は昭和三六年七月ここから北海道の広尾線広尾駅に至る一二、一四五・三kmを、二五日間で旅行した東京大学旅行研究会の会員四名による国鉄の最長片道切符旅行の記念すべき始発駅(64)として知られる。

我々の訪れた六年後の昭和四七年九月九日国分まで三三・五kmが延伸され、旅客営業のみ開業し、全通と同時に古江線（旧大隅鉄道）を大隅線に改めた。しかも海潟駅は延伸に伴って若干ながら移転し、海潟温泉駅と改称された。「やがてかなしき鵜舟かな」（芭蕉）ではないが、華やかに全線開通を祝ったあと、いかに諸行無常が世の習いとはいえ、一転全線廃止となった喪失感がなんとも堪らない事例である。すなわち昭和六二年三月一四日新鋭の大隅線は全線廃止となり、バス路線へ転換されて姿を消してしまった。

ヤマの消滅と道連れとなった炭鉱鉄道の悲劇

ヤマの消滅

前述したように、著者は重症の「テシオノスタルギヤ」患者のため、主に旧天塩国のヤマにおける激変・壊滅を取り上げる。訪問後僅か一年にして炭坑、鉄道、地域社会が丸ごと崩壊・消滅した天塩のヤマの悲劇を皮切りに数年を経ずに生じた雄別炭礦鉄道、羽幌炭礦鉄道、（昭和四五年）など、多くの場合経営不振・破綻に起因する痛ましい悲劇や激痛をも伴っていた。

エネルギー革命で石炭から石油へとシフトする中、道内各地のヤマはどこも採算が合わず、爆発事故等の頻発もあって青息吐息であった。我々が入口を覗いただけの釧路の雄別、道北の羽幌、天塩、そして留萌鉄道の沿線・昭和の各炭礦も昭和四〇年代半ばまでに相次いで経営不振、閉山、倒産の憂き目を見た。

ヤマの集落にほぼ共通の特徴として、山奥の無人の原野で鉱脈が発見され、開坑・採掘に伴って一挙に計画的に各種鉱業施設・専用鉄道と社宅群（炭住）等が造られる。鉱山企業に雇用された多数の鉱員等は山奥の社宅に住み専用鉄道で職場へ、家族は同鉄道で都会へ通う。海外産の安価な鉱石に対抗できないヤマが閉山に追い込まれると、雇用機会が奪われ、社宅を追われ、交通手段を失い、山奥の鉱山集落という地域社会は企業とともに崩壊せざるを得ない。かくして戦中・戦後の石炭景気の頃には一時の隆盛を誇っていたヤマの集落は崩壊して見る影もない無人の原野に戻り、運炭鉄道のレールは剥がされ、屑鉄として処分され、無人の原野に鉱業関連の産業遺産が引き取り手もないまま眠ることとなったのである。

雄別炭礦

訪問の三年後の昭和四四年四月死者一九名を出すガス爆発で採炭坑区を絞り最新の設備を投入中の主力炭坑が突如閉山に追い込まれた雄別炭礦は資金繰りが悪化し、翌昭和四五年二月二七日全山閉山し解散した。雄鉄も退山者のため暫時臨時ダイヤで最低限度の輸送を継続した後、昭和四五年四月一五日雄別鉄道釧路～雄別炭山四四・一㎞ほかが廃止された。「会社倒産後の営業であるため人員の確保と資金手当に苦労し……廃業の記念切符……を各方面に販売して残留従業員の給与資金の一部に充当[65]」したなど聞くも涙の悲話が、廃止に伴う鉄道設備の処分明細ともども元経営者の著書に詳細に収録されている。

羽幌炭礦

優良炭鉱と言われた羽幌の場合、昭和二八年朝鮮戦争終結後の石炭不況の中で築別炭砿を中心に徹底した合理化を進めた。昭和三六年には出炭量一〇〇万トン越えを達成、炭鉱住宅も都会並に生活環境を整えた。昭和三七年以降のエネルギー革命が進行する中で、羽幌はビルド鉱として生き残りを賭け、更なる合理化を推進した。昭和四〇年四月一一日、築別・羽幌両砿業所の一本化を中心とする機構改革、役員減員、体育部の休止を含む経費削減、生産の合理化の四本柱からなる合理化策を発表した。これに伴い、野球部をはじめスポーツ関連部のすべてが解散を余儀なくされた。

昭和四〇年度から四年連続で出炭量一〇〇万トンを維持したものの、労使で「企業ぐるみ閉山制度」を選択し、遂に昭和四五年一一月二日閉山となった。羽幌炭礦鉄道も昭和四五年一二月一四日廃止、旅客輸送は沿岸バス（大正一五年開業）に継承された。築別川に架橋された橋梁は鉄橋部分を含め残存するが、築別駅周辺は「ホーム跡が盛り上がるだけの草原[66]」と化し、鈴木商店の再興を夢想した金子直吉らの強者共の夢の跡となった。

天塩炭礦

他の炭鉱鉄道の多くがＤＣを導入し、貨物列車とは別に無煙の客車を走らせる中で、貧乏所帯の天塩炭礦鉄道（天鉄）は最後まで客貨分離[67]を行う余裕がなかった。昭和一四年設立、戦時下で資材不足の開業時にかき集めた雑多な中古車両群を使い回して凌いで来た。一時は桜を植え公園を整備、本郷公園駅を設置するなど観光客誘致の努力もした。しかし昭和三三年接続する達布《たっぷ》森林鉄道が廃止、トラック輸送に転換したため貨物が激減、赤字に陥った。さらに鉄道部門での新線補助金も昭和四一年末で補助期間が満了した。

本業の炭礦でも住吉・日新両坑への投資を続けたが期待した出炭量が得られず、昭和四一年万策尽きた形で閉山・鉄道廃止を決めた。昭和四二年三月天鉄は石炭鉱業合理化臨時措置法により閉山交付金を申請、四月一六日全従業員約四〇〇名に解雇通告した。閉山に伴う残務整理の都合上、線路撤収は猶予し最低限の運行要員のみ臨時採用し七月一五日まで一日一往復だけとした。

炭鉱の専用鉄道でなく普通鉄道扱いの天鉄は二六㎞と長く、通学通勤約三五〇名、住民約六〇〇名、地元産品・日用品等の輸送を行っていた。便益を受けている沿線住民が鉄道廃止に強く反対した。さらに連鎖的に天鉄の両坑の奥にある福久鉱山（新日本炭業経営）や達布営林署の存廃問題など雇用への影響が大きいと労働者・住民が騒ぎ出した。地元自治体・議会・諸官庁はもちろん労組を通じて支持政党・日本社会党へも実態把握と早急な対策方を必死に働きかけた。

昭和三六年に免許された天鉄が小平川の奥地まで路線バス四一・〇㎞を四両で運行していたが、四日間もバス運行が中絶する豪雪地帯だけに冬季の交通手段確保が死活問題であった。市長、町長等の陳情を受けた運輸省は「地元の地方公共団体等が組合をつくって継承できるかどうか検討いただきたい」[68]旨回答した。一部には今日からみると不思議にも思える「天鉄を国鉄が買い上げできないか」との期待感すら出された。地元選出の芳賀代議士らが動き出し解雇通告の五日後国会で「輸送施設の確保は閉山とあわせて地元の影響が甚大で、どのような措置を講ずるのか」[69]と質問した。

天鉄は小平町、留萌市等地元への根回しを経て、札幌陸運局経由で五月一二日運輸営業廃止許可を申請した。この間に沿線の小平町・留萌市等の議会の意見を聞き鉄道の存廃の当否を検討した結果七月二七日運輸営業廃止が許可された。地元から存続要望の強いバス事業を第二会社の天塩鉄道バス（役職員が転籍、昭和四三年八月てんてつバスに改称）に営業譲渡し、開業から僅か二六年で昭和四二年七月三一日限り鉄道を全線廃止し、清算業務に入った。線路敷の一部、留平トンネルは留萌市、小平町の道路に転用された。

昭和炭礦ほか留萌炭田（雨竜炭田）のヤマ

昭和三〇年代まで留萌鉄道沿線の諸炭鉱は順調な出炭を続けて居た。昭和四三年一一月二〇日旧浅野系雨竜炭砿が、赤字の累積のためまず閉山した。翌昭和四四年四月三〇日の代表的な炭鉱のひとつであった昭和炭鉱が国内屈指の有力炭鉱とされていたにもかかわらず、エネルギー革命の進展や安全対策に要するコスト増、多くの断層による計画的な採炭の難しさが加わり、閉山した。

さらに浅野と昭和の間にあって昭和三八年出炭開始し、比較的好調だった太刀別炭鉱も事故や坑内水害等で鉱員の大量離職が響き同年閉山した。こうして沿線諸炭鉱が相次いで閉山すると、雨竜炭田の運炭線たる存在理由を失い、昭和四四年五月一日留萌鉄道の恵比島～昭和間全線一七・六kmが休止して会社更生手続きに入った。翌昭和四五年一一月会社は清算を決議、運行を再開することなく昭和四六年四月全線廃止した。終点昭和炭礦の末期の様子は判然とはしないが、最盛期には四千人ほどの集落が形成されていたが、閉山後は無人の廃墟となっている。

悲劇を語るクラウス一七号

本社である明治鉱業株式会社は東証・大証一部に上場する大企業で、一般には安泰と見られていたが、昭和ほか所属炭鉱閉山直後の昭和四四年五月上場廃止、会社解散となった。金目になるモノを狙う債鬼の目に珍品と映ったのか、終点の引込作業に黙々と従事していた明治

昭和 45 年大阪万博出展中の鉄道クラウス 17 号

鉱業所有のクラウス一七号（車籍は留萠鉄道）は昭和四四年池袋の百貨店でなんと〝競売〟に掛けられる始末。遠く離れた見知らぬ地に引きずり出され、〝晒し者〟にされる名機を見るに忍びず、心ある数寄者(70)が大枚を叩いて同機を救出したと伝えられる。この価値ある産業遺産を私蔵することなく、翌昭和四五年の万博への出展を模索、幸いに関係方面の支援もあって晴れ姿を世界中からの数多くの来園者に披露できた。

すでにカマを落とし物言わぬ蒸機だったが、今にして思い返せばクラウス一七号は恐らく、昭和炭礦にとどまらず天塩・羽幌を含め北海道のヤマで数年前に起きた悲劇・炭礦哀史を切々と当時の来園者たちに語っていたことかと推察する。かような数寄者たちの尽力のお蔭で著者も他の廃止鉄道と同様、二度と会えまいと諦めていた北海道奥地に潜んでいた名機を身近に拝観できるとあって、万博会場へは何度となく足を運んだ。しかし正規の出展扱いを受けられなかったせいか、名機の前には何らの解説もなく、単なる子供だましのＳＬのオモチャ同然のシロモノ視されたのは返す返す残念で、今回の旅の際の写真ではないが掲載した次第である。

地方私鉄の壊滅

都市部では札幌市を例にとれば昭和四六年一二月一六日地下鉄南北線北二四条〜真駒内間一二・一㎞が定鉄(71)を駆逐する形で開業したのを皮切りに、以後も各地下鉄路線が次々に開業した。東京など他の大都市圏の高速鉄道ではこうした札幌圏をさらに上まわる路線網の拡充が見られた。

しかし大都市とりわけ東京の一極繁栄の陰で、地方の衰微・滅亡の悲惨さは目を覆うものがある。我々が旅をした昭和四一年内だけでも四月一日大分交通の杵築《きつき》〜安岐《あき》間が廃止されたのをはじめ、八月一五日山形交通高畠～二井宿間、一〇月一日淡路交通洲本～福良間、一二月一日釧路臨港鉄道入舟町～臨港間など、地方の私鉄が続々と廃止された。昭和四五年経営難の弘前電気鉄道が同業の弘南鉄道に譲渡され、辛くも命脈を繋いだ例もある。

表1のように、昭和四〇年代からの大量廃止の直前に回ったこととなった。特に、北海道の道北地区は私鉄はもちろん、国鉄ローカル線果ては名寄本線まで姿を消してしまった。このエリアの写真・地図等は吹雪に見舞われ、厳冬期ならではの風景であるし、鉄道線路が皆無となった線区である。

長距離、夜行、航路等がなくなったのはもちろん、乗車した北海道、九州の国鉄ローカル線の多くは見るも無残に廃止されてレールを剥ぎ取られ、車窓から眺めた愛らしいローカル私鉄も本文の随所で注記したように一部を除きほとんど廃線となって姿を消してしまったからである。旅行の僅か六年後の昭和

年月日		廃止路線
昭和四一年	四月　一日	大分交通杵築～安岐
	八月一五日	山形交通高畠～二井宿
	一二月　一日	釧路臨港鉄道入舟町～臨港
昭和四二年	四月　一日	井笠鉄道井原～神辺ほか
	五月一五日	日ノ丸自動車米子市～法勝寺一二・四km
	八月　一日	天塩炭礦鉄道留萌～達布二五・四km
	一二月一八日	呉市電全線
昭和四三年	八月一〇日	北海道拓殖鉄道新得～瓜幕二八・七km
昭和四四年	五月　一日	留萌鉄道恵比島～昭和一七・六km休止
	一一月　一日	定山渓鉄道東札幌～定山渓二七・二km
昭和四五年	四月一六日	雄別鉄道釧路～雄別炭山四四・一kmほか
	九月一〇日	山形交通大石田～尾花沢二・六km
	一〇月　一日	弘前電気鉄道→弘南鉄道へ譲渡
	一二月一五日	羽幌炭礦鉄道築別～築別炭砿一六・六km
昭和四六年	四月　一日	井笠鉄道井原～笠岡
	七月二〇日	羽後交通横手～沼館一五・三km
	一〇月　一日	札幌市電すすきの～豊平八丁目、グランドホテル前～苗穂駅前、中央市場通～札幌駅前、中央市場通～長生園前
	一二月一六日	札幌市電札幌駅前～北二四条
昭和四七年	四月　五日	大分交通大分駅前～亀川
昭和四八年	四月　一日	札幌市電薄野～三越前、一条橋～西四丁目、医大病院前～円山公園
	四月　一日	羽後交通湯沢～西馬音内八・九km
	四月一六日	越後交通悠久山～長岡二・八kmほか
昭和四九年	五月　一日	札幌市電北二四条～新琴似駅前
	一一月一八日	山形交通糠ノ目～高畠五・二km
昭和五〇年	四月　一日	越後交通長岡～上見附一三・二km
昭和五九年	三月一八日	鹿児島交通伊集院～枕崎四九・六km
昭和六〇年	四月　一日	蒲原鉄道村松～加茂一七・七km

表1　昭和41年3月日以降、昭和期に廃止された私鉄ローカル線等

四七年三月現在の日本国有鉄道旅客局編『旅客事務用　鉄道線路図』には我々が寝台車から最初に見た秋田県・羽後交通湯沢～西馬音内八・九kmはなんとかまだ健在だが、すでに見た北海道の天塩、留萌、雄別、羽幌の各炭砿線のように表1[72]の通り、次々と廃止されて跡形もない。同じく廃止された札幌の定山渓鉄道の場合は国鉄との「連絡社線」扱いのバス路線に変わっている。

国鉄ローカル線の消滅

一方国鉄では一〇月二〇日田沢湖線（橋場線を改称）赤淵～田沢湖間が開通し、盛岡～大曲間が全通するなど、この時期は輸送力増強、新線開通など、前向きの投資が続いていた。前述の昭和四七年三月現在の『鉄道線路図』でも落合～新得間が新線切換され、「狩勝信号所」が姿を消し、新たに「新狩勝信号所」が加わった微妙な箇所等を除けば、六年間に大きな変化（大都市の増強は除く）は見られなかった。しかし表2[73]のように、全線乗り通した我々でさえ、駅員に信じてもらえず、あまりの冷遇ぶり

年月日	廃止路線
昭和四一年　九月三〇日	根室本線落合～新得、新線切換
昭和四七年　六月一八日	札沼線新十津川～石狩沼田三四・九km
昭和四八年　九月　九日	千歳線線路付け替え、苗穂～東札幌間、月寒～北広島間廃止
昭和五八年　三月二二日	筑肥線博多～姪浜一一・七km地下鉄空港線の開通とともに発展的解消
昭和六〇年　六月三〇日	興浜北線浜頓別～北見枝幸三〇・四km
昭和六〇年　七月一四日	興浜南線興部～雄武一九・九km
昭和六二年　三月一三日	大隅線国分～志布志九八・三km
昭和六二年　三月一九日	湧網線中湧別～網走八九・八km
昭和六二年　三月二九日	羽幌線留萌～幌延一四一・一km
昭和六三年　四月　一日	松浦線佐世保～有田九三・八km→松浦鉄道（譲渡）
平成元年　四月三〇日	天北線音威子府～南稚内一四八・九km
平成元年　四月三〇日	名寄本線名寄～遠軽・湧別～中湧別一四三・〇km国鉄唯一の本線の全線廃止

表2　昭和41年3月日以降、昭和期に廃止・譲渡された主な国鉄ローカル線

にあきれた札沼線の閑散区間の廃止をまず皮切りに、国鉄ローカル線の淘汰がバサバサと開始されていく。こうして我々が道東・道北で吹雪の中で歓喜の声を上げた湧網線、羽幌線、天北線、名寄本線等が軒並みほぼ昭和期（正確には平成元年四月まで）に惜しむらく、その清冽な姿を消したのである。

鉄路だけではない。お世話になった青函、宇高、仁堀等の航路も姿を消した。また当時国鉄が力を入れ、旅行の翌年・昭和四二年八月従前の予土線からスマートに松山高知急行本線と路線名を改称したあの特急バスという、時代のトップを走っていたと自他共に信じ込んでいた期待の星さえ平成一四年廃止され、姿を消したのである。

私鉄帝国主義の終焉

私鉄帝国主義とは

ここで耳慣れぬ「私鉄帝国主義」とは、沿線地域内での独占体制の確立など、一定の発展段階に到達した大手私鉄が豊富な資金力と保有する経営ノウハウ、人材力等によって、今後の観光開発の可能性が高く超過利潤が獲得可能と見込まれる自己の沿線から遠く離れたフロンティア地域に存在する多数の私鉄・バス・観光企業等を株式取得・資金援助・役職員派遣等の諸手段で順次支配し、当該地域における自社勢力の優越的地位を確立することにより、支配領域（勢力圏）の拡大を図ろうとする思想や政策をいう。あたかも西欧列強が二〇世紀後半まで海外に植民地を獲得し支配することに狂奔、覇権を争った時代を彷彿させる。(74)

著者が私鉄経営に興味を抱き始めた昭和三〇年代半ば以降、盛んに各社に手紙で広報誌・沿線案内等の送付方をお願いし、入手できた資料の冒頭には「伸ばせ南海を旗印に……」と言った勇ましい文言と、国鉄路線にも自社カラーの緑色[75]を塗った南海圏の勢力分布図などが含まれ、著者の好奇心を刺激した。以下の記述は主に当時大手私鉄自身が発行した広報誌に準拠しており、略号で出典を示した。

当時の大手私鉄広報誌の例として近鉄は「百社をこえる傍系関係会社を擁し、私鉄最大の規模をもつ交通観光事業体を形成……事業区域も沿線のみに止まらず、中国、四国、九州、関東および北陸にも及んでいる」（近鉄、昭和四一年、七六頁）と豪語、一例として近鉄社長佐伯勇の出身地・愛媛の悲願でもあった「大型自動車航送船により四国・九州間を……結ぶ」（同、六六頁）将来計画等を誇示する。

昭和三〇年代に顕著な私鉄帝国主義の典型例として東急の創業者・五島慶太、名鉄の土川元夫という雪国に縁のあるワンマン経営者が北海道、特にオホーツクの観光開発で競い合ったのが著名である。東急の五島慶太は〝北方指向[76]〟が強く、海外植民地を失った日本の活路は北海道こそにありと考えた。五島自身も当時「北海道をまず開発しよう……交通機関は……北海道全部を統一して……やろう……鉄道も……バスも買った[77]」と語っている。一時は道内のバス全社を支配するほどの勢いで、函館から紋別・稚内まで系列化を推進した。すなわち東急は三二年一〇月定山渓鉄道、函館バスに続き、三四年北見バス、宗谷バス、翌三五年早《はや》来《きた》運輸、昭和三七年網走交通を傘下に収め、オホーツク海を我が物にしようとした。昭和四二年東急広報誌は「路線バスの営業キロ程は……北海道全体の四分の一を占め」「北海道の発展に大きく貢献」と胸を張った。さらに道内最大手の北海道中央バスや阿寒バス等にも触手を伸ばすも、地元の反発が強く買収には至らなかった。

一方、かねて労務管理に定評があり、「ストのない名鉄」と称された名鉄のドン・土川元夫は昭和三七年網走バスの労使双方からの依頼で資本参加（平成二四年離脱）し、同時にウトロ～羅臼間に道東観光開発の観光船を就航させた。昭和三八年名鉄広報誌は「九州、四国から北海道にまで、オール名鉄の旗印が立てられ」「知床半島、北陸路、浜名湖など各地の観光開発などが一層進められる」と勢力圏拡大を誇らしく記した。かくして秘境ブームに沸く道東や知床半島で両社が利権獲得を巡り激突した。昭和三九年著者は就航二年目の観光船に乗船、白地に赤線のあざやかな名鉄カラーに塗られた網走バスを見て名鉄系の浸透ぶりに驚愕した。東急が傘下のおんたけ交通(78)（三四年系列化）を名鉄に割譲する見返りに、知床半島での東急権益を尊重する植民地分割協定のゆえか、昭和三九年東急は斜里バス、翌四〇年網走交通を完全掌握、北紋バスを系列化、一方名鉄も四〇年根室交通を系列化した。（平成四年離脱）

定山渓鉄道の興亡

北海道への進出については五島と同窓で親しい正力松太郎が北海道開発庁長官に就任して打ち出した「正力構想」に共鳴したことが契機とする。三二年には五島が渡道し、「北海道のチャンピオン」こと定山渓鉄道（現じょうてつ）等を中核（五島のいう「金平糖の芯」）とする札幌周辺の交通網整備改善を提案した。そしてこの五島ドクトリン(79)に沿って、三三年札幌～江別間に新線を建設して、夕張鉄道との相互乗入れを内容とする札幌急行鉄道の敷設免許を申請する一方、道内の陸上交通機関整備を旗印に道内のバス会社の支配に乗り出した。

昭和三〇年代後半から著者の訪れた昭和四〇年代初頭が鉄道会社としての定鉄が天下の大東急の金看板を光背に最も光り輝いていた黄金時代であったのではなかろうか。早くも一年後の昭和四二年八月二日の北海道新聞夕刊には道警本部が札幌五輪で交通マヒ必至として不要な「定鉄は早く廃止を」と異例の勧告をした旨が大きく報じられた。そして昭和四四年一一月一日石もて追わるる如く廃止に追い込まれた。標準軌間、電化のモダーンな郊外電車を無用の長物呼ばわりして定鉄にとって代わったゴム臭の漂う〝怪物〟は福岡市のように国鉄・ＪＲとも相互乗入れという気配りもできぬ不器用さ。さすが市電に威風堂々新造ディーゼルカーを導入するほどハイカラ好みの土地柄だけのことはある。北の都に色を添えていた懐かしい札幌市電の大半も失われ「市電終点豊平駅跡[80]」の碑が建つばかりである。

「五島ドクトリン」との訣別

五島慶太亡きあと、子息の五島昇は「だれも目をつけない北海道に、最初に交通事業から手をつけ……東急は北海道にかなり犠牲を払い、また援助をしてきた[81]」にもかかわらず、犠牲の割にリターンが乏しいと感じたのであろうか、先代が夢と情熱を燃やした北海道に代わり、「二十一世紀は太平洋の時代」とばかり真逆の〝南方指向〟に転じ、環太平洋の島々の観光開発に情熱を燃やした。

かくして昭和三〇～四〇年代北海道や九州で目にした大手私鉄による〝帝国主義〟的なバス・観光・流通企業等に対する積極的系列化行動も、その後の列島改造ブームの沈静化、バブル崩壊や、人口減・地方経済の衰退が進行した結果、各社とも程度の差はあれ、伸びきった兵站《へいたん》線の補給に苦しみ、見込み薄の遠隔地戦線を縮小、自社沿線陣地の再構築に回帰するなど、大きく方針転換を余儀なくされるのである。一例を挙げれば地域振興の希望の星と鳴り物入りで期待された「きたみ東急百貨店」の平成一九年一〇月末の惨めな撤退劇である。

創業者による強烈な「五島ドクトリン」によって、北海道のほぼ全域を領有宣言していた東急でさえ、近年ほぼ全面的な撤退[82]へ大きく政策転換した。即ち平成二一年五月東急は宗谷バス、北海道北見バス、斜里バス[83]、網走交通バスなど道内の系列会社を投資ファンドへ売却した。売却理由は地方バス路線は採算性が低く、今後多額の設備投資が必要となるためとした。創業者の出身地・上田地方のバスすら同時に売却したことからみて、「五島ドクトリン」との完全な訣別姿勢が明白と考えられよう。

バス企業の破綻・消滅

鉄道とバスの関係

バス企業でも昭和四六年会社更生法を申請した高知県交通などを皮切りに、近年に至るまで多くの経営不振・破綻・ファンド等による再建整理等が発生した。

鉄道とバスは一体関係にあり、双方の兼営形態が一般的だったため、本文では羽後交通、新潟交通など鉄道と名乗らぬ「交通」会社も取り上げた。また「日ノ丸自動車」のように鉄道兼営するバス会社にも言及した。著者はバスそのものを愛好する宗派（バスマニア）でないため、昔兼営していたような場合を除き、この旅行中もバス専業会社にさほど深く注目していたわけではない。しかし、本文で徳島バス、徳島西部交通など本社ビルを紹介したものに加え、以下の通り高知県交通、網走交通の二社もそれぞれ本社ビルの写真を載せて、その後の変遷を紹介したい。

前者は独立系、後者は大手系列であったが、ともに個性的な経営者が存在した。著者はその後、一般的な普通鉄道から非営業の産業鉄道等にも関心領域を拡大したが、実は網走交通はすでに絶滅した殖民軌道という一般鉄道とは別の系譜を出自としつつ変態[84]・出世し、バス企業として現存する希有な存在である。

また高知県交通は傘下に鉄道車両メーカーを擁して高知県下をはじめ全国の森林鉄道に機関車を供給し、国の林鉄線路上に列車を運行して有料営業する異例の申請まで行う入れ込みようであった。

高知県交通の消滅

桂浜への途中、破綻の五年前バスの車窓から偶然に写した本社ビル玄関の下の写真から読み解けることを述べてみよう。

正面入口の梁には「高知県交通株式会社」とあり、本社事務所であるとともに、「桟橋へここからバスで十分」と呼びかける阪神・関西方面への客船利用者らしき雑多な一般客の待合室を兼ねていた。戦前からの看板業務でもある船舶代理店の延長として、旅行会、航空券発売所等の旅行業務を経営する「株式会社高知県交通サービスセンター」や、旧野村組の嫡流・「野村産業株式会社」「高知ディーゼル株式会社」等、多数の関連会社も入居していた。

当時の社長・野村健一郎の父で、創業者の野村茂久馬は高知の「交通王」と呼ばれ、県下のあらゆる方面にその網が張られた野村自動車や、後免《ごめん》〜安芸《あき》間の高知鉄道等の経営者であっ

高知県交通本社ビル

た。県民の福祉のためのものであれば、損得を考えずに引き受け、桂浜の龍馬像建立、室戸岬の新日本八景選定運動に傾注するなど、数々の挙県的な運動を盛りあげた豪胆細情な人物として知られる。そうした一環で地元奈半利《なはり》出身で、全国の営林局向に内燃機関車を供給する野村組工作所の経営者でもあった野村は郷里の住民のため、国の魚梁瀬《やなせ》森林鉄道（第一種鉄道事業者に相当）に野村の私有列車（第二種鉄道事業者に相当）を運転する「上下分離」[85]策を計画したと考えられる。野村案はにべもなく却下されたとはいえ、戦後実際に昭和二四年森林組合・農協が客車、機関車等を所有し運行業務を代行したのは野村案に極めて近く、東藻琴交通等とほぼ同様の官設民営形態であった。

このビルは四国地方最大のバス会社であった高知県交通（県交）が昭和三五年本店を高知市堺町に移転したもので、新築六年後に撮影した。撮影の僅か三年後の昭和四四年九月この自社ビルを売却、本店を高知営業所内に移転した。理由は極度の経営不振で、昭和四五年第一部で紹介した桂浜有料道路（昭和三二年九月一・八km開通）を高知県に譲渡するなど、資産の切り売りを余儀なくされた。

昭和四六年三月高知地方裁判所にバス会社として初めて会社更生法の適用を申請、業界に衝撃を与えた。平成二六年一〇月土佐電気鉄道・土佐電ドリームサービスと経営統合してとさでん交通が発足、県交は姿を消した。また、移転後の本社・車庫すら面影が残っていない。

網走交通の変容

昭和一〇年一一月一一日藻琴～東藻琴間一五・二kmに北海道庁殖民軌道藻琴線の運行が開始された。物資の輸送に重点が置かれ、乗客は便乗の形であった。

殖民軌道は建前上道庁直営ながら、便宜上沿線の全住民を組合員とする藻琴線運行組合[86]が運行を担当し、道庁より運営補助が支給された。

昭和二三年時点の軌道は藻琴～東藻琴～山園間二五・二km、藻琴発一六：三〇 山園着一八：五〇、山園発五：三〇 藻琴着八：二〇、平均時速約一〇kmの低速、運賃一八円であることが、運輸省編集『時刻表』昭和二三年七月号から判明する。また国鉄監修『時刻表』昭和二七年五月号から積雪期間中は運休であったと判明する。

簡易軌道を実際に運営した東藻琴交通は昭和二五年東藻琴村と運行組合が折半出資し、村長が社長に就任した第三セクターとして設立された。軌道の客貨分離を行い、バス事業を始めるとともに、軌道の運行も組合から再委託されて担った。

昭和二九年現在、東藻琴村市街六五番地に本社を置き、東藻琴村～網走市など三九km、車両数僅か四両の零細なバス会社であった[87]。

昭和三四年三月網走駅前に区域・路線トラック事業の営業所を開設した。

網走交通ビルは旧態依然たる簡易軌道から脱皮した東藻琴交通が昭和三四年網走交通と改

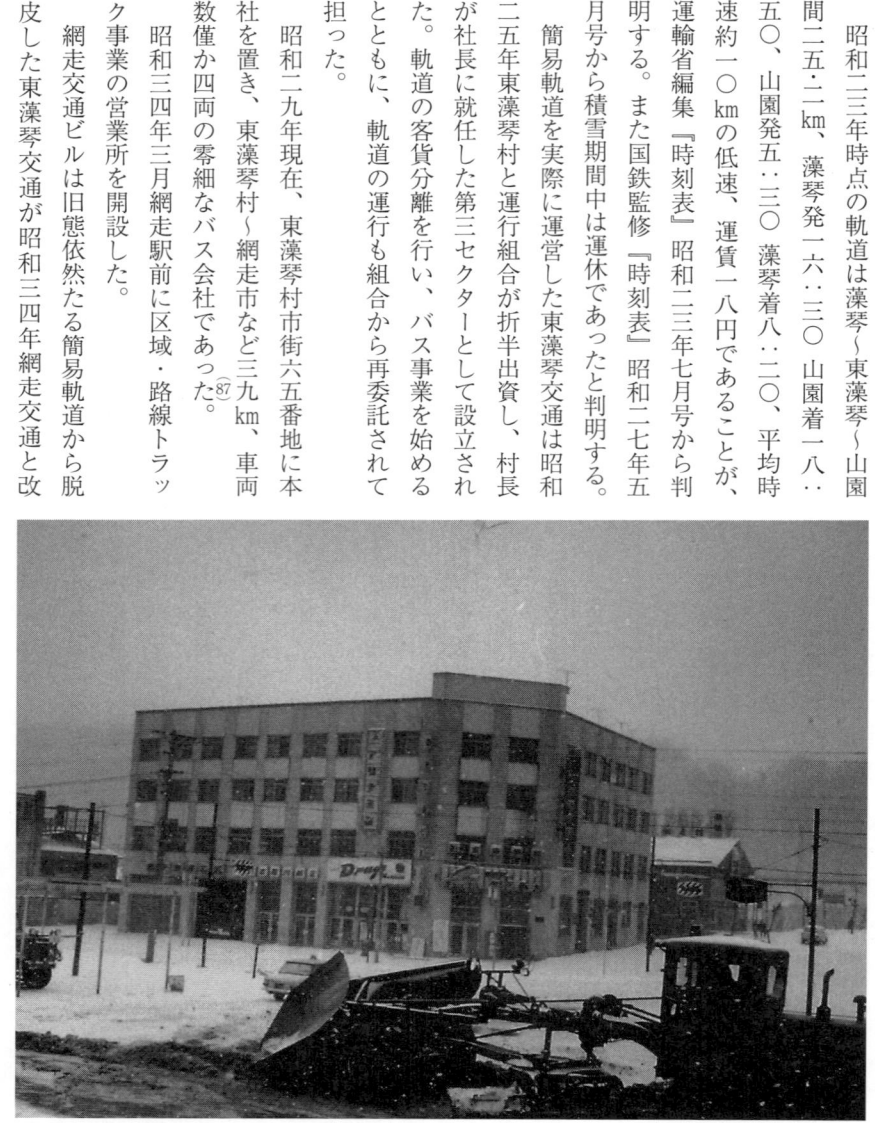

昭和 37 年網走駅前に竣工の網走交通本社ビル

称、東急傘下に入った直後の昭和三七年八月網走駅前「モリヤビル[88]」の東隣に本社ビルを竣工させた。（昭和六三年一〇月新築移転）

網走駅起点の私鉄ならともかく、網走市郊外の東藻琴村の格下の殖民軌道に端を発する二流企業が網走駅前に前頁の写真の如き、分不相応の立派なビルを新築すること自体が驚異であろう。

さらに網走交通は光和、遠軽通運など石油、砂利、砕石、造園、運送など有機的に結合した関連子会社数社を擁し、すでに昭和四一年時点で東急側から兼業の「トラックによる区域運送事業は、土木事業、砂利の採取販売事業と一体となって業績を挙げ、A級にランク」（東急、昭和四二年、五五頁）と評価されていた。

五島昇に地域振興策を直訴に及んだ結果、念願の北見バスターミナルの再開発事業に昭和五七年人口約一〇万人の小都市への出店などありえないと考えられた、きたみ東急百貨店と北見東急インのペア出店[89]を実現させた。こうして昭和五七年八月北見市大通西二丁目一番地に北見バスの子会社としてきたみ東急百貨店が開業した三ヵ月後、これを花道として主宰者・仙石清[90]が急逝した。仙石が東急側に実力を評価され、引き続き上位株主に残った東藻琴村の支持を受け、古巣の網走交通を踏み台に、より大きな北見バスをはじめ、オホーツク各社の社長・会長となって〝道東のボス〟として君臨した。

この間の経緯を著者なりに仙石ならぬ戦国出世物語風に解すると、信長の草履取りから才覚を認められた秀吉が一国一城の長浜城主に出世した如く、本家・五島父子に取り立てられ、立派な〝北見城〟を築城したところで残念ながらこの仙石物語は突然終わるという次第。

商業施設の消滅

駅前風景の消滅

単に私鉄やローカル線の廃止、地元私鉄・バスからの大手私鉄の資本引き揚げにとどまらず、さらに各地で見てきた賑やかな地方百貨店[91]、スーパー、商業ビル、映画館、ヘルスセンター、各種商店の類も軒並み時流に翻弄されてあえなく姿を消した。

訪れた札幌中心部の立派な品揃えの有力古書店[92]の多くが見当たらなくなったのは時の流れかと諦めていたが、新刊書店も同様の傾向のようである。

札幌の中心街で瞥見した金融界の拓銀一強体制もバブル崩壊とともに同時崩壊した。相撲界に喩えると、大通りと駅前通りの交差点に陣取っていた大ケガで休場中の東北隅の横綱（拓銀）が同じく休場中の西南隅の大関（某地銀）との相撲部屋の合併を画策するも、互いのケガの病状を巡りケンカ別れ。その結果、東南隅側でカヤの外だった幕下が突然に横綱部屋を継承、大出世して横綱相撲を取る番狂わせ[93]が生じた。かくしてあの堂々たる拓銀本店跡には北洋関が築いたと伝えられる摩天楼が周辺を睥睨《へいげい》している。

このように大は立派な本店を擁し自他共に〝不沈戦艦〟の如く錯覚していた都市銀行から、小は駅前のしゃれた喫茶店・場末の大衆食堂[94]に至るまで実に多くの昭和風景に不可欠と思われる好ましい構成要素が忽然と消滅していたことに改めて愕然とした。

鉄道との関係でいうなら、大阪の私鉄で創業以来一貫して伊勢・名古屋・東海方面への「東方指向」の強かった近鉄において愛媛県丹原町出身で、朝の祈りと就寝前の読経を欠かさぬ信心深い佐伯勇がトップに就任すると、一転「西方浄土」を目指し、郷里伝来の〝佐伯水軍〟が瀬戸内海の要衝に橋頭堡を築き始め、西鉄、ひろでん、コトデン等の地元勢、遅れて植民地争奪に参戦した南海、阪急、阪神軍とプロ野球以上の死闘を繰り広げた。佐伯は極端な負けず嫌いで他車に抜かれると「なんで追い抜かされたんや」と専用車の運転手を叱咤したほど。東京に自系観光バスがないと知るや即刻「早速に申請せよ」と厳命、同様な強気のセリフを瀬戸内攻めの将兵たちにも吐いたことだろう。その成果が第一部に登場する総督府を置いた別府近鉄百貨店ほかの各種系列施設である。

上記大手に押され気味の弱小タイガースは草木も生えぬ鳥取砂丘や石見銀山、牛窓塩田跡等の辺境占領程度でお茶を濁したが、グループ戦略上の意義も薄れたとして多くはその後撤収した。しかしワンマン佐伯総統なき今、無敵を誇った近鉄の西部戦線も撤退に次ぐ撤退で、旧版図たりし琴平参宮電鉄は解散、井笠鉄道は無残に野垂れ死にしてご近所の厄介になった由である。

見聞施設のその後

以下は昭和四一年以降の主要な変化・消滅を主に公開情報から得て補足したものである。

①東急グループの商業施設

③の別府近鉄百貨店を、近鉄グループにおける西の橋頭堡とすれば、東急グループの北の砦に相当するのがきたみ東急百貨店であろう。共に親会社の商号を冠する大廈《たいか》を建て、威容を誇ったものの、武運拙く哀れ落城の憂き目を見た。北海道には北見にさきがけ、東急百貨店の全国展開第一号店としてさっぽろ東急百貨店が昭和四八年開店したほか、じょうてつ系列の定鉄商事、北見バス系列の北見バス興産（店名はターミナ

ル・ストア）がそれぞれ札幌、北見でスーパー・チェーンを展開するなど、流通部門でも集中的に出店している。また開発部門でも札幌上野幌《かみのっぽろ》で宅地開発を行うなど、東急グループと北海道との縁は深い。

②一畑百貨店出雲支店

一畑百貨店出雲支店は旅行直後の昭和四一年一二月二階分を増築する店舗拡張工事が完成し三階建てとなった。しかし平成一二年出雲店は閉店し、七階建て複合ビルに生まれ変わった。一畑百貨店は本店のみとなった。

③別府近鉄百貨店

昭和三三年開業した中村百貨店を近鉄が買収し、昭和三五年九月別府近鉄会館として開業、翌年七月別府近鉄百貨店に改称、四三年増築した。近鉄は植民地支配組織・〝九州総督府〟ならぬ九州事務所をここに設置し、初代総督は別府近鉄百貨店、別府近鉄タクシー、別府近鉄食堂、中津タクシー等の植民地企業の社長を兼ね、西鉄等の地元勢に睨みをきかせた。当時、近鉄は鶴見岳に世界初の五線交走式の画期的なロープウェイを開業するなど、別府周辺での多角的な事業展開を進めた。しかし別府近鉄百貨店は商圏人口の減少等で進出から三四年たった平成六年閉店、建設業者が複合マンション用地として買収した跡地が競売に掛けられる等話題となった。

④近鉄松下百貨店

所在地が〝ニセ東京〟で有名な徳山（現周南）市銀座二丁目という目抜きの立地にあり、ＰＲ誌の四三年版などに威容を誇る写真を掲げるなど、広域経営の象徴的存在であった。しかし郊外型ＳＣとの競争激化等で平成二五年閉店した。

⑤近鉄宮島観光センター

宮島を望む絶好の景勝地四・二万平米に近鉄観光の企画でヘルスセンター、ボーリング場、ドライブイン、ロッジ等を含む中国地方有数の大娯楽場を総合経営、一、二〇〇名収容のホールで連日ショーを開催した。しかし開業僅か十数年の昭和五六年併設ボーリング場を除き廃業に追い込まれた。

⑥ひろでん会館

ショッピングセンターひろでん、マダムジョイ己斐《こい》店に改名後、耐震上の理由で平成三〇年三月末に閉鎖、解体された。

⑦南海徳バスビル

南海徳バスビルは丸新百貨店、つぼみや、名店街などと共に当時の徳島を代表するランドマーク建築物の一つであった。同時に南海が「広く南紀・四国・淡路を包含する」自社勢力圏を「南海圏」と命名し、「南海四国ライン」の航路開設を皮切りに「南海圏の拡充」を合言葉に「総合的かつ有機的に」（南海、昭和四九年、五〇頁）推進した植民地政策の象徴でもあった。近鉄が別府で行ったと同様、南海も昭和四六年当ビル内に〝四国総督府〟・徳島事務所を新設、翌年同ビルを増改築し量販店「南海ショッピングプラザ」を開業した。さらにそごう進出に対抗して昭和五八年専門店街「とくしまＣＩＴＹ」へと発展させるも、努力空しく南海は平成一六年地元側に全株式を譲渡し撤退、とくしまＣＩＴＹは結局閉店、解体され姿を消し、跡地にダイワロイネットホテル徳島駅前がオープンした。

⑧コトデングループのＴＳＫビル等

昭和三四年開店の「コトデン喫茶室」は、昭和四七年新町橋二・銀座を加え三店舗チェーンとなり、四国放送で「コトデンコトデン私の恋人……」で始まるしゃれたＣＭソングを流すなど喫茶店が全国的にも多い地元徳島での認知度も相当に高かった。

しかし平成一三年親会社コトデンがコトデンマーケットの発展形・琴電そごう問題を契機に経営破綻した。ＴＳＫの路線バスも平成二四年全廃、貸切バス専業となった。その後、平成三〇年ことでんバスに吸収合併され七五年の歴史に幕を閉じた。

懐かしき昭和情景全体の喪失

以上、見てきたことを総合すれば以下の結論を導くことができる。すなわち戦前期には陸上交通機関の王者であった鉄道を中心とした雑多で活気ある駅前繁華街が生み出していた昭和の原風景が、五〇年間の東京一極集中による過疎・高齢化、農林地場産業・地方経済の衰退等を背景に、私鉄・国鉄の衰退・廃止、百貨店ＳＣ撤退、バス会社の衰微、商店街の空洞化等の複合的な諸要因により消滅しかかっている。地方で辛うじて人が集まるスポットは幹線道路沿いの「道の駅」だけで、今や「駅前商店街」は死語となり、本家のはずの「鉄道の駅」は地元民からも忘れられ、もはや見る影もない廃墟一歩手前の危機に晒されている。

多分、街道の「駅」が鉄道の「駅」に転用され、さらに「駅」がまた大昔に戻り、「道の駅」を意味する時代が迫って来る恐怖を感じている。

また大学という狭い社会においてもタテカン、拡声器に代表されるかつての「学生運動」は絶滅、完全に死語となった。昭和四四年著者の乗った京都市電が某有名大学前（特に名を秘す）でゲバ棒・覆面姿の三派系学生多数にハイならぬ地上ジャックされて〝人民電車〟と化し、非道にも無垢な人民が引きずり下ろされた〝死語〟だらけの昭和の原体験[99]など、もはや信じてもらえそうもない。

こうした懐かしき昭和情景の根こそぎの喪失という厳しい現実を前にして、あの浦島伝説に登場する乙姫からの玉手箱の中から立ち上った一条の煙りの如く、すべてが雲散霧消し夢から寝覚めた時のような言いようもなく切なく空しい寂寥感、無常観を禁じ得ない。

あの昔話の玉手箱の開放禁止の〝禁忌〟の含意も、「後年再訪したら夢から覚めて幻滅する」との事前警告の趣旨だったのかもしれない。阪神大震災以降、著者が出身地である神戸の思い出深い街から何故か頓《とみ》に足が遠のいた理由のひとつに、脳裏に刻まれたあのハイカラな街角の輝かしい記憶画像が一挙に崩壊するのを恐れるがゆえでもある。

注

（1）西欧文化で巡礼の語源・ラテン語のペレグリーヌスの原義は異邦人で、巡礼の根本は遥か遠く離れた異国にある聖地に赴くことにあり、日常圏内の近場でお手軽に済ます発想はない。また内田樹氏は「聖地」を「特定のポイントのことではなくて、聖地に向かって旅する運動の過程まで含んで……聖地を目指す時間の経過とか、移動がもたらす心身の変化まで全部込み」（内田樹ほか『日本人にとって聖地とは何か』東京書籍、平成三一年、四八頁）で把握する。

（2）たとえば一遍は念仏の札をくまなく配布せよとの熊野権現の神託を受け、北は奥州から南は大隅国まで一六年間もの遊行を続けた。

（3）木喰仏で有名な木喰は五六歳の時、「日本廻国大願」と千体仏彫刻を目標に諸国遊行に旅立ち、北は北海道有珠山の麓から、南は九州鹿児島まで全国津々浦々に及び九三歳で亡くなるまで生涯旅を続けた。旅の途中何度か故郷の丸畑に戻った。木喰は諸国遊行の旅を「いつまでかはてを知らざる旅の空いづくの誰と問ふ人もなし」と歌う。大正一三年柳宗悦は木喰が残した宿帳の地名を読み解き、その廻国ルートの各地を訪れ木喰仏の所在を調査、「彼は幾多の城下や寂しい村々を過ぎ……多くは人にも知られない片田舎に杖を止めた。……衰えがちな仏教も鄙《ひな》にはまだ生きている」（『柳宗悦全集第七巻　木喰五行上人』筑摩書房、ＮＨＫ日曜美術館「微笑（ほほえ）む仏～柳宗悦が見いだした木喰仏～」平成三〇年九月一六日）と推理。

（4）グランドツアーは一七～一八世紀の英国の最良の教育を受けた若者が学業修了時に先進地・仏伊へ行き広く政治、文化、芸術等の知見を得た私的大旅行。

（5）巡礼には集団型と単独型があり、相棒との二人三脚たる最小限の集団型で危機を乗り越えた。二人の趣味に差があり、次第に自己の目的達成上好都合な一人旅へ昇華する過渡的段階であったか。

（6）平成二八年一一月一四日（月）犬塚京一、河口正隆、小川功で当該旅行の件を語り合った三者会談をベースに、平成二八年一一月一〇日以降、数次にわたり犬塚、河口両氏と電話・書簡等で質疑応答を重ね、さらに平成二九年八月一四日以降関係者全員と十数回メールでやりとりした通信記録を加えて、著者の責任で座談会形式に再編集し、令和元年七月七日に原案を送信・送付した。令和元年七月二八日犬塚、小川両家の最終会談までの間に各人からそれぞれ修正・補足意見等を得た。

（7）昭和三一年日経連は四年制大学是正のため「計画的に法文系を圧縮して理工系（専門大学を含む）への転換を図る」旨の技術教育意見書を公表、財界主導で産学協同を推進した結果、昭和三〇～五〇年の二〇年間に理工系大学生は数倍に増えた。我々の仲間七人衆も理系四：文系三で理系優位。

（8）「お知らせ　昭和四一年三月五日から国鉄の運賃、料金が改正されましたので、当駅で取扱いする国鉄線着旅客、荷物、貨物運賃が必然的に改正になりますから御承知下さい……鹿児島交通」

（9）「学校学生生徒旅客運賃割引証により、二等にあっては……普通旅客運賃から一〇〇km分の普通旅客運賃を差し引いた額の五割引、航路及び自動車線にあっては、その全区間についての二割引」

（10）全国一、四〇〇駅へ「DJスタンプ」新規配置（旧スタンプ廃棄）等もこの一環。

（11）昭和二六年一二月五日北緯二九度以北の一〇島村が、昭和二八年一二月二五日奄美大島がそれぞれ沖縄本島より一足先に本土へ復帰。

（12）昭和三九年四月観光目的のパスポートが解禁、一人年一回海外持出し五〇〇ドルまで海外渡航が自由化された。当初は航空券が高く庶民は手が出ず、スーツ姿の渡航者の出発を関係者総出で空港の万歳三唱で見送った。著者の勤務先でも職員の海外派遣案件は長らく常務会協議・社長決定だった。

（13）昭和二五年新東宝が映画化。作詞者自身も外航経験なく、別府航路にハワイのイメージを重ねて作詞した想像の産物で、映画化時でもハワイロケなど夢のまた夢。

（14）終戦直後GHQ指示がない限り木造船以外の漁船を含む船舶の一切の移動が禁じられ、その後マッカーサーラインで日本の漁獲水域が指定された。

（15）森澤昌輝「国境の町稚内　北緯四十五度」、茂野幽考「奄美大島 北緯三十度線の島々」（『旅』昭和二六年一月）など。「最東端」の字句も渡邊公平「日本の最東端 納沙布の霧笛」（『旅』昭和二四年六月）が初出。同様に講和後、「最北端」の字句も「最北端の島 樺太のみえる礼文島」（『旅』昭和三〇年六月）、「風わたる岬へ日本最北端の岬宗谷」（『旅』昭和三二年七月）あたりから頻出。

（16）城山三郎「指宿・青島の南国ムードをつくる人々」『旅　九州特集号』昭和三八年二月、五八頁。六〇～七〇年代「とにかく遠くへ行く」気運の中で、宮崎交通社長の岩切章太郎らの仕掛人によりハワイを彷彿させる演出をした国内の擬似〝異国〟宮崎が新婚旅行先として人気を集めた。

（17）『日本一周』『温泉めぐり』など数十冊もの紀行書を著した旅行通の作家・田山花袋でさえ、まだ見ぬ登別と北投への入湯を夢見ていたという。

(18) 翌四二年三月一七日関西汽船内で書き名瀬港で夜に投函、〝国境〟通過記録として郵便局の〝確定日付〟「名瀬四二・三・一八前〇―八」消印を得た実家宛葉書に「奄美大島の名瀬港に着き……明日はいよいよ沖縄県入り……屋久島を通過する時は『これで兄貴の最南端の記録を破ったった』と大変気持ちがよかった」とある。著者はその後さらに南端記録を更新し台湾の鉄道旅に嵌まることになった。

(19) 大沢博『石川啄木の短歌創造過程についての心理学的研究：歌稿ノート「暇ナ時」を中心に』桜楓社、昭和六〇年。

(20) 石もて故郷を追われた故か甲州を嫌悪し、甲州人を面従腹背、吝嗇《りんしょく》、偏狭と痛罵《つうば》する山本周五郎の北方指向の背後には〝凛冽な風土〟への憧れがある由。

(21) 森山大道『写真との対話』青弓社、平成七年、九五頁。

(22) 堀田善衞「さいはての旅―オホーツクへの情熱―」『旅』昭和三〇年、二六頁。

(23)(40)『日本鉄道旅行歴史地図帳　東北』一七頁。

(24)(36) 宮脇俊三『最長片道切符の旅』新潮社、昭和五四年。同書は一般の人々に「最長片道切符旅行」という概念を認識させた。

(25) 昭和四四年二月『週刊読売』二八巻六号。

(26) 亜坂卓巳『最低旅行』久保書店、昭和三八年、三三～三七頁。

(27) 宮脇俊三ほか編『世界の旅一〇、日本の発見』中央公論社、昭和三七年。会員の一人が「一番長い距離を最短時間で移動するとどれだけ掛かるのか？」との発言がきっかけで新聞にも報道された。

(28) Web「日本一周早周りの記録～ある研究会の挑戦～」「雑学のススメ」No.11（〇四・六・七 http://www.jpf.ne.jp/index.html）

(29)(30)(31) 古泉栄一「日本一周鉄道早回り」『ＪＲＥＡ』二二（一）昭和五四年一月、日本鉄道技術協会、一七頁以下。

(32) 昭和四三年一二月『週刊読売』二七巻五五号、「創立二十周年……記念事業のひとつとして、ＯＢ

が過去二回実施した、国鉄を利用しての〝日本一周早回り〟に、もう一度体当たりする」趣旨。

(33) 昭和四六年八月一七日新聞記事、前掲古泉。

(34) 種村直樹『新版　鉄道旅行術』自由国民社、平成二六年。

(35) 種村直樹『鉄道旅行術』日本交通公社出版事業局、昭和五二年初版。

(37)(38)(39) 『週刊サンケイ』三〇巻二〇～二二号、昭和五六年五月、一六七頁。

(41) 旅行記の原題『日本の未踏の地』の意味は外国人居留地の自由遊歩区域（開港場より半径一〇里）以遠を意味し、当時全行程踏破した外国人はなく、彼女も日光以北で未踏の地に入る期待の反面、異界で暴徒に襲われないかと恐れた。なお彼女は開業間もない京浜間鉄道にも乗車、その観察眼は鋭い。

(42) 日常世界の甲区と非日常の乙区では時間の流れる速度に差があり、乙の一時間の価値は甲の何日間もの価値に相当する。よって浮き世で何日間も汗水垂らして稼いだ多額のカネを旅行先での一瞬の絶景観賞に費やしても悔いなく、また観光用トロッコ列車のスピードが遅く絶景ポイントで超ノロノロ運転しても「時間に遅れる」などと観光客から文句が出ない。不老不死の聖なる異界は俗なる人間界での時の流れから隔絶され、異界に滞在した短時間は俗界での超時間に相当する〝浦島現象〟は現世での生より異界での永遠の命を欲する畏敬観の反映と考えられよう。

(43) 北海道では冠婚葬祭が比較的簡略で、結婚披露宴も会費制になっている。また葬儀もお互いが助け合って簡素に執り行うため、お香典も低額で、香典返しも値の張らない簡素なものが多い。

(44) 昭和七年二月一九日枝幸《えさし》殖民軌道を「軌道法ニ拠ル軌道ニ変更セン」と正式協議の際に鉄道省は数十も不適切箇所を指摘、基本的な保安用機器類の不備を突いた。北海道長官は「本軌道……交通稀ナル地方ナルヲ以テ危険無シト認メラレルニ依リ省略致度」とひたすら見逃しを懇願。鉄道省はやむなく「軌道法建設規程ニ抵触スルモ既設工事ニシテ且ツ極メテ簡易線ナルヲ以テ此ノ侭処理然可哉」（昭和七年五月二〇日付『鉄道省文書　枝幸殖民軌道』）と渋々黙認。

(45) 「仮乗降場」は昭和四四年四月二五日三江南線粟屋～船佐駅間に「長谷《ながたに》仮乗降場」が設置されるな

ど中国・四国地方などの内陸部にも存在し、必ずしも北海道の奥地固有のものではない。

(46) マージナル・マンは相互に敵対的な異質社会文化圏の間で双方から影響を受けつつ、いずれにも所属せず、境界にたたずむ周縁人の意。幼くして経験した所属集団相互の葛藤が独自な価値観を創造する結果、芸術家・思想家が多く輩出するとされる。著者らの年代でも占領下での異民族支配の幼児体験は反米・親米を問わず思想形成に影響甚大と認む。

(47) 鉄道での一例を挙げればGHQは地方の零細私鉄を含む全国踏切にRAIL ROAD CROSSINGなる米国式×型標識設置を強制、子供向けには進歩した米国鉄道システムの宣伝を意図し大陸横断列車「エル・キャピタン」(サンタフェ鉄道シカゴ～ロサンゼルス間で運行)等の写真展示を交通博物館に命じた。米の謀略はサンタフェ・ディズニーランド鉄道等を介して著者の脳神経を侵すに至る。

(48) 自家製「ぬれ煎餅」を是非買ってと懇願する慢性的金欠症の「せんべい電車」銚子電気鉄道などが哀愁に満ちた弱小私鉄の典型。後年著者の関心領域はさらに非正規の虚偽鉄道にまで拡大した。拙著『非日常の観光社会学』日本経済評論社、平成二九年参照。

(49) 巷間、『駅印総目録』著者柘植宗澄氏の昭和六年福井駅起源説が流布するも、著者は以前に「OBSERVATION CAR 嵐峡納涼観月列車　KYOTO RAILWAY 京都鉄道」のスタンプの存在を提示(拙著『観光デザインとコミュニティデザイン』平成二六年、三四頁)、絵はがき研究者・生田誠氏のコレクションにも上記を含め「三尾紅葉狩紀念　京都鉄道　三九・一〇・一一　KYOTO RAILWAY」、「京都停車場改築紀念　大正三年八月十三日」等のスタンプが押された明治大正期の絵はがき多数が含まれる。(「生田コレクション展」ジオラマ館)

(50) 著者固有の単なる偏見だが、以下に詳述するように聖なる鉄道は他の交通手段と同列には比較できないほど、並外れて別格の類い希なる存在だと信じ切っている。

(51) 我らが教祖的存在の宮脇俊三師が不浄機に不本意搭乗した際「カモメの化けもの……こんな大きなものがよく空を飛べるものだ……わが命をお前に托す」「鼓膜を刺すようなジェット・エンジンの音」

「滑走路にドスンと接地」「博多にきた！との実感が湧いてこない」など「気分がわるい」（宮脇俊三「空の旅　レールの旅」『終着駅』河出書房新社、平成二一年、一〇六〜一一二頁）とヒコーキへの不信感を連発。同病・種村直樹氏も「金属の固まりが空を飛ぶなんて……落っこちて当たり前」（種村直樹『新版　鉄道旅行術』自由国民社、平成二六年、六六頁）とバッサリ。著者もある信徒集会で貸切バスで薩摩半島を巡礼中、枕崎駅で休憩して鹿児島にバスで戻る際、敬虔なT信徒は戒律に反すると唯一人憤然と下車、余分に運賃を払ってまで初体験の指宿枕崎線に単独乗車し、安直なバスで行った我々罪深い信徒に後悔と懺悔の念を与えた。

(52) 通常鉄道至上主義、鉄道信仰はローカル線廃止とバス代替の文脈で地元民がより便利とされるバスよりもあくまで鉄道存続にこだわる非合理的行動の意味合いで使用される。豪雪・災害など非常時の集落孤立の際、堅固な鋼鉄の軌条が中央と直結との鉄道へのメンタルな信頼感が背後にあろう。

(53) 『旅と鉄道　別冊一』、五〇頁。この項では特に上記別冊に掲載された斯界の大先達の永年の修行を経た悟りの言葉に多くの示唆を得た。

(54) 駅前写真にこだわる同好者として羽片日出夫氏のコレクション参照（羽片、七四頁）。

(55) 空陸の二神教徒・岸元氏は人力ヒコーキの車夫に抜擢され、犬塚氏さえも国鉄の学割が二割引となって以降、スカイメイトなる敵側の学割の魔力に嵌り、頑《かたく》なに信仰を墨守するのは著者一人。

(56) 津波で大槌駅を喪失した住民・金崎伊保子氏は駅再開を「想像を越えた喜び……町には駅がないとダメ」と、つながりの場たる駅の意義を語り、北条鉄道佐伯武彦副社長は不良のたまり場と化した駅を嘆き最初にトイレを綺麗にすると駅は住民の誇りとなり経営も回復した。（ローカル線は単なる移動手段でなく地域に元気や生きがいを与える事例を描くNHKBSプレミアム番組、新日本風土記「走れ！私のローカル線」令和元年七月一二日放映）

(57) 長谷川弘和氏は和紙製専用帳面を携え、「自分がいつ、どういう行程で旅してきたかが、ここに記録される」（趣味、四八頁）過程を重視し他からの譲受を排する。お遍路の入門書でも納経「印を押される……のは妙に晴れがましく……達成感を具体化して見せてくれる決定的瞬間にも思え……朱印をもらわずにはいられなくなる」（加賀山耕一『お遍路入門』筑摩書房、平成一五年、一〇八～一〇九頁）由。

(58) 鉱山鉄道と大差ない貧弱な草軽電気鉄道が廃線となって久しく、もはや現地に遺構すら朽廃し果てた後でさえ、かつて我が国鉄道史上燦然と輝く最高標高駅「国境平」を有した在りし日の〝日本一の高原鉄道〟への郷愁、懐古、畏敬、崇拝の念はいささかも揺らがない。また本場・北海道でもほぼ全廃の運炭鉄道の聖なる流れを汲む希有な企業・施設として㈱ＮＩＣＨＩＪＯ（旧留萌鉄道系）、㈱釧路製作所（旧雄別炭礦鉄道系）、大五ビル（旧羽幌炭礦鉄道本社ビル）等が奇跡的に現存。

(59) セルビア人の間でチトー主義を象徴するサラエヴォ、ベオグラード等の古い都市や共産党政権の遺構を巡るツアーが行われている。

(60) 「引かれ者の小唄」とはゴルゴダの丘への殉教者の賛美歌でなく、刑場まで馬で引かれていく死刑囚が内心を隠し虚勢を張り小唄を口ずさむ意。

(61) 留萌築港プロジェクトの〝陰〟の暗部に関しては後年の産物ながら拙稿「地方債のデフォルトと土地会社方式による解決―生保共同引受による留萌町債問題と生保土地管理㈱設立を中心として―」『彦根論叢』第二九三号、平成七年一二月参照。

(62) 支庁制施行前、戊辰戦争直後に大宝律令の国郡里制を踏襲し制定。

(63) 森永規六『趣味の名所案内』大鐙閣、大正六年、二九二頁（著者の本文三三頁掲載写真の印象と同趣旨か）。廃線X、一四頁。

(64) 『世界の旅一〇、日本の発見』中央公論社、昭和三七年、三二五頁。なお昭和四七年海潟温泉～国分間の延長区間は「バス転換された特定地方交通線」としても最後の開業となった曰く付きの線区。

(65) 大谷正春『雄別炭礦鉄道　五〇年の軌跡』私家版、昭和五八年参照。炭礦企業の破綻・閉山・清算までの顛末を関係者自身がまとめた希有な資料集。

(66) 廃線Ⅳ、二六頁。平成二六年鈴木商店関係者がウェブ上で開設した「鈴木商店記念館」の地域特集「鈴木商店のあゆみ　羽幌炭砿にまつわる話」シリーズ参照。なお羽幌町郷土資料館と公民館図書室には貴重な羽鉄資料が多数あり、町長は今後炭砿遺産を観光に活用する意向と聞く。

(67) 青木栄一氏は「奥の炭砿集落にあっても、住民の都市へ行く回数……高校通学者数も増えると……石炭輸送の付録のような」(RP五〇九号、四七頁) 混合列車での客貨混載は無理とする。

(68) 小熊米雄氏は昭和三九年留鉄でも「国有化しようという運動が地元民の間に起き」(RP一六〇号、一七頁) たと指摘。なお子会社の日新炭鉱経営の住吉炭鉱は昭和四二年一〇月三〇日閉山と伝えられたが、一字違いの吉住炭鉱 (達布) は「現在も稼働中の管内唯一の露天掘り炭鉱」(西蝦夷、三一頁)。杉崎行恭氏は旧留鉄終点でも「稼働中の露天掘り炭鉱」(廃線Ⅶ、五一頁) の存在を指摘。

(69) 政府委員は鉄道兼業炭鉱の初閉山で事業団が広く貨客輸送を行う鉄道部門も買上げた例なく、鉄道は交付の対象にならぬと答弁。運輸省も「本省からも係官を出張させ……現地の内情等をいろいろ調査」中と答弁。(『衆議院会議録情報』第五五回国会 予算委員会第三分科会 第三号、『衆議院会議録情報』第五五回国会 石炭対策特別委員会 第一九号)

(70) 「雪どけとともに消えるヤマ　北海道の炭鉱を襲う〝なだれ閉山〟」(昭和四四年四月一一日『週刊朝日』、二四頁)、「閉山〝老兵〟の行く先は……」(昭和四四年四月二〇日朝日新聞日曜版、一七面) とのタイトルで、沼田町の明治鉱業昭和砿の昭和四四年二月二〇日閉山に伴う構内機関車・クラウス一七号の行方を案ずるカラー写真や関連記事が掲載。心ある数寄者とは日本クラウス保存会代表菊池清治氏 (岩手県遠野市で「万世の里」経営) や継承者・那珂川清流鉄道保存会等の篤志家多数。

(71) 五一年六月一〇日琴似〜白石間九・九km、五三年三月一六日北二四条〜麻生間二・二km、五七年三月二一日白石〜新さっぽろ間七・四km、六三年一二月二日栄町〜豊水すすきの間八・一km、平成六年一〇月一四日豊水すすきの〜福住間五・五km、平成一一年二月二五日琴似〜宮の沢間二・八km。

(72)(73) 和久田康雄ほか『鉄道百年略史』鉄道図書刊行会、昭和四七年参照。

(74) 大手私鉄広報部門が近鉄『ハンドブック近鉄』、東急『伸びゆく東急』、阪神『阪神』、南海『南海』などのＰＲ誌を年報として刊行。

(75) 南海は紀勢本線白浜口・新宮への自社車両乗入区間に加え、南海汽船に接続の国鉄小松島港駅始発準急列車用ＤＣ８両新造資金利用債を引受け徳島～小松島港を緑色に塗り南海勢力圏を誇示。

(76) 五島慶太の〝北方指向〟に関し子息・昇は父ほど「北海道開発を大きな魅力とは考えていない」ばかりか、「人間には北志向もあれば南志向もある」と称し「南のほうは売りいい」（和田進『東急グループ』ユニオン出版、昭和四八年、三〇～三九頁）と真逆の南太平洋開発に専念した。

(77) 『実業之世界』昭和三四年三月、二八頁。

(78) 五島の松本中学の後輩で親友でもある唐沢俊樹代議士からの再建依頼で増資新株全額を引受け、「三四年に伸びゆく東急チームに参加して」（東急四号、三五頁）数年足らずのおんたけ交通を三九年「中京方面の経済圏に属しているという地理的条件などから」（『清和』昭和三九年六月号、三八頁）、「名古屋鉄道の要請もあって」（『東急五〇年史』、七七四頁）名鉄に譲渡したが、『名古屋鉄道百年史』では「会社と東急との懸案処理の一部として三九年四月に株式を譲り受けた」（三五八頁）とする。東急との懸案とは「東急よりの勧誘を受けていたが、これには応ぜず会社に対してグループ入りの希望表明があった」（同三六二頁）網走バス（三七年一〇月に名鉄が系列化）の件と、隣接する斜里バス支配を巡る確執であろう。三九年一月東急が斜里バスを支配しており、恐らくはおんたけ交通を名鉄に割譲する見返りに斜里バス等知床半島での東急権益を黙認させる植民地分割における「名鉄との事業提携」（『清和』昭和三九年六月号、三八頁）か。

(79) 当案の実現で定鉄・夕鉄両線が存続できた可能性もあるだけに惜しまれる。

(80) 令和元年九月一八日現地再訪し、豊平駅喪失に涙が止まらなかった。

(81) 東急グループ誌『とうきゅう』、一二一頁。

(82) 平成二一年東急が北海道の宗谷、北見、斜里　網走交通各バスなど採算性が低い株式を投資ファンドへ譲渡したのが典型例。

(83) 昭和三八年の広報誌は宗谷バスを「漁港は不振をかこち、道路、人口、気象などバス事業にとっては恵まれない地域……冬将軍の襲来ともなると……まったくのお手あげ」と覚悟の上で「オホーツク海をはじめ、数多くの観光地に開発のメスが期待される。さいはてのバスにも春は近い」と評し、昭和四〇年の広報誌も「北海道の東急グループの将来は、非常に明るい」と期待。

(84) 戦後簡易軌道たる東藻琴《ひがしもこと》村営軌道も貨物輸送の円滑化に国鉄との連絡運輸が必要であるとの認識から昭和二九年九月軌道法による特許取得を指向したものの期限切れで失効した。その後も何食わぬ顔をして簡易軌道のまま運行し続けた。なお関係の有無は未詳だが、昭和二九年五月一日改正分まで『時刻表』上の記載が確認できるが、国鉄監修『時刻表』昭和三〇年八月号には記載がない。

(85) 昭和九年農林省刊行『森林鉄道軌道ノ便乗者及民貨輸送ニ関スル調』の「沿線地域民間乗合自動車路線との関係」欄に高知営林局の「安田～馬路間自動車アリ。同社ヨリ軌道使用ガソリンカー運転旅客輸送方出願、不許可。其後次官宛陳情書提出セシモ不穏当ト認メ取下セリ」(調、七頁)と記述。

(86) 昭和二五年時点の組合は地方の輸送確保を期するため関係区域住民で軌道を利用する者を以て組織した非営利の民法上の申合組合、組合長、副組合長、各地区選出代議員二三名、組合員一、三七九人。

(87)『日本観光年鑑 一九五五版』昭和三〇年、六九四頁。

(88)「モリヤビル」は昭和三四年七月守屋弥社長が網走観光みやげ・食事・喫茶として網走駅前に新築。

(89) 五島昇も「道東には北見バスの仙石社長という推進役がいたから」(『とうきゅう』、一二二頁) グループでの開発のモデルケースが可能となったと述べている。

(90) 仙石清は大正三年生まれ、出身の東藻琴村で商業、村議、昭和一六年開業六年目の殖民軌道藻琴線運行組合専務理事となり、戦中・戦後の混乱期を乗り切り、運行組合と一心同体のダミー・東藻琴交通専務や同系・光和石油(平成一四年四月網走交通に営業譲渡)社長等として敏腕を振るった。

(91)「丸井さん」と親しまれてきた「丸井今井」が平成二一年経営破綻、民事再生の道を歩んだ。また札幌駅前を代表する最古参・五番館でさえ昭和五七年西武百貨店と提携、店名を平成二年五番館西武に、平成九年札幌西武に改称したが、平成二一年閉店、一〇三年の歴史に終止符を打った。

(92) 堀淳一氏稿「本屋・古書店」『いまむかし札幌を歩く』には懐かしい古書店の写真も収録。

(93) 平成九年一一月一七日八時拓銀が北洋への営業譲渡を記者発表した当日朝、偶然に民放の証券番組生放送に出演中の著者が想定外のコメントを求められた際に、新聞休刊日で最新情報も手許にない環境で時事ファックスの断片記事だけで即興的にデッチあげた冷や汗話。

(94) 札幌ラーメンを賞味した狸小路の食堂が記憶通り昭和一〇年創業狸小路最西端の「う月」(令和元年九月再訪)だとすれば、盛業中の貴重な例。豊平駅前でラーメンを食った東屋食堂は東区に同名店あるが、大正八年創業の老舗「東家」が昭和二四年薄野に出店する等、当地に多い屋号で同一か不明。

(95) 阪急は西淡連絡汽船を系列化、阪急内海汽船と改称、徳島～神戸間に上品な水中翼船「あまつ」「かすが」等を運航した。また阪急電鉄公式アカウントは昔グループ企業に挙げた「下津井電鉄さんとは以前に若干ながら資本関係があり、社内のグループ会社資料にもその名前がございました」と回答。

(96) 社内報『ひかり　故佐伯名誉会長追悼号』近鉄、平成元年一二月、三八、四七頁。

(97) 昭和四〇年日ノ丸自動車との共同出資・西日本海観光が砂丘パレスを開業。昭和三九年牛窓に八五万平米の用地を取得、日本オリーブと手を組み、オリーブパレス等を経営したり、三瓶山《さんべさん》にも四〇万平米を取得(『阪神』、昭和五五年、七九頁)するなど、広域で「大阪神企業集団を形成」した。

(98) 平成二四年一〇月井笠鉄道は清算型破綻に陥り、車両・設備を差し押さえられてバスが走り続けられる保証がなく、「修羅場中の修羅場」とされた。(小嶋光信『日本一のローカル線をつくる―たま駅長に学ぶ公共交通再生―』学芸出版社、平成二四年。『追憶の井笠鉄道バス』平成二四年一一月)

(99) 昭和四四年「学園紛争が続く立命館大学で、学生たちが近くの河原町通の路上で、市電や市バスを止めて集会を開いた」とされるほど当時の京都では市電占拠などニュースにならぬ日常茶飯事か。

第三部　巡礼不参加仲間の懺悔録

出発点の和敬塾

小川　本日は関係者にご参集頂き、ご本人しか知らない貴重な証言をお願いしたいと存じます。我々の年齢から考え、ウソを言ってエンマ様のご厄介にならぬよう、洗いざらいぶっちゃけて下さい。ご自身の分はともかく、「アイツのことなら……こんな愉快なエピソードもあったはず」と、他人様の情報も大歓迎です。

まず首謀者たる犬塚氏が、この日本一周旅行での宿泊先としてお世話になった厚岸《あっけし》、札幌、門司の友人宅等を春休みにぐるりと巡回するというかねてからの個人計画をベースに、判明した国鉄値上げ・学割改悪を機に構想が発展していっていたのではないか……と想像しております。そして例によって、出発の寸前に我々仲良しメンバーに「北海道と九州へ行かへんか?」と呼び掛け、最もヒマな小生だけが同行したという構図（?）ではなかったではないでしょうか?

犬塚　和敬塾に入寮して、親しくなった寮先輩・同僚の厚岸のM氏、札幌のK氏、門司のE氏ら北海道や九州の多くのボンボンから、「オレの所に一度遊びに来

小川　功（司会）　経営学部卒、金融保険から教員に転身。鉄道愛好者で北方指向。以下の同志と中学・高校ワンダーフォーゲル部員として全国各地行脚。

犬塚京一（同行者）　政経学部卒、薬業、マンション管理の専門家、茶人。在学中の世界一周達成が自慢の僻地指向。

河口正隆（上野で見送り）　理工学部卒、家電メーカーを経てマッチング事務所開設。体力自慢の夢想家ながら途中で得意の「降りた」を連発する弱気な一面も。今なおインド・台湾等の南方指向。

小田忠文（新大阪で見送り）　医学部卒、医師。厳父譲りの熱心なナチュラリスト。天文学者が夢の宇宙指向ながら、北方指向で家族運に恵まれる。

岸　元（ドタキャン）　工学部卒、一生涯航空技術者。当然に理論派の上方指向ながら〝人力飛行士〟失速と得意のパチンコでも挫折を体験。

小倉正敏（在外・紙上参加）　理学部卒、化学メーカー。優等生、兵庫県の〝山林王?〟末裔で、家訓のスキーと朝の早撃ちの名手。徹底した西方指向で今なお国際派を実践中。

岡橋　孜（夫人代筆）　教養学部卒、広告代理店。帰国子女のはしりで、生涯合唱を愛した貴公子。近年惜しくも逝去。

い」と気前よく誘われ、「そのうち、必ず行きます。ご馳走して下さい」と口約束していた。特にM氏はお茶人仲間として茶のN宗匠の下に通っていた親しい間柄で、「名物のカキを食いに来い」と強く誘われていた。

そんな時、近々国鉄の大幅値上げと学割率引き下げがあるとの情報をキャッチ。かねて懸案の先輩宅訪問の絶好の機会として長距離の大旅行を思い立って、イの一番にヒマそうな小川を誘ったわけや。

当時ワイは、エヘン！　我が輩は畏《かしこ》くも家元より正規の宗号を頂くれっきとした茶人であって、和敬静寂の精神を学ぶ専門の塾の茶道部で、風雅の道を究める修行に明け暮れ、修行の進展を日々の『茶道日誌』に書き留めていた。

一方〝鉄分〟の濃い小川は例によってアノ通り鉄道の方の修行中。ワイはあの頃お城が大好きだったので、「松山城に高知城は絶対……」見学したい、小川が「（聞いたこともない）ヘンな私鉄が見たい」といった具合にお互いの希望を出し合った。

河口　待った！　風雅の道のお茶人サンと鉄チャンでは差がありすぎやろ！

犬塚　うんにゃ。ワイは茶道部で釜《カマ》開きから仕舞釜まで茶道の深奥を究めるため、和敬静寂の修行に明け暮れとる。小川も同様に蒸気機関車＝罐《カマ》（缶）を追っておる。鉄のカマで沸かした湯を頂くか、漏れ出た湯気で走るかの違い程度の、所詮は鉄分の差や。

河口　一体どっちの鉄分が濃いんや？

犬塚　むろん、釜の湯を直接体内に入れる茶道の方が、蒸気を側で吸い込むだけの鉄道風情より何倍も鉄分が濃いんじゃ。ともかくこうして「オツムの良くない」文系二人が乏しい知恵を必死に出し合って大型時刻表片手にスケジュールを遣り繰りして何日もかかってプランを練り上げるうちに構想がどんどん膨れ上がって、あんな本格的日本一周の〝チンタラ貧乏旅行〟に仕上ってしまった。もちろん、ワイももともと鉄道模型を作っていたから、現物の鉄道にも全く興味無しというわけではないのだが、小川のヘンな趣味に付き合ったお蔭で、こんな所にこんな〝ヘンな鉄道〟があるんだ……と日本中アチコチで感じた。困ったのは、翌年だったか、標津《しべつ》の友人を一人で訪ねる時、「あそこには新鋭の簡易軌道が走っとるから……」と小川から無理に頼まれ、辺鄙《へんぴ》な奥行臼《おくゆきうす》駅でケッタイな写真まで撮らされてホンマ大迷惑したことや。

ほかの連中に、どの段階で、どこまで声をかけたかどうか……はっきり記憶にない。

小川　では次に犬塚氏と同じ名門大学に学び、同じ学生寮・和敬塾生だった河口さん。この日本一周という構想が生まれた場所であり、同時に旅の実質的な出発点でもあった和敬塾の解説を願います。

河口　奈良出身の事業家・前川喜作氏が人材育成の男子学生寮建設のため、隣の細川家から木々に囲まれた都内有数の閑静な好適地を譲り受けたと聞く。小説の舞台になってもおかしくないほど、ほんまにええとこでした。私ら塾友会員にとっては、青春の思い出の詰まった〝聖地〟です。当時和敬塾には三寮あり、それぞれ独自の気風があった。南寮に犬塚、西寮に岡橋の各氏が、北寮に不肖河口が、各々面接試験に合格して入寮して居た。各寮に人生経験豊富な寮長さん（北寮は藤田節也氏、南寮は知久久氏）が居て、日々塾生の生活指導をして下さるというので、「ムスコが東京に出て悪の道に走らないか」と大変心配していた心配性の自分の父親はこのシステムを大変喜んでいた。

小川　小説の舞台とは一体何ですか。

犬塚　村上春樹の代表作『ノルウェイの森』が出た時、和敬塾や同窓生仲間で大評判になった。「我々の塾が舞台になった」とね。早速買い求め、「ウンウンその通りや」と興味深く読んだ。呉でお世話になった友人I君のお母さんは高校時代の村上のことをよく知っていた。二年後母校に「村上春樹ライブラリー」が大学の目玉として開館予定だとか……。彼が受賞したら塾も大層な〝聖地〟になるかも……。

小川　いや……調理師が常駐する和敬塾のメシは学生寮として質量ともに最高レベルで、私も大いにお世話になり……二～三食助かった。間違いなく日本一周旅行の〝聖地〟です。

犬塚　上野から出発前に和敬塾でかなりの時間を取ったのはワイの荷造りのほか、春休みに入り帰省する直前、M氏をはじめ「何日何時頃実家へ行くから泊めてくれ。可能ならメシも食わせろ」と寮生ご本人に直接再度ダメ押しする必要があったからだ。

切符購入と見送り

小川　自宅のある阪神間郊外の小駅（駅員の名誉のため、特に名を秘す）で、「当駅から稚内へ、そこから枕崎へ、枕崎から……」と、構想の一部を述べ始めたとたん、全部聞かないうちに若い駅員は話をさえぎり、「そらあかん。ボクのような新米にはできんわ」と謝絶、もう一人は我々のコース案をチラッと見るなり「見るだけでしんどいわ」といったかと思うと今思い出しても吹き出してしまうほど困惑の表情を浮かべ、「経験の乏しい僕らでは短時間で発券でけへん。頼むから三ノ宮、大阪など大きな駅へ回ってくれ」と真顔で懇願された。

犬塚　そこで、たしか創設間もない三ノ宮駅みどりの窓口に回ると、さすが大駅の専門ベテラン駅員、愛想はなかったが、先の小駅の〝駆け出し〟とは異なり全く動じる様子を見せず、五分ほどコース案を穴の開くほど眺めていたかと思うと、やおら、「私は今日泊まりだから、明日の朝に来てくれ。それまでに計算して発券しておくから……」と面倒な発券を嫌な顔一つせず受諾してくれ、翌朝約束通り我々の事前算額と寸分違わぬ金額で販売してくれた。

小川　次に、根っからのナチュラリストで、天文学の夢を捨て医学部に進まれた小田忠文さんはどうでしたか。確か恒例の「菊(?)の品評会」出品等でお忙しかったとか……。

小田　犬塚氏から全国旅行の話を聞いた時、真っ先に二年前の原生花園の可憐な花々を思い出し、どうなっているか雪景色も是非見たいと思った。ただ事情が許さず、当時断る表面的理由として「ワイら理系は春休みでもこんなチンタラ旅行なんかに気楽に行っとれんのや。キビシ〜イ学業のほかにも、親父譲りの菊の品評会、○○流星群の観察、それに自然保護団体の会合……」などと、テキトーに並べ立てたかも……。

今、初めて告白するが、旅行に参加できなかった本当の理由は当時、医学部教養課程二年で、医学部へ進級するための大事な追試を受ける必要があったから……。当時の自分は一年留年覚悟で楽しそうな全国旅行に行くべきか、断念するかを秤にかけて、義理と人情のはざまで日夜悩み抜いた。でも、たった一科目のために一年留年するだけの勇気と余裕がなく、「全国旅行なら金さえあればまた行けるがな……」と進級を優先して、涙を呑んで義理ある旅行参加の方を断念した。

小川　それで、小田さんは新大阪まで見送りに……。

小田　当日見送りに行ったら、〝遅刻常習犯〟こと張本人の犬塚がまだ来ていない。だいぶたって現れたが、冷たい視線にも平然としとるのが、いつもながら感心した。

犬塚　いや、ワイは約束の定刻にはいつも通りちゃんと自宅を出とるで！

小田　毎度恒例の犬塚の遅刻は別として、三点ばかり腹がたった。まずは自分がこんなに悩み抜いて参加を断念したというのに、なんとゲタ履きで現れた犬塚らの気楽そうな文系二人の能天気さ加減に。聞いたら必修や実習科目がほとんどなきに等しく、大教室でのマイク授業では出席もいらんとか……。

次に、「全国行脚の修行」とかぬかして、新幹線でのうのうと出発するのは単なる「物見遊山」に堕落した証拠。軽佻浮薄の輩の乗る優等列車の利用など軟弱

特急「こだま114号」先頭車で。犬塚君の足元に注目。（小田忠文氏撮影）

の極みや。修行なら修行らしく「鈍行で行かんかい」と言いたい。颯爽と新幹線に乗って行くところを見送ったが、その後は鈍行でノロノロ行きよる。要するに行動に一貫性がなく、支離滅裂。さすが文系や。

犬塚　小田の文句やが、ワンゲルの〝掟〟は新幹線開業の翌日に一番に破った。実は東京オリンピック開幕直前に突然「チチキトク」の電報が来て、満員行列の東京駅で必死の形相で「オヤジが危篤なんです」と叫んで順番を快く譲ってもらい、なんとか新幹線に飛び乗った。破戒僧かもしれんが、親の死に目に間に合ったのは新幹線の恩やと思っとる。それ以来、保守系のワイやが小川と違い、航空機の学割（スカイメイト）制度にも飛びつき、愛用した結果、全日空から記念品までもらったぐらいや。昭和三九年オヤジの葬儀でオリンピック観戦の夢は全部パアになったので、昭和四五年大阪万博は全パビリオンを制覇したったけど。

小川　当時の仲間内の〝掟〟について補足します。中高の部活・ワンダーフォーゲル部時代、「旅は元来テクテク歩くものである」との基本的観念がまずありました。さすがに江戸時代ではないので、明治五年に登場した鈍行列車までは許されるものと考えました。付加料金の必要な優等列車などは、軽佻浮薄の輩の乗るものだと見做していたのです。

小川個人としても当時の〝掟〟を守り、お高い新幹線の超特急など論外と考えておりました。しかし今回の我々の使命は昭和四一年三月時点の日本の鉄道網を可能な限り実地に踏破しようとの目論見であります。開業一年半を経過し、昨年の一一月一日から「ひかり」の東京—新大阪間三時間一〇分運転を開始していた新幹線の筆下ろしの時期として〝鈍行〟相当の「こだま」なら妥当との判断に達した次第です。

小田　極めつきは犬塚のひどいスタイル。替え上着で素足にゲタ履きとは！　何じゃあれは……。

犬塚　ゲタ履きで悪かったな。あれはワイの通学スタイルや。ワイは東京の和敬塾で荷造りして上野から旅に出発するんや。新大阪〜東京間は実家から学校へ行くためのいつも通りの生活圏内。ワイにとって新幹線は開業翌日以来、日頃の乗り物、つまり〝ゲタ電〟*や。普段通りのゲタ履きで何が悪い！　もっとも、検札にやって来た乗務員も笑いながら「ほう！　ゲタ履きですか」と驚きよったけれど……。

〈＊〉鉄道用語で古い通勤形国電を下駄のように日常の足として使うから通称〝ゲタ電〟という。

人力ヒコーキでドタキャン

小川　次に生来の乗り物好きで、生涯を航空機開発に打ち込んだ技術者の岸さん。直前まで参加するかを迷っていたんだよね？　翌年の沖縄への船旅で神戸港まで見送りに来てくれた時は、確か「パチンコで勝った景品を餞別に充てるはずが、寝過ごして計画が狂った」と言ってましたよね。

岸　ん？　記憶にありません……。多分みんなからパチンコの大勝負に失敗して参加断念したと思われているようだが、本当は違う。確かに犬塚から全国を廻る大旅行の提案をもらい、本気で参加しようと大いに乗り気になったのは事実。問題は資金の工面とゼミ活動との日程調整だった。今だから話せるが、所属大学の航空ゼミの人力飛行機「リネット号」という、マル秘プロジェクトに参加して、調布飛行場に詰めっきりの毎日だった。こんなわけで当時はバイトもやれず、旅費の工面も見通しが立たなかった。

ちょうど旅行出発の直前（メモを見て）昭和四一年二月二七日に岡宮宗孝氏という大先輩が漕いだリネット号が調布飛行場で日本初の人力飛行に成功したんだ。そこで、第二弾、第三弾の飛行テストがさらに続くことになり、不肖岸元も名誉ある「リネット号」漕ぎ手候補にノミネートされそうになった。飛行が失敗、解散という可能性もあって、ギリギリまで先延ばししていた参加断念の返事を、遂にこの段階でかねて聞いていた列車宛に電報で打った。

犬塚　そうそう、浜松～静岡間で車掌からの車内呼び出しアナウンスで「東京まで行かれる犬塚京一さん！車掌室までお出で下さい」と二度ほど呼び出された。何事かと車掌室に出向くと「スマンイケヌ　ガン（岸）」という謝罪電報の内容を口頭で告げられた。

それで、「リネット号」は無事に漕げたのか？

岸　リネットは一号から四号まであって、当時、初飛行したのはリネット一号。漕ぎ手候補になるには激しい競争があって、先輩方と競おうにも競えないほど、尻が重かった。ようやくリネット四号の時に待望の

〝宇宙飛行士〟に選ばれた。
今はじめて告白するんやが、ヒコーキ野郎を気取っているオレ様は実は大の高所恐怖症。人力飛行機の飛ぶぐらいの高度が一番苦手な高さで、全くヒヤヒヤの連続。オレは体力には絶対の自信があったんだが、操縦の腕は全く未知数で五里霧中……。結局、(理系らしくスラスラと)万有引力の法則通り、地球の重力が足を引っ張り、栄誉ある初飛行では体重が重くて、機体は結局浮かず仕舞いで無残な失速……トホホ……。こうして名誉ある〝宇宙飛行士〟の称号も剥奪された(笑)。

犬塚 ワイラが出発して航空機の墜落が相次いだが、岸が人力ヒコーキの〝車夫〟なんかしとらんで同行しとったら大騒ぎしていたはず。旅行なんかそっちのけで墜落の新聞を買い集めるでえ。そればかりか機長がどうの、乱気流がこうのと、文系の頭では理解できんへ理屈を並べ立てるとこや。やれやれ連れて来んでよかった……(笑)。

岸 オレは天北線の「飛行場前」ちゅう駅名も前からずっと気になっとったんやが……。

犬塚 やっぱりな。アレは駅やない、バス停みたいな何もない乗降場。陸軍の飛行場とやらの跡も見当たらない、ただの牧草地。降りるのが得意の河口やないが、岸が見たらワイラが止めても、駅名に欺されて飛び降り、次の列車が来るまでに確実に凍死するとこやった。

小川 さて、今度は上野から夜行寝台「第二津軽」に乗り込む場面ですが……。

犬塚 小川が偶然に買ってきた「第二津軽」には後日談がある。職場で旅の武勇伝を披露した際、奥州出身の先輩から、上野出発は何に乗ったかと聞かれ、胸を張って「第二津軽」と答えた。
「ちょっと惜しかったな」と先輩曰く「郷里では寝台急行津軽は〝出世列車〟と言われた看板列車で、津軽の一等A寝台で帰郷するのが立身出世の証し。君らの引いた第二津軽の三等寝台のクジは、残念ながら〝二軍〟の、さらに控え」と笑われた。道理で二人とも引いた出世クジがイマイチやったわけや……。

豪華スキー旅行を妄想

小川 上野で見送りしてくれた河口さん。現在マッチング事務所代表を名乗り、日々諸国漫遊の自称起業家だけに、あの頃から色々とよからぬプランを妄想して参加しなかった口ですね。

河口　ワシも同じ塾生の犬塚から早くに日本一周の話をもらったが、別途北海道へ青春を謳歌すべく一人旅に行く予定を既に組んでしまっていた後だったので参加しなかった。

小川　都の西北にある大学内の交通公社（現・ＪＴＢ）で河口さんと偶然に会った。僕が「お前、なんで交通公社で切符なんか買っているのか！」と問いただすと、河口君「スマン。実はこれから北海道へ豪華スキー・スケートに行くんや」と渋々白状し出した。全くふざけた心外の事実を初めて知って、あまりのことにしばらくものもいえなかったほど。その時、河口氏から「どや！　ウマイ話やろ。こんなよだれの出そうなコネを活かさん手はないやろうと思って、悪いけどアンタラのいつも通りの〝チンタラ貧乏旅行〟への同行はワイの十八番のセリフ通り断然オロサシテもろたというわけや。悪うは思わんといてな！」という信じられない裏切りの告白が飛び出してきたのだった。

河口　あの時は同行できなくてホンマにスマンと思ったので、ワイも心から謝罪の気持ちで、慣れぬ気を色々と使ったわけや。

まず、和敬塾の親しいヤツの部屋を回って苦心してかきあつめてきた食堂の夕食券三枚を「不参加の代わりというてはなんやけど、今晩のメシはワイが全部奢ったる。ワイからの差入れ代わりやと思って遠慮なく存分に食って長旅に備えてくれ！」とプレゼントした。

小川　河口氏心尽くしの夕食券を握りしめ塾の食堂へ下りた。臨時の「居候」の身だけに周辺の（冷たい？）視線を気にしながら唯一人恐る恐る〝無銭飲食〟を敢行していると、岡橋孜氏がひょっこり食堂に現れ、隣に座ってくれたので一安心した。

小田　岡橋くんか！　彼の愛した合唱団での美声を思い出すな！　一周旅行の一年前の昭和四〇年春休みやった。我々の仲間をワシの高知の本家へ招待して皿鉢《さわち》料理を食わしたった四国旅行の途中、新居浜で彼の所属合唱団・名門コールアカデミーの公演チラシを発見。

会場に駆けつけたら、幾多のベテラン諸先輩を差し置いて、なんと若造の岡橋くんがバリトン・ソロ部分を堂々熱唱したのには正直驚いたわ。

岸　岡橋くんは帰国子女のはしりのＮＹ育ち、ワイラ庶民とは違って、部活仲間では唯一の貴公子。旅のカネの心配などないはずでは？

小川　彼はまだ試験中で「試験がなかったら絶対一緒に行きたい。とても残念だ」と、さも申し訳なさそうに標準語で語った。「日本一周と大きく出ているのに、琉球に行かないのは合点が行かない」と生真面目な彼らしく難癖（？）を付けてきた。「いや、今回は国鉄で行ける範囲との前提付きで……」と弁解すると、彼は「那覇に居る親類から一度来ないかと言って来ている。来年あたり僕が行く際には必ず声を掛けるから」と琉球行きを予告してくれた。*

〈＊〉この旅で抜け落ちていた沖縄への船旅を次年度に主宰し、多くのメンバーが参加。

河口　自分が渡した食券で小川がずうずうしくもメシをたらふく食った上に、平然と「これは夜食用の〝別腹〟」などと称してタップリ飯行李に詰め込み、優に二食分以上の食事代を浮かせ、盗人猛々しく出発したことは良く覚えている。

小川　僕が別れ際に一応タダメシの弁解を口にすると、心優しい岡橋さんは僕が柄にもなく遠慮してメシのお替わり「三杯目」を取り兼ねている様子を察知、「ここの塾生は結構贅沢な学生が多いので、こんな賄い飯を好まず、豪勢に外食するヤツが少なくない。河口君が恩着せがましくキミのためと称して食券二〜三枚集めるぐらい〝罪滅ぼし〟でも何でもないから、居候だなんて全然気にしなくていいよ」と食券の〝馳走〟内幕を暴露した。

その言葉に「居候三杯目にはそっと出し」の遠慮は一挙に吹っ飛んで勇気百倍、否食欲百倍、釜のメシを勝手に秘密兵器の「飯行李」に優に二食分以上ギュウギュウに詰め込んで、「何日分のエサ代が浮いた！」と内心大いに喜んだ。

犬塚　河口は確か、上野駅まで送りに来てくれたね。

河口　覚えていてくれたか。ワシの並々ならぬ犬塚と小川への気配りの第一弾が他の塾生から集めた食券の贈呈、第二弾が雨の降る中、夜の上野駅までの見送り、第三弾がそのタクシー代金を全部ワシが出し、とどめの一発が飛びっ切り低俗な男性向週刊誌を三冊も買い揃え、「今晩ウント楽しんでくれ」と差し入れたったことや。もちろん自分好みの銘柄ばかりやけど……。

犬塚　こんな薄っぺらいワイロ三冊位で、自分の裏切りをチャラにしてもらおうとの下心が透けて、余計にハラが立ってきたワ。河口！　早く悪巧みの中身を白状しろ！

河口　この際、全部正直に吐きます。同じ北寮に道東から来たG君が居て、親しくなった彼の豪邸にタダで長期間やっかいになりながら、シーズンのカキ漁の高収入アルバイトでもして大金を貯め、道内各地で豪華なスキー・スケート旅行を大いに楽しもうと思ったんや。漏れ聞くところ彼の家は明治何年創業とか町一番の老舗旅館で、同時に漁業関係の網元や牧場とかなんとか……ともかく道東でプイプイいわしとる（イワシも獲る?）スゴ～イ名家らしい。名物のカキはもちろんのこと、牧場直送のステーキも思いのままや。その上彼の親爺さんの紹介さえもらえばバイト探しも鬼に金棒や。

ワンゲルやアメフト等の武闘派スポーツで日頃から鍛え上げて来たワイのこの〝黄金の肉体〟を見せ付けたったら、「若いの！　ええカラダしとるのオ！」と即座に高く買われて「漁協でもどこでも大手を振って飛び切りの高給で採用されること間違いなしや！」と、その時は、「なんてオレは幸運な男や」と思い込んだ。

犬塚　和敬塾の人的ネットワークをフル活用した今回の旅行の根幹をなすアイディアこそは自分だけのオリジナルな発想だと密かに自負していたのに、クソッ！河口も同じこと考えやがって！　同じ発想をしたまではよかったが、河口はどうやら最後のツメをせぬまま、ルンルン気分で現地へ乗り込みよった。

それで、夢見るようなサクセス・ストーリーの結末はどうなったんや？　今日は、小田も、岸も、全部、過去の罪状を白状したんや。河口も吐いてしまえ。

河口　分かった。今日は懺悔やと思って来ている。オレは上野で見送った後、「大好きなカキをたらふく食えるゾ！」とワガママ放題な大計画を実行すべく渡道した。鈍行を乗り継ぎ、遠路はるばる厚岸の海岸べりにある漁協本部を訪れて、「エライさんに会わせてくれ」と必死の形相で頼み込んだ。面接時には両肌脱いで見せ、筋骨隆々のオレの自慢の肉体を披露して相手にアピールしようと狙っていたのだ。真っ黒に日焼けして見るからに恐そうな漁師風のオッサンが渋々出てきた。漁協の大幹部といっても荒れ狂う漁の現場で叩き上げた〝強者《つわもの》〟揃いのようだ。

開口一番「ド素人風情にはドダイ無理じゃ！」と大声で一喝されオジャン。体力には自信のあったオレでさえ、地声のあまりの大きさとド迫力に震え上ってグウの音も出なかった。多分、この割れ鐘のような怒声で、波濤渦巻く船上で並み居るヤン衆共を服従させてきた猛者《もさ》なのだろう。

陸上の水産関連バイトもあるにはあったが、東京でやっていた西友ストアー沼袋店のバイトより安い時給にすぎず、頼みの軍資金の道を絶たれた絶望と失意の中、妄想していた豪華スキー旅行など夢のまた夢、結局のところアンタラの「チンタラ旅行」と酷評したのと大差なく、手持ち現金を使い果たしてスカンピン同然で貧乏旅行して、道東各地を空腹で這い回っただけで空しく終わってしまった。ほんま恥ずかし。

家訓を理由にスキーに逃亡

小川　仲間内唯一の〝優等生〟で、真の国際人の小倉さんの不参加理由はどうだったかな？　今、外国に居るから出席はできないが……。

犬塚　堕落したスキーなんぞに走って、仲間を裏切ったのは今懺悔した河口だけやない。兵庫県奥地にあるとかいう自家伝来の山林だけで十分スキー場ができるとか、ホラ吹き〝山林王〟の小倉のこっちゃ、ご先祖の法要だとか大層な言い訳を持ち出しよった。でも本当は近くの神鍋《かんなべ》高原あたりに綺麗なおネエチャンでも連れてイチャイチャとスキーにでも行きよったんとちゃうやろか？　とワイは睨んでおる。ちょっとメールで真相を聞いてみてくれ。

岸　了解、小倉にスグ連絡して見よう。

小川　小倉さんから返事が来る間、別件ですが、右派で従来から軟弱分子にキビシイ、保守本流の犬塚さんは「ボーリングはいいが、スキーは嫌いだ」が口癖だったですね。しかしどっちも軟弱なブルジョア・スポーツか、〝進駐軍〟の放出品なのでは？

犬塚　実は高校時代にボーリング嵌まっていた頃に頑固な親爺からも同じような理由で、突然呼びつけられ、ウンとドヤシ付けられたことがあった。その時必死に考えたワシなりの〝へ理屈〟が『ボーリング（穴掘り）作業は勤勉な農民・鉱山労働者の筋肉労働』であって、勤労精神を学ぶ専門の道場（ボーリング場）へ通っているだけというものだ。

小川　実は彼が高校時代にあまりに金のかかるボーリング放蕩を続け、不良分子と交わることを心配して、僕が某ボーリング場支配人の名をかたって、彼の親爺さん宛に「毎度ご子息様にご贔屓を賜り……」とニセの感謝状を送付するという手の込んだイタズラをしたことがあった。

犬塚　うーん。アレはお前の仕業やったんか。今日初めて知ったわ。

岸　そやから、いつもオレがいうとるやろ。この男はああ見えて実はアブナイ「策士」なんやと。

犬塚　岸のいう通りや。宗名まで賜ったお茶人のワイのキャラを、まるで浪曲好きで恐いモノなしの猛者みたいに描こうと画策しているのが気に入らない。教養のない小川が旅行中の茶人・犬塚宗京（？）の風雅を愛する心や風流な所作に一向に気付かないのは、旅の所感をそこそこ書き込んでいたはずの『茶道日誌』を紛失した今となってはマアしゃあないとして、自分が並外れてビビりの恐がりなため、ワイの普通の行動に一々おじけ付いとるだけや。第一、ワイは浪曲好きの親父が河内音頭や広沢虎造のSPを日夜大音量でかけるのに堪えられず、何度となく友達の家に逃げ込んだ被害者の側。それが呉でお世話になったI君の当時のご家庭であり、あそこがワイの唯一の勉強部屋や。

ただ、胎教のように吉良の仁吉のレコードを聞かされ続けてきたためか、「義を見てせざるは……」みたいな気質は確かにあって、推されるまま労働組合や自治会の世話役等、ひとサマの嫌がる黒子役を引き受けた。その結果、某政治評論家センセイのコメントではないが、集合住宅の管理問題では憚《はばか》りながら一家言を有するまでになったワケや。地域に難題が起きると、つい「強きを挫《くじ》き……」の気分で一肌脱いで解決に奔走してしまうのは、三河モノの熱い血が騒ぐのかも……。

（ここで在外の小倉氏が長文のメールで飛び入り参加。）

岸　（犬塚の長演説を制して）今、小倉から、早速返事が来た。問題のスキーと早朝恒例の〝早撃ち〟とが特技なヤツだけに、目一杯撃ち込んでいる。要点だけ読みます。

小倉　「当地も漸く春らしい陽気となり藤やマロニエの花が満開です。何かとバタバタしていて未だ原稿の隅々までは読めてませんが、すべてお任せします。小倉の名前は「スキーで不参加……」と臭いトイレの話以外には出て来ないみたいね。それにしても講談師じゃないが、聞く気のない学生相手の教員という〝口先生活者〟特有の職業的脚色かもしれないけど、よく当時の会話まで覚えていましたね。驚きと感嘆です。下記に不参加の事由を対役所風に開陳します。

記

通牒〇〇号にて御照会の小生不参加の事由の件ですが、先祖代々養蚕と林業を営み、但馬の山林王とも称せられた小倉宗家所有の山林（添付の資料）等財産管理のための「家事都合」による万やむを得ない不参加であることを、何卒御賢察賜りたく存じます。なお、当該林は雪深い奥地一帯に広がっているため、宗家の家訓を遵守し、我々分家一族一統も冬季の山林巡視には雪上での登攀技能の向上が欠かせず、そのため常日頃から鍛錬に努めるべし……というのが累代の家風である旨一言申し添えます。当然ながら古来伝統のカンジキ、ソリの技能に加え、明治以降欧州からスキーの伝来により、新たにスキー技術習得が特に重要視されるに至った次第であります。何卒、特段の事情を御斟酌賜り、公正なる御裁可を願い上げ奉ります。

草々頓首

追申　為念、現地山林を臨検に及ばれる場合には、当地林業組合専用の軌道・索道にて道案内仕ります。」

犬塚　うーん、ご大層に〝宗家家訓〟と来たか！　新技術習得云々とクドクド書いとるが、要するにサボってスキーに行ったと白状したワケや。一件落着。

学生運動の嵐の中で

小川　几帳面な優等生で、永年業界協調に辣腕を振るった文武両道の小倉さんらしく、あの「ファミリーヒストリー番組」みたいな膨大な弁明書類も添付され、いかにも監督官庁の「優」判定を狙ったソツなさですが、我々の彼の射撃成果の判定は残念ながら〝黒〟となりました。

弁明書は後回しにして、それでは、時代背景となる昭和四一年に勃発した早稲田地区の学生運動はどんな具合だったのか、渦中のノンポリ学生だった河口さんから……。

河口　革命の理論的なことは一切わからんが、この目で見てきた一ノンポリ学生の感覚だけでいわしてもらう。職業的なプロの学生運動家が都の西北方面の「大学の学費値上げ反対」という身近な課題を掲げて、連日連夜言葉巧みにマイクでアジってワイラみたいな一般のノンポリ学生まで巻き込む大衆運動を展開しよった。最初の頃は自分も「そうや、その通り」と同感して何度かはデモにも実際に参加していた。

しかし、闘争が次々にエスカレートして学科、学部、本部に順次バリケードを築き、最後は大学そのものを全面封鎖に持ち込もうとしていくうちに、ワシもだんだん「ええんかいな！　ここまでして……」と妙な違和感を抱くようになっていった。その頃かな……新聞で大学紛争の記事が連日載るので、オヤジが急に上京してきて、いきなり「オイ！　お前まさか悪の道に走っとらんやろな？」

犬塚　その時やったか、何故か河口のオヤジさんにご指名で呼び出されて、確か高い寿司屋でご馳走してもらった記憶がある。「この子（河口）は立派なカラダしとる割に、気がアカンやつなので、きっと悪の道に引きずり込まれる。親馬鹿とお笑い下さるだろうが、根性ある犬塚さんを男と見込んで、馬鹿ムスコが地獄へ堕ちぬよう監視頼みます」と一学生が大の大人に土下座（？）までされ、寿司も食ったが、さすがに面食らった。河口はてんで親に信用されとらん。

河口　いやあ～オヤジはあの通りの心配性で困る。親にコンコンと諭されたからだけではないんやが、そのうちに学生運動家たちの目的は決して学費値上げ反対みたいな軽い課題にあるのではなく、ワイラは彼らの「崇高な」武装闘争のための単なる道具に使われているだけだと判明した。ホンマに物騒な連中の武装化、政府転覆、武力革命……などといった恐ろしい最終目的を悟り、「はは〜ん、このままではまずいゾ」と感じ、ワシの「十八番」の断然途中から降りたワケや。

小川　契機となった西北方面の大学の政治経済学部と理工学部との感情的な対立とはどんなもの？

河口　一口でいうと大学当局が政経と並ぶ目玉として、ワイラの理工の充実に注力中やったわけや。NYの国連ビルのような高層ビルを建てて、日立など日本を代表する大手企業……当時の学生用語でいう「日本独占資本」ちゅうやつや……から、優秀な技術者を教授陣に多数招聘《しょうへい》するのに金に糸目をつけなかった態度に政経等の文系学生が反発していた。大企業で高額の年収をもらっていたサラリーマンの立場として考えたら、安月給では教師に転職なんかできるか……という単純な話や。しかし、文系学生にしたら、「独占資本のイヌ」を手なずけて、悪名高い「産学協同」教育させるのに、なんで我々の学費を値上げするのだ……となる。

小川　では、火元の学部にいた犬塚さんから、その辺の屈折した心情を。

犬塚　河口のいう通りや。ワイはずっと集合住宅の日照権問題に体を張って取り組んで来たので、その理屈で説明したらこうなる。隣の空き地にある日国連ビルのような超高層の校舎が建ったため、ワイラ文系学生はいわば日の当たらぬ日蔭者に追いやられたボロアパートの住民のようなモノや。河口ら、日のさんさんと当たる高層階で〝産学協同路線〟の先端的学業に励む理工系学生のぬくぬくした姿に、ワイラは常日頃から「クソッ！」と思っていたわけや。そんな隣の高層豪華マンションと、ワイラ低層アパートの大家がたまたま共通で、大家から「高層に冷暖房・プール・ジム等を完備するので、来月からボロアパートの家賃を何％値上げする」と通告されたのと同じや。一騒動起こらないはずがないやろ。

小川　たとえ話がよく分かりました。犬塚さんが車中でアブナイ闘士とも意気投合したはずですな。ところで、河口さんはオヤジに怒鳴られすぐ日和ったんですが、犬塚さんは？

犬塚　日和見主義者の河口なんかと一緒にするな。河口はアジ演説に恐れをなして逃げ出した口だが、ワイは全く違う。あの闘争の最中、連日連夜ワイは平気の平左で学校へ通った。授業があろうが、なかろうが、血の雨が降ろうが、ゲバ棒の槍が降ろうが、学校へ通うのが学生の本分なりと堅く信じていた。学費値上げ反対のビラがてんでバラバラに貼りまくられ、林立する汚くヘタクソな字が踊るタテカン群の間をすり抜けた。「大義のあるところ、必ず道は開ける」……労働組合でも、住民運動でも、常在戦場の闘士たるワイの一貫した信念や。左翼連中が最大音量でガナり立てる拡声器のアジ演説もワイには馬耳東風、生まれつき大音量の浪曲SP攻勢には免疫ができているんや。ワイが治外法権の阿片窟の如きアジトに乗り込んだ武勇伝をもっと聞かしたろうか？

旅のヤマ場あれこれ

小川　長引きそうなので、別の機会にお願いすることにします。では、旅行の本題に話を進めます。前半の北海道部分について、当地には思い入れが深く、知床での環境保護運動の関西支部代表等を歴任された小田さん、辛口コメントをどうぞ。

小田　この旅行の出張報告をざ～ッと読んだが、最も肝心の我々の聖地である浜小清水で下車しなかったのは到底許せない。またハマナス、エゾスカシユリなど色とりどりの花々に囲まれ、楽しい思い出のつまったあの原生花園にも立ち寄っておらん。札幌の堕落した夜景を長々と眺めておきながら、晴天の日もあったはずなのに、あのオホーツクの夜空の満天の星を観察してなかったという信じられないほどの致命的ミスを犯している。北緯四五度だと、北極星が仰角四五度に見え、東の空に北斗七星が立ち上がってくる。さらに西の空ではオリオン座、ふたご座、……（スラスラと星座名の羅列あるも聴取不能）が輝いている時期なのだが……。

　ほかにもHBC釧路放送局の前を素通りしたり、途中で押さえるべき大事なスポットが抜け落ちるなど不満が山ほどあって、とてもとても合格点は付けられない。まあワイが同行してたら、そんな馬鹿なことはさせなかったのだが……。

　昭和三九年七月二八日に朝焼けの狩勝《かりかち》峠でワイはオメガループを行くSL重連を撮り、「どや！　星座の撮影だけやないで。蒸機の写真の腕もこないなモンや！」と自慢した。その傑作と比べたら、撮った写真も今ひとつや。

小川　ごもっともなご指摘ながら、原生花園だけは夏季だけの臨時駅なので、あしからず。止まらないからと、飛び降りたら、さっきの岸さんの「飛行場前」と同じく、大雪原で凍死間違いなし。なお小田さんが聖地とされるアノ小清水高校さえも地域の過疎化で近年とうとう廃校になったとか……。

小田　うーん。（絶句）

小川　それでは、同行二人のテツロ巡礼の「新潟の生き別れ」の場、寮長さんの葬儀の件にまいります。大恩ある人の葬儀に何を置いても駆けつけるのは義理。しかし義を立てれば自分を頼ってくれている同行の僕を見捨てること、人情・友情を裏切る結果となる。この二律背反、二者択一の際どい事態に、随分と義理堅い人物が下した決断は当然に「義理が重たい男の世界」、恩人の死にすべてを擲《なげう》ち、即刻帰京あるのみと。仁吉に捨てられたお菊ではないが、「三下り半」ならぬ「三行足らず」の要領得ない伝言だけで突如、新潟駅頭に迷う仕儀と相成った二人旅の相棒・僕は一体全体どうすりゃいいのだ。和敬塾塾友会々員として事情に明るい河口さん、解説願います。

河口　なにしろ犬塚君は……ご覧の通りアノ熱い性分やろ。そらしゃーないで。あの寮長さんと来たら寮生たちに慕われていて、入院して出血したと聞いた時、自然発生的に寮生の間から手術に必要だとして献血運動が巻き起こったぐらいや。ワイは別の北寮生やけど、南寮生の祈るような思いにはジーンと来たわ。

なかでも犬塚君は上京して間なしの時、身辺なにかと大変だった折に父上を病気で亡くした。苦労人の寮長さんから公私ともになにかと世話になった義理ある恩人やと聞いとる。そやから、ご存じ高倉健サンの唄の文句通り、「♪義理と人情を秤《はかり》にかけりゃ、義理が重たい男の世界」や。葬儀には何を差し置いても、たとえ小川を非情にも新潟駅頭にポンと放り出しても、必死で駆けつけて当然やったと、ワシも思うわ。

犬塚　河口も、だいぶ人間的に成長したな。「人生の師」と仰ぐ知久先生をお慕いするワイの気持ちが分かるようになって……。実は新潟三時過ぎの新設間もない午後の電車特急「とき」に飛び乗れたまではよかったが、当時は同じ「とき」でも新幹線やないからなんと五時間近くかかり、上野に着いたら夜の八時。葬儀場までタクシーを飛ばし、葬儀が終わりかけた時にギリギリ滑り込んだ。私淑していた恩人に無事お焼香できたのでワイは心のつかえがおりた感じやった。

河口　問題はこの先の刃傷沙汰の真相や。和敬塾の同僚から「旅先から突然舞い戻った犬塚君がしばらくしたら、今度は深手を負って包帯姿で帰京した」と聞かされた。ワシは即座に「江戸の敵を長崎で討つ」というが、これは越後の敵を肥後で討ちよったな！　と直感した。つまり松の廊下ではなく、「えびの」廊下で吉良サマならぬ仁吉びいきの犬塚サマが、お菊サンならぬおがわサンに斬られた〝人情（刃傷）〟沙汰と見たが……。

犬塚　小川が越後で捨てられた〝遺恨〟を薩摩で晴らしたなんて風説が流布しとるようなので、渦中の吉良上野介の家臣として、刃傷事件の真相を述べねばなるまい。

小川が車内で食事中に果物ナイフを持って切ろうとしている時に、汽車が大きく揺れ、食い物が落ちそうになったので、もったいないと慌てて拾おうとしたため、二人が交錯、彼のナイフが自分の手の甲に意外にも深く刺さった。慌てて手を高く揚げて紐で吊し、必死に血を止めて、アイタタ……と悲鳴を上げながら熊本の医院に駆け込んだだけのことや。

小川　実はこの〝刃傷沙汰〟の一件は出来過ぎた話だとして、〝策士〟小川の脚色だとか、架空の作り話を疑う識者もあるやに聞き及んでおります。

犬塚　ナニ！　ワイのこの証言でもまだ信用せんヤツがおるてか？　疑り深いやっちゃな！　そんな石頭はワイの前へ連れて来い！　ワイの奥の手を出して目に物見せたるやないか。ほれこの通り、「この傷ドコロが目に入らぬか！」や。〝葵の御紋〟ならぬ、ここ手の甲に今もクッキリ残る半世紀も前の深い遺恨傷こそ日本一周の明確な証拠物件なるぞ。ご老体の御前である。頭が高い！（笑）

小川　この刃傷沙汰で深手を負って助けを求めた某外科医院でのあまりに無慈悲で痛恨のご処置に強く憤り、深く感じる所あって医師の道への転身を夢想したと聞くが本当か？

犬塚　実はほんの一時期だが、小田にワイの進路を真剣に相談してみたこともある。そしたら小田から早速チャンスを与えられ、深夜、物恐ろしい某所に呼び出された。要するに一口でいうと医師の適性検査ならぬ「キモ試し」「度胸試し」をされたんや。その結果、学生運動のピケ突破で鍛えたワイは恐怖で足がすくんだことはタダの一度もなかったが、「オツムの弱い」文系の悲しさから口頭試問でペケをもらい、小田から「あかん、お前は落第や」との烙印を押され断念、やむなく医業に代わり、お隣の薬業の道でヨーチンに頼らぬ衆生救済を決意したというワケや。

小川　この旅行記が世に出ることに対して、首謀者たる犬塚さんには、なにか別のご意見もあるとか。

犬塚　小川の原稿を見て、「そうだったんだ……」と納得した箇所は多くあったが、行程に関しては特段「ここはおかしいぞ」というほどの大きな間違いはない。まアよく記録を残していてくれた……とあきれるほどや。

　ただし、世界の端っこの日本の、そのまた端っこばかり乗り回っただけの旅行記が出版できるンなら、ワイが翌年実行した「世界一周旅行」の方が格が何枚も上やといって置きたい。ワイもお茶の宗匠から一期一会を学び、日々の出会いを克明に『茶道日誌』に記すように指導されていた時期なので、小川に負けず、キッチリ記録をつけていた肝心要の「旅行ノート」をガラの悪い某国で一瞬目を離した隙に盗られてすべてオジャンに……。返す返すも悔しいの一言や。

小川　最後に、永年我々のような高齢者の面倒を見て来られ続けている小田ドクターに、まとめて頂きたいと思います。

小田　……というか、単に真剣に同行を考え、二人を羨望のまなざしで見送った友人として一言。

　この旅行は時刻表一冊あれば企画可能だし、金さえあれば切符も購入可能。しかし当時の学生でもマルマル二週間以上、旅行できるヒマはとりにくかった。これらの条件を全部満たせたのは旅行好きの我々の仲間でも文系のお二人だけ。なんとお目出度いことか。

　かく言う私も、この手の「全国旅行はまた行けるがな……」と進級を優先したが、さすがにこれほど馬鹿げた回遊コースには遂に行けずじまい。また乗った鉄道自体もドンドン廃止されたようだし……。先ほどはあえて辛口コメントをしたが、あれは自分も行きたかった、行っていたらこれも見ていたはずという羨望の裏返しでしょうか。

さらに犬塚のいったように老人医学的にみても、興味あることにトコトンこだわり続け、できるだけ記録を残すことも大事。今回の旅もよくまぁ、ここまで資料を残していたものだ……と、相当に特異な（ゴミ屋敷）症例ですな。最初原稿に目を通した際には、私もほとんど記憶の外でしたが、「全然知らなかった」ということはなく、脳みその海馬には薄墨で書かれたような微かな記憶が残っていた。本日こうして半世紀以上も前の、実にどうでもよい話題をワイワイやっていると、旧友の思いがけぬ発言につられて、ふと一瞬その当時の記憶がまざまざと甦って来るのを実感しました。これが脳みその活性化、端的にいえば老化防止、ボケ防止には一定の効果がありましょう。お互いに頑張らねば……。

旅仲間のルーツ自慢？

小川　最後に、小倉さんから添付された「参考資料」の要点のみ、以下代読します。

小倉　決して皆さんに吹聴したいわけではありませんが、僕とスキーとの切っても切れぬ宿縁をご理解頂くため、あえて自慢たらしく言及させて頂きます。トイレの件で早撃ち・ウィンチェスター銃とか「キジ撃ち」の名手なんて言われてますが、これも日頃スキーで腹筋を鍛えて来たからです。あのような雪深い山奥に移り住んだ小倉家の先祖には平家の落ち武者説もあります。明治以前は土地の豪族として広大な領地の中には「一円電車」で有名な鉱山も含まれていたようです。景気の良い時は都から相撲取りの一行を呼んで小倉屋敷で興行させたほどだそうですが、廃藩置県で領地の大半は没収され、養蚕業等も工場の火災などで立ち行かなくなり、明治三七年祖父の代に一大決心して神戸に移住し、地場産業を手始めに事業家に転身を図りました。一方、地元のヤマの管理を任された親戚筋の手でスギを植林、トロッコまで敷いたかどうか分かりませんが、ともかく一門は林道の整備に全力で努めました。しかし、その後頼みの林業も衰退し、過疎化の進む現在の地元には「元小倉家屋敷跡」と伝わる石垣が残るのみです。〝偉かった〟爺さんが、ヤマの将来に見切りをつけ、大都市・神戸に出る決心をしていなかったら、こうして皆さんとの永年にわたる交流もなく、今もって但馬の山奥で先祖代々のお墓の掃除ばかりしていたのかもしれません。

スキーを始めたのは十二歳で、ほぼ毎冬、近くの神鍋高原スキー場に兄弟で熱心に練習に通いました。一族で一致協力し旧屋敷のある山林一帯を切り開いて、スキー場主体のオグラ・リゾートを開設し小倉家再興を図ろうと試行錯誤しましたが、時利あらず、残念ながら夢に終わりました。

小川　ただいま読み上げた通り、小倉氏から但馬の山林王の子孫で、広く一帯に明延《あけのべ》等の銀山を押さえ、あわよくばオグラ・リゾートの夢も……との大ホラが飛び出しましたので、皆さんも対抗上負けずに、ルーツ自慢をどうぞ。

小田　皆で一緒に高知に行った時、名物の皿鉢料理をハラ一杯食わしたったやろ。普段高級魚なんか食ったことのない小川なんか、背の青い魚をたらふく食い過ぎてジンマシンになりよったぐらいや。あの立派な武家屋敷がご本家で、一説には坂本龍馬とも盟友関係（？）やったらしいで。

岸　小倉と同郷やから分が悪いな。あっちが山林王というのなら、こっちは、山陰本線に日本一の大鉄橋を架けた匠の天才・鉄橋王とでもしておこうか……。

河口　岸のオヤジさんはわしらの地元高校の弱小野球部を甲子園で日本一にした天才・名監督。本人は内気でよう言わんから代わりに言うといたる。子供の頃、全市を挙げて提灯行列で優勝を祝ったの覚えとるで。岸は日本一の名監督のムスコやから、人力ヒコーキで日本一、否世界記録を目指すのも血筋やわ。

ところで、わしトコは大本営も置かれた信州松代藩。小田が龍馬の身内とぬかすんなら、師匠筋の佐久間象山の遠縁とでもしておこう。頭のシャープな松代藩からは岩下清周みたいな天才も大勢輩出しとるで。

犬塚　皆勝手なウソ八百を並べやがって……。ワイのルーツはご存じ戦国時代天下人を輩出した参州や。

じゃが、嫌われ者の吉良サマのご領地とその近辺のムラムラからは、志士も天才も一切出とらん。出とるのは任侠道の吉良の仁吉大親分と、仁吉を慕う文豪・尾崎士郎先生、それに……憚りながらお二人を人生の師と仰ぐ不肖・犬塚京一。（と、ここで突然、自分のテーマ曲だと称して、第二校歌『人生劇場』を元気よく大声で唄い出し、周囲に制止される）

小川　最後になりましたが、僕のじいさんは北陸の肥料商人。明治初期に蝦夷地に単身乗り込み、荒くれ者のヤン衆からニシンを安く〝瀬取り〟で買い付けて財をなした由。秤の目をチョロまかそうとしたのを見破られ、幾度か荒海に投げ込まれた武勇伝もあるとか……。こんなアコギな冒険商人の血筋の割にオホーツクの吹雪にビビりまくっていて恥ずかしい限り。

付記　座談会終了後、発言要旨を皆さま宛にご連絡したところ、岡橋令夫人よりも、以下のご感想が寄せられました。ここに謹んで追記させて頂きます。なお我々の「ウソ八百」のカラ自慢とは異なり、岡橋家は別格であることは申すまでもありません。

「皆さまの活発なやりとりや、溌溂としたお写真多数を拝見させて頂き、皆さまの今の…〈削除〉…お姿からはとても想像もできないほどの〝若さ〟に感嘆しました。と同時に六〇年近くも前の、本当にどうでもよいような些細なことを、ド真剣にあれこれやりとりできる皆様の……若さというか、〝バカさ〟加減にまたまた感激します。

一言、感想めいたことを申し上げますと、小倉さまの冗談めかしたお話にはとても同情しました。〝龍馬のお友達〟の子孫だ何だと気楽に名乗りあうお遊びの方々とは違い、遠く異国にありながらも門地の重さを背負われているご苦労のほどが感じられます。狭い地域社会の目がある中で、家門や家産など『イエ』の維持管理・改修は、ほんとうに大変ですものね……。

出版された暁には、なにより一番に孜さんの仏壇に供えたいと存じます。『貴公子』だなんて褒められた彼の率直な感想なり、言い分を聞いてみたいと思います。皆さまと同じように、参加できなかった本当の理由なども、案外飛び出すかもしれませんね……」

あとがき

僕は時折どこだかわからないが古びた汽車に乗り続け、ひたすら旅をしている不思議な夢を見る。堅い座席の隣に座った友が僕に語り掛けて来る。「どこかに龍宮城のようなステキな場所はないやろか、乙姫サンみたいな美人はいないか……とウロウロ探し回っているワイらこそ実は浦島太郎かもしれんな。こんな〝亀〟みたいなノロい鈍行列車に乗って……」ここで夢から覚め、「ああ……これはあの楽しかった日本一周の夢だったんだ」と。ひたすら夢の国を恋い求める僕の青春彷徨の旅はその後一〇年余も続き、結局昭和五三年四月「龍宮ぼんぎ」の棒杭が立つ千葉県の寂しい浜辺に流れ着いたところで終わる。棒杭の沖に龍宮への入口があると堅く信じる元漁師から、「近くホンモノの龍宮城みたいな〝夢の国〟ができるらしい」とウソのような噂を聞いた摩訶不思議な浜の名こそ「浦島」ならぬ「浦安」……。そういえば村の鎮守の森には浦島太郎と龍宮の彫り物が安置されている土地柄であった。

口絵に掲げた今回の旅の最北端の寒冷地と、最南端の温暖地の写真を対比し、同一人が約一〇日後に体験した光景とは見えないだろう。かつてマッカーサー・ラインが引かれていた宗谷海峡を背に地吹雪に身震いした二人が一転して南下を続け、一週間余で辿り着いた南国のパラダイスが官能的彫刻が横たわる南薩の終端駅であった。

今回の旅の最終日、桂浜で犬塚氏の発した「なんでワイラはこんなに、端ばっかり行きたがるんやろか」の意味は何か。五三年後問いただしたが、本人の口から出たのは「意気盛んな俺の旅をアノ程度で終わりだと思ってほしくない。翌年、横浜から宿願の世界一周の旅に船出したのだ」との尽きぬ旅自慢。彼の見詰めていた太平洋の果てには遠国の広漠たる辺境地が広がっていたというのだ。

いかに鉄道愛好者とはいえ、この一見馬鹿げた行為が実は僕の乏しい人生のなかでは、何らの制約なく、好きなことを好き放題やり続けることが可能な人生最良の至福の瞬間であり、数多くの人生の糧を得た旅でもあった。昭和四一年という高度成長の真ッ最中にあって、明日の繁栄を信じて疑わなかった隆々たる青年期の昭和の日本が確実にそこに存在していた。もちろんこの旅を続けていた時は、いうまでもなく三木成夫のごとき研究者でも、堀田善衛のごとき物書きでも、まして森山大道氏の如き写真家でもさらさらなかった。文系の一書生が経済や歴史や文化は専ら実地に学ぶに如かずと、「端ばっかり行きたがる」総仕上げとして北海道・九州・四国の三島に選択と集中を行った日本一周旅行を敢行したに過ぎぬ。

よく旅の目的の一つは別世界に自分を置いて、自己を冷静に見つめ直すことだとも言われる。自分が一体何者かを自問自答し、自省、自照する「自分探しの旅」である。文系とはいっても非文学系で、根が思索的でなかった著者は「自分探しの旅」とは縁遠い方であった。自分がこよなく鉄道を愛好する人間にすぎないと早くから悟った著者はこの旅でも自己の願望に沿った活動を可能な限り実践し、幸いその後の半世紀の人生でも公私とも比較的実践可能な恵まれた職場に就くことができた。

今回思いもかけず執筆機会に恵まれ、当時撮った写真や五〇年前乱暴に書きなぐった備忘録の類をゴミの山からようやく探し出すことができた。一安心も束の間、書いた本人すら判読し兼ねる金釘流の筆跡解読はもとより、如何なる意図で何を撮ったかが皆目不明の写真が続出した。そこで「半世紀前の自分は一体全体何者で、当時のどのような時代背景の下で何を考え、いつどこで何をどうしたのか?」を自分自身の行動というより、むしろあたかも他の第三者の行動であるかの如く見做して、当時の周辺の具体的状況を指し示す情報・データの助けを借りながら、あえて突き放して客観的に判定するという存外に困難な作業に没頭した。

西行ではないが「年たけてまた越ゆべしと思ひきや」、五〇年後の意図せざる「自分探しの旅」に迷い込み、越すに越されぬ峠など数々の難所ではたと行き迷う羽目に相成った次第である。そんな行き倒れ老旅人の危うい姿に、旅を共にした相棒の犬塚京一氏をはじめ、本文の随所に登場した旅の仲間たちが一人を除き幸いにも健在で、今回の執筆を喜んで応援し、忘却の彼方にあった多様な情報を寄せて頂いた。遠く海外からも欠落した当方の記憶蘇生に親身に協力いただいた結果、雪の狩勝峠などで難渋する著者を幾度となく激励し、窮地から救出してもらえたわけである。

栄光の昭和が追憶の彼方に遠く去り行き、慣れ親しんだ平成すら姿を消して新たな令和元年を迎えた慌ただしい激動・変革の今日。長くて短かった、辛いようで楽しかった、夢まぼろしのようで現実であったあの「昭和の旅」に尽きせぬ思いを馳せつつ、浮き世の変わりように追いすがる術とてなき今様〝浦島子〟の筆を擱《お》く。この日本一周の道すがら立ち寄り吹雪の中で眺めたアノ「網走交通ビル」跡地に建つ旅人宿から懐かしく眺め、無残に鉄路を剥ぎとられた網走以北のオホーツク街道の旅路の行く末の難渋を憂いつつ……。

本書執筆の基礎的知見は鉄道を愛好し研究成果を世に公開されてこられた先学各位、とりわけ今回訪問先各線の車両等を丹念に現地調査された小熊米雄、星良助、瀬古竜雄、金沢二郎、奈良崎博保、大谷文夫、西城浩志らの各位による『私鉄車両めぐり』掲載論文など（巻末の参考文献参照）に負うところが大きい。逐一個々には出典を明示し得なかったが、厚く御礼申し上げたい。

末筆ながら、当企画を打ち明けた際に職場の元同僚で産業考古学会の重鎮・種田明氏から例の如く「単なる旅自慢」との辛口コメントを頂戴したが、旅の指南役として大先達の旅行作家・松坂健氏は親身になって懇意な出版社を紹介・斡旋賜った。出版事情厳しい中、出版をお引き受け下さり、万事不慣れな著者を先導し、種々便宜をはかって頂いた笠間書院社長・池田圭子氏、編集長・村尾雅彦氏、編集担当・山口晶広氏、柴田真希都氏らの各位に深謝する。

令和元年一〇月八日　鉄路のみで道内を再巡礼後、我ら信徒の西の総本山・梅小路の鉄博にお礼参り、園内のC六二出発ドラフト音に聞き入りつつ傍らの旧型客車オハフ五〇内で往時を偲び校正の朱筆を執る。

小川　功

昭和四〇、四一年交通・観光関連年表

太字は本文関連事項

月日	出来事
昭和40（1965）年	
一・一四	国鉄自動車仙台・一ノ関間（九二・三キロ）特急バス運転開始
一・二〇	**パッケージツアーブランド商品の最初「ジャルパック」日本航空が募集開始**
三・一	時刻改正、名古屋・天王寺間（紀勢本線経由）および名古屋・東和歌山間（竜華・杉本町経由）に特急気動車列車新設 関西本線八尾・杉本町間（一一・三キロ）に旅客運輸営業開始
三・六	国鉄自動車名神高速線京都深草・京都間（七・一キロ）開業、名古屋・京都間バス運行開始
三・一八	国鉄自動車北四国急行線高松・松山間（一五九・四キロ）開業 中央線新笹子トンネル貫通 愛知県犬山市に明治村開村
五・四	国鉄の現物出資可能となる
五・五	横浜市に国立こどもの国開園
五・一二	新幹線一等の自由席特急券等を新設
五・二七	台風六号で東海道新幹線三〇時間不通、払戻など被害総額三億円 **東海道新幹線列車に公衆電話開設**
六・一	新東京国際空港公団法公布 常総筑波鉄道と鹿島参宮鉄道が合併、関東鉄道と改称

昭和40（1965）年

六・二五	仁方・堀江間航路自動車航送の取扱方を制定
六・一	国土計画興業株式会社、国土計画株式会社に改称
七・一	**名神高速道路全線開通**
七・一〇	鉄道の建設代行として自動車専用道路による国鉄自動車阪本線五条・城戸間（一一・二キロ）開業
七・一五	**松山・高知間の特急自動車便（昭和三八年開通）を従来のマイクロバスから大形冷房車（座席定員四〇人）に置き換え**
八・一〜七	第一回観光週間実施
八・二一	大分交通豊後高田〜宇佐八幡間廃止
八・三〇	信越本線長岡・新潟間全線複線化
九・九	山陽新幹線新大阪・岡山間、山陽本線の増設工事として運輸大臣から認可
九・三〇	名松線松阪・伊勢奥津間、勝田線宇美・筑前勝田間、幸袋線二瀬・枝国間および根室本線根室・根室港間の貨物運輸営業を廃止
一〇・一	**全国主要駅に「みどりの窓口」を設置** 時刻改正（東海道新幹線山陽線を主体に全国にわたる白紙改正）、東北本線仙台・盛岡間および長町・東仙台間（貨物線）に電気運転開始。自動車の貨車代行輸送全廃
一〇・二一	羽後交通舘合〜二井山間休止
一一・一	**時刻改正、東海道新幹線「ひかり」号三時間一〇分運転を実施**
一二・一	**伊予鉄道伊予立花〜森松間廃止**
一二・三	立席承知特急券を発売

一二・一五	横須賀線一五両運転設備完成し逗子まで一五両運転開始
一二・一七	武蔵野線工事（鉄道建設公団）起工式挙行
一二・二〇	北海道拓殖鉄道瓜幕～東瓜幕間休止
昭和 41（1966）年	
一・一	**日本人の海外観光渡航の回数制限撤廃** 秋田市営土崎～秋田駅前間休止
二・四	**千歳発の全日空ボーイング七二七型機、羽田空港着陸直前に墜落。一三三人全員死亡**
二・一一～二〇	第一回京王百貨店駅弁大会開催
三・一	宇野高松間航路に伊予丸就航
三・四	**香港発のカナダ航空ＤＣ８型機、濃霧による視界不良のため羽田空港防潮堤に激突し炎上、死者六四人**
三・五	**羽田経由で香港に向かったＢＯＡＣボーイング７０７型機、富士山付近で空中分解し墜落 一二四人全員死亡** **国鉄運賃値上げ（旅客三一・二%）、学割値引率引下げ**
三・一〇	**時刻改正、急行「にちりん」「ちくま」等を新設**
三・一一	水上温泉・菊富士ホテル火災、死者三〇人
三・一六	帝都高速度交通営団地下鉄東西線中野～高田馬場、九段下～竹橋間開業 国鉄と直通運転開始
三・二二	東北本線平泉・前沢間複線開通。上野・盛岡間複線完成
三・二三	京浜急行が日本初のプログラム式列車運行制御装置使用開始
三・二六	富山県、全国初の登山届出条例を制定

昭和41（1966）年

四・一	京浜東北線で一〇三系による一〇両運転開始 東急田園都市線溝ノ口～長津田間開業 **大分交通杵築～安岐間廃止**
四・一六	宇野・高松間航路に土佐丸就航
四・二〇	国鉄全線にＡＴＳ装置取付け完了
四・二六	公労協・交運共闘統一スト（戦後最大の公共交通機関スト）
四・二八	中央線中野・荻窪間四線高架完成に伴い中央線荻窪・営団東西線竹橋相互間に直通運転開始、中央線緩行電車の荻窪延長および快速電車の休日運転を開始
五・一七	姫路市営手柄山～姫路間開業
五・―	**南部縦貫鉄道更生法申請（一九八四年更生手続き終了）**
七・一	**日本航空と全日空、スカイメイト制度導入**
七・四	新東京国際空港建設予定地が成田市三里塚に決定
七・九	勤労青少年旅客運賃割引制定（帰郷で国鉄二割引）
七・一一	広島市議会、原爆ドーム永久保存決議
七・三〇	新東京国際空港公団発足
八・一五	山形交通高畠～二井宿間廃止
八・二〇	**上越線新清水トンネル（一三、四九〇メートル）貫通**
八・二六	日本航空訓練機墜落事故
九・一	営団日比谷線、東武伊勢崎線北春日部まで直通延長

昭和41（1966）年	
九・二九	根室本線金山・東鹿越間新線使用開始
九・三〇	**根室本線落合から新狩勝（信号場）を経て新得に至る鉄道新線（二八・一キロ）運輸営業開始（旧線廃止）**
一〇・一	時刻改正（新幹線輸送力増強、信越本線長野・直江津間、日豊本線小倉・新田原間電化、高速貨物列車新設等） 営団竹橋〜大手町間開業 淡路交通洲本〜福良間廃止
一〇・三	青函連絡船十和田丸を石狩丸に改称
一〇・一一	運輸相荒船清十郎、国鉄ダイヤ改正の際、選挙区の埼玉県・深谷駅に急行を停車させた問題で辞職
一〇・二〇	田沢湖線（橋場線を改称）赤渕・田沢湖間開通（盛岡・大曲間全通）
一一・一	都営地下鉄、京成線京成成田まで直通運転延長
一一・一三	**全日空YS-11松山空港から離陸後、海上に墜落。五〇人全員死亡**
一一・三〇	北陸本線米原・富山間複線化
一二・一	国鉄自動車名金急行線美濃白鳥・名古屋間（一〇六・七キロ）開業 **釧路臨港鉄道入舟町〜臨港間廃止**
一二・一二	中央本線に初の特急「あずさ」運転開始

参考文献

〔 〕は本文引用時の略号を示す。

谷口梨花『名所ところどころ』博文館、大正九年
大塚高俊『大札幌案内』近世社、昭和六年
柘植宗澄『地方別線別駅印総目録』河内書店、昭和一〇年
森澤昌輝「国境の町〝稚内〟—北緯四十五度—」、茂野幽考「奄美大島—北緯三十度線の島々—」『旅』昭和二六年一月
『日本観光年鑑　一九五五版』日本出版広告社、昭和三〇年
武田泰淳「ふるさと北海道16　天塩の原野に沈む月」、堀田善衞「さいはての旅 オホーツクへの情熱」、伊藤洋平「北知床をさぐる」、草野心平「オホーツクの海と日高の海 二つの地の果て」、戸塚文子「危機にたつ原生花園」、柘植宗澄「国鉄駅スタンプ（8）北海道の巻」、グラビア「最北端の島 樺太のみえる礼文島」ほか『旅』昭和三〇年六月
グラビア「終着駅9 山川 指宿線」『旅』昭和三二年九月
中島健蔵「砂場のある九州南端の海辺 指宿線」『旅』昭和三四年一〇月
小熊米雄、星良助、瀬古竜雄、金沢二郎、奈良崎博保、谷口良忠、京大鉄研ほか執筆の釧路臨港鉄道・天塩炭礦鉄道・新潟交通（以上①、号外）、雄別鉄道・弘前電気鉄道（以上②、通巻一二八）、札幌市電（以上③、通巻一三五）、羽幌炭礦鉄道（以上④、通巻一四五）、留萠鉄道・大分交通別大線（以上⑤、通巻一六〇）、羽後交通・鹿児島交通（以上⑥）、一畑電気鉄道（以上⑨、通巻二一二）、定山渓鉄道（以上⑩）『鉄道ピクトリアル臨時増刊　私鉄車両めぐり』第一～第一〇分冊、鉄道図書刊行会、昭和三五～四四年〔RP〕
『最新旅行案内　北海道：支笏洞爺・阿寒・大雪山・襟裳岬』日本交通公社、昭和三五年
『最新旅行案内 東北』日本交通公社、昭和三五年
『最新旅行案内 九州：雲仙・阿蘇・別府・霧島』日本交通公社、昭和三五年
矢吹勝二編『最新旅行案内16　中国・四国・瀬戸内海』日本交通公社、昭和三六年
串田孫一「オホーツク海に沿う冬の旅三〇〇キロ 湧網線・北見線」『旅』昭和三六年三月
野田泰之、岩永裕二、鷲尾悦也、江崎真幸「座談会 日本で最初の片道最長切符12，000キロを乗り切る 海潟（九州）—広尾（北海道）一筆がきコース」『旅』昭和三六年一〇月、一四七頁以下

グラビア・更科源蔵「晩秋の狩勝峠」『旅』昭和三六年一一月
毎日新聞社編『日本の秘境』トラベル・シリーズ三一、秋元書房、昭和三六年
万有出版編『ワンダー・フォーゲル手帳』万有出版、昭和三七年
芳賀日出男『秘境旅行 そこに何かがある』トラベル・シリーズ、秋元書房、昭和三七年
『伸びゆく東急』東急弘報課、昭和三八、四〇、四二年
『前進する名鉄』名鉄企画室、昭和三八年
『国鉄監修 北海道各線時刻表』日本交通公社北海道支社、昭和三九年六月
鉄道ピクトリアル編集部編『日本鉄道線路図』鉄道図書刊行会、昭和四一年
『道内時刻表』8巻8号、弘済出版社、昭和四二年八月〔道内〕
運輸省監修『全国旅客自動車運送事業者要覧　昭和四二年版』昭和四一年〔要覧〕
運輸省監修『私鉄要覧　昭和四二年度』昭和四二年〔私鉄〕
『全国旅客自動車運送事業者組織会社要覧』昭和四二年
表紙・緑川洋一「日本の西端・大瀬崎」、口絵カラー・坂口嘉朗「知床／さい果ての原始美」、グラビア・山本明「オホーツク海岸をゆく サロマ湖畔から猿払への200キロ」、宮内寒弥「郷愁の最北端・宗谷岬へ」ほか「特集　地の果ての旅情」『旅』昭和四三年八月
山本鉱太郎「旅情ある終着駅 3 枕崎」『旅』昭和四四年四月
山本鉱太郎「旅情ある終着駅 23 海潟」『旅』昭和四五年一二月
『旅客事務用　鉄道線路図』日本国有鉄道旅客局、昭和四七年三月現在
田中小実昌「こみまさ・港町シリーズ第8回 国境の見える最果ての港・羅臼」「特集　秘境を求めて」『旅』昭和四七年八月
「旅情ある終着駅50 西唐津、三角、枕崎」「特集　終着駅の旅情ガイド」『旅』昭和四七年一〇月
種村直樹『鉄道旅行術』日本交通公社、昭和五二年
宮脇俊三『時刻表二万キロ』河出書房新社、昭和五三年
「全国森林鉄道一覧表」昭和三四年度末（橋本正夫『小さな軌道を訪ねて』朝日カルチャーセンター、昭和五七年、

巻末）
宮脇俊三・原田勝正『国鉄全線各駅停車一 北海道六九〇駅』小学館、昭和五八年
『鉄道趣味・チャレンジ&コレクション』『旅と鉄道 別冊一』昭和六〇年六月〔趣味〕
阿奈井文彦「アホウドリ、日本一周早回りに挑戦！」、佐野路夫「心に残る鉄道の旅 狩勝峠を越えると広い北海道がある」「特集　汽車旅大全科」『旅』昭和六〇年七月
『いまむかし札幌を歩く 第一部（都心から郊外へ）』札幌市、昭和六三年
ＪＲ・三宅俊彦ほか執筆『ＪＲ全線全駅』弘済出版社、平成三年〔全駅〕
宮脇俊三編『鉄道廃線跡を歩く　Ⅰ～Ⅹ』ＪＴＢパブリッシング、平成七～一五年〔廃線〕
司馬遼太郎『街道をゆく三八　オホーツク街道』朝日文庫、平成九年
河野哲也「北海道の森林鉄道、殖民軌道　その成立と発展」『鉄道ピクトリアル』七三三号、平成一五年七月
青木栄一『昭和二九年夏　北海道私鉄めぐり（上下）』ＲＭライブラリー五八、五九、ネコ・パブリッシング、平成一六年
長澤均『昭和三〇年代　モダン観光旅行』講談社、平成二一年
内田樹『日本辺境論』新潮新書、平成二一年
今井啓輔『私が見た特殊狭軌鉄道』第1～第4巻、文苑堂、平成二三～二七年〔今井〕
羽片日出夫ほか『昭和の鉄道』洋泉社、平成二三年〔羽片〕
井口悦男・濱田研吾『昭和のはじめ　タイムトリップ地図帖』講談社、平成二五年
内田宗治「日本津々浦々、庶民の旅。『鉄道唱歌』、駅スタンプ風景印。」『東京人』平成二九年一月
『西蝦夷ここ路旅』第一号、北海道留萌振興局、平成二九年〔西蝦夷〕
池田邦彦・栗原景『テツ語辞典』誠文堂新光社、平成三〇年〔テツ〕

小川　功（おがわ　いさお）

鉄道史学会、産業考古学会等の会員、九州大学客員教授等を経て、現・滋賀大学名誉教授。

昭和 41 年当時、神戸大学経営学部生、私鉄多角経営に興味を持ち、書庫で戦前営業報告書を渉猟、私鉄大株主で大口融資する金融保険業への進路を模索。卒業後、日本生命で私鉄バス観光等を担当する審査役となって夢を叶えた後、教員に転じ金融保険、観光等を専攻。夢の王国へのお百度通いのように、人はなぜ龍宮城の如きニセモノに嵌るのかなどのナゾ解きに熱中。

主な鉄道関係の著作に『阪神電気鉄道百年史』平成 17 年、『近江日野の歴史　第 4 巻（近現代編）』（近江鉄道の項）平成 26 年、『鉄道史文献目録　私鉄社史・人物史編』鉄道史学会、平成 6 年（以上共著）、大手私鉄各社「グループの系譜」（16 回連載）『鉄道ピクトリアル』600 ～ 716 号、平成 6 ～ 15 年ほか。

昭和《しょうわ》四十一年《よんじゅういちねん》日本一周《にほんいっしゅう》最果《さいは》て鉄道旅《てつどうたび》

令和元年（2019）12 月 10 日　初版第 1 刷発行

著　者　　小川　功

発行者　　池田圭子

発行所　　笠間書院
〒 101-0064　東京都千代田区神田猿楽町 2-2-3
電話 03-3295-1331　FAX03-3294-0996

ISBN978-4-305-70898-4　C0095

装幀 —— 鎌内文（細山田デザイン事務所）
本文デザイン・組版 —— RUHIA
印刷・製本 —— モリモト印刷